通信行业职业技能鉴定培训丛书

话务技师

——国家二级

通信行业职业技能鉴定指导中心　编

北京邮电大学出版社
·北京·

内容简介

本书按照《话务员国家职业标准》中二级(技师)的要求编写，是相关从业人员进行职业技能鉴定的推荐辅导用书。

教材力求体现“以职业活动为导向，以职业能力为核心”的指导思想，介绍了话务技师应掌握的基础知识和核心技能，分为职业认知、服务技能、营销技能、运营与管理技能四大部分，主要包括：职业概况、服务意识、服务质量、服务补救、服务设计开发、投诉处理、营销基础、营销方法、营销策划、电话营销技能、现场管理、统计分析、项目管理、绩效与团队管理、培训与指导等内容。

图书在版编目(CIP)数据

话务技师：国家二级/通信行业职业技能鉴定指导中心编．—北京：北京邮电大学出版社，2008
(通信行业职业技能鉴定培训丛书)
ISBN 978-7-5635-1776-3

Ⅰ．话…　Ⅱ．通…　Ⅲ．电话—邮电业务—职业技能鉴定—教材　Ⅳ．F626.13

中国版本图书馆 CIP 数据核字(2008)第 076119 号

书　　名：话务技师——国家二级
编　　者：通信行业职业技能鉴定指导中心
责任编辑：张燕敏　孔　玥
出版发行：北京邮电大学出版社
社　　址：北京市海淀区西土城路 10 号(100876)
发 行 部：电话：010-62282185　传真：010-62283578
E-mail：publish@bupt.edu.cn
经　　销：各地新华书店
印　　刷：北京忠信诚胶印厂
开　　本：787 mm×1 092 mm　1/16
印　　张：17
字　　数：368 千字
版　　次：2008 年 6 月第 1 版　2008 年 6 月第 1 次印刷

ISBN 978-7-5635-1776-3　　定　价：58.00 元

· 如有印装质量问题，请与北京邮电大学出版社发行部联系 ·

前言

为进一步完善通信行业特有职业(工种)国家职业标准体系,有利于为职业教育和职业培训提供科学、规范的依据,我们组织有关专家学者编写了通信行业职业技能鉴定培训丛书。本套丛书以国家人事劳动行政管理部门和通信行业主管部门批准颁发的通信行业特有职业(工种)《国家职业标准》为依据,并根据通信行业职业活动特点,充分考虑各职业的职业技能要求而编写。

本套丛书是通信行业从业人员进行职业技能考核鉴定前培训和自学的教材,也是各级各类通信行业职业技术学校相关专业师生的参考资料。通信行业特有职业(工种)技能鉴定的对象包括:企业、事业单位从事通信行业特有职业(工种)的人员;属于通信行业特有职业(工种)的各类职业技术学院(校)和培训机构的毕(结)业生;其他必须经过鉴定方能上岗的通信行业从业人员或自愿参加通信行业特有职业(工种)职业技能鉴定的人员。

本套丛书是依据最新《国家职业标准》,按照不同级别对"理论知识"和"工作技能"水平要求的不同编写的一套完整的系列教材。各职业教材由《公共基础知识》和"专业知识与技能"两部分组成,《公共基础知识》包括了各通信行业特有职业(工种)的"基本要求"的公共内容,为所有通信行业特有职业(工种)人员通用;"专业知识与技能"部分按照具体职业中不同级别人员的"职业功能"和"工作内容"要求不同分为相应的分册,为不同职业、不同级别岗位人员专用,具有较强的针对性。

本套丛书由通信行业职业技能鉴定指导中心组织，由北京邮电大学继续教育学院具体承担编写工作，并经各大通信运营企业相关部门领导、专家进行审定。在编写过程中得到了中国电信集团公司、中国网络通信集团公司、中国移动通信集团公司、中国联合通信有限公司、中国卫星通信集团公司、中国铁通集团有限公司相关部门，华东、华北通信行业职业技能鉴定中心，北京邮电大学继续教育学院等单位的大力支持和帮助，特此感谢。

参加本套丛书编写、编审的主要成员有宋宝英、滕伟、姚明、程志民、陈霞、杜海清、夏海轮、朱闻洁、曾志民、胡怡红、温玫、黄克新、于立学、熊君俊、许建红、龚瑾玲、王爱民、石光耀、刘志文、张礼佳、张弘、张社荣、张玫、张加杰、姚力、徐晶晶、张梅毅、宋元庆、陈碧凤、李学、于少丽、林文映、陈宏伟、安新、李烨勃、王欣、熊爱梅、郝为、闫丽华、崔玉林、赵红、智爱民、鲁征、董丽、吴玲、于靖萱等。由于编写者水平有限、时间仓促，本书难免存在错漏之处，敬请广大读者、教职员工和各位专家提出宝贵的修改意见和建议。随着通信行业技术业务的不断发展，本套丛书还将逐步更新、调整。

通信行业职业技能鉴定指导中心

目　录

第一部分　职业认知

第二部分　服务技能

第二章　服务意识

第三章　服务质量

第四章　服务补救

第四部分　运营与管理技能

第一部分

职业认知

第一章 职业概况

本章要点：

- 客户服务中心概述
- 话务员职业要求
- 话务员职业生涯规划

第一节 概 述

一、概念

1. 客户服务中心的概念

客户服务中心也称呼叫中心（Call Center），其早期的呼叫中心应用就是今天的热线电话、咨询电话，由受过训练的话务员专门接听处理来电客户的各类问题，如咨询、投诉、建议等。

客户服务中心把传统的柜台业务用电话自动查询方式代替，能够 24 小时不间断地提供服务，用户只要通过电话就能获得自己需要的服务，增加用户对企业服务的满意度。

通常在客户服务中心的从业人员称之为话务员，因其主要代表企业为客户提供服务，也称之为客户代表、客服人员、呼叫服务员、坐席员、咨询员等。

2. 客户服务中心的分类

客户服务中心根据不同的方式处理很多不同的业务，可以分成以下两类。

(1) 第一类是大众型、专业型和电话留言型

大众型：面对人们在日常生活中所经历的事物，如呼入或呼出、客户服务、信息咨询、技术支持以及收款。大众型的座席代表的特点是：经过培训去处理特定的工作，并在特定的知识库里查询信息。

专业型：员工很有经验，受过教育或专门的培训或认证，如内部销售、高级技术支持、工程技术、法律、医疗信息咨询，以及房地产和保险。专业型客户服务中心员工常常作为客户代表为一些指定的客户服务。

电话留言型：员工不提供咨询、解决问题或销售，而是记录电话留言、对留言进行分类，电话或邮件派单由专家或工作人员去完成这些任务。

(2) 第二类是人工型、技术型

人工服务：人工服务就是由员工接听并拨打电话，以及处理其他业务的方式。人工服务的优势是提供了人与人的接触。他们会表达同情、理解并且抓住重点，会思考而不需要重新编程，可以判断需求、交叉销售、升级销售并提供建议。人工服务与自助服务相比，每个交易的成本会更高，不管是通过外包的方式还是自建的客户服务中心，要支持完成这些沟通，需要很多的投入，包括创建、培训和管理方面的投入。

自助服务：自助服务包括使用自动的技术设备去处理电话进出的联络。包括交互式语音应答系统（IVR）、语音外呼信息（OVM）、网站、发送电子邮件、传真服务。

自助服务要比人工服务便宜，随着技术的发展和大众接受度的提高，自助服务方式正在接管越来越多原先由人工处理的工作。一个鲜明的例子就是票务和预订业务，自动在线预订很大程度上在迫使人工服务的客户服务中心和提供面对面服务的旅行社逐渐退出市场。因为自助服务项目更快、更便宜，可以马上处理交易，避免了在电话线上排队等候人工服务的时间。但它毕竟还是机器，会受到本身所编入程序的限制。

大多数商业化的客户服务中心在实际应用中结合了人工服务和自助服务，以达到互补及各取所长。当拨打银行或信用卡公司的电话时，会听到 IVR 菜单，可以处理一些很简单的事情，如查询账户余额；也可以拨“0”退出菜单，或者如果对预扣金额或未兑付的支票有异议的话，也可以转人工服务。

IVR 是一种很好的辨认客户身份的工具。通过 IVR，可以询问对方的号码，如电话号码或密码。一旦电话转接给话务员，就可以通过 CTI（计算机电话集成系统）将客户档案调出，显示在他们的计算机屏幕上。

二、客户服务中心的特点

1. 较难感知

话务员职业的较难感知的特性体现在以下几个方面：

（1）对于客户而言，话务员为客户提供的服务中，很多元素是看不见、摸不着的，如话务员的微笑、肢体语言等。

（2）客户在接受服务之前，往往不能肯定他能得到什么样的服务。因为很多服务都非常抽象，很难描述。

（3）对于某些服务而言，其结果有一定的延后性，客户在接受服务后无法立即感受到服务的利益，也就无法对服务的质量做出全面客观的评价。

2. 互动性强

话务员向客户提供服务的过程也是话务员与客户互动的过程，两者缺一不可，并且双方都会对服务的结果产生影响，假如客户对自己的需求描述不清楚，就可能造成话务员理解错误，反之亦然。

3. 服务差异化

话务员所提供的客户服务是一个复杂的过程，在某种意义上说很难做到标准化，每次服务带给客户的效用、客户感知到的服务质量都可能存在差异。主要体现在以下 3 个方面：

（1）话务员的原因，如心理状态、服务技能、努力程度等，即使是同一话务员提供的服务有时在质量上也可能会有差异。

（2）客户的原因，如客户的知识、经验、动机等都会影响其对服务的感受。

（3）话务员与客户之间的相互作用，即使是同一人员向同一客户提供的服务，也可能会存在差异。因为在双方互动的过程中，会对服务结果产生影响的因素非常多。

4. 规范性

大多数的客户服务都遵循了一定的规范或符合一定的流程。比如说，当话务员接到一个客户来电后，将按照不同部门、企业等制定的服务流程规范为客户提供服务。如何向客户问候，什么样的需求应按照怎样的流程进行处理等都有各自的规定。所有的这些都是不同部门或企业根据各自的工作性质特点专门为客户制定的。

5. 不见面的服务

话务员为客户提供服务是利用以电话为主的各种通信设备完成的，因而话务员几乎不与客户直接见面。但同时这种服务又要求话务员力争达到面对面服务的效果，因此，话务员必须具备电话沟通技巧、良好的倾听能力和语言驾驭能力等多种技能。

三、客户服务中心的功能

1. 客户服务中心的目的

（1）提高客户的满意度和忠诚度

客户是企业最重要的资源之一。与客户保持良好的互动关系，令客户感到备受关注，提高客户的满意度，进而赢得客户的信任，这已经是企业制胜的重要因素，同时也是各大企业重点研究的课题。

(2) 降低服务成本

利用先进的技术，降低服务成本。在通信行业中，客户服务中心的建立还节省了铺设营业网点所带来的巨大投入。

更多的先进管理理念应用在呼叫中心的管理中，极大地提高了呼叫中心的工作效率和运营成本，使得更多、更有效的服务得以推广，而服务成本却逐步降低。

(3) 掌握市场信息

话务员能够在服务的过程中，了解客户需求的变化趋势；能够将客户的投诉转化为客户对企业新的要求；能够将客户的建议及时反馈给相关人员；还可以通过直接的电话访问主动得到某些信息，及时补充和修改客户本身的资料。这些信息经过有效、科学的整合和分析之后将对企业的业务开拓起着不可忽视的作用。

2. 呼叫服务的类型

随着电信业的业务转型，客户服务中心的功能也发生了深刻的变化。其服务范围已从最初的信息咨询和受理投诉，延伸为综合性的信息服务。如中国电信的114(号码百事通)、中国移动的12580(移动秘书台)、中国网通的114(电话导航)，都承担了大量的呼出业务。

(1) 从功能分类

① **电话服务**：通过电话等通信设备接听受理客户的各种诉求，根据客户的各种要求提供相应的服务。主要的工作内容包括受理各种客户诉求、处理投诉，或提供信息咨询、售后支持等服务。

② **电话营销**：主要的工作就是以市场和潜在客户为对象所进行的调研、营销活动；以销售为目的进行的产品、服务的推介、销售活动。

(2)从服务形式分类

① **呼入**：接收由客户发起的呼叫，根据客户需要提供服务。

② **呼出**：主动发起呼叫，向客户回复处理结果、进行市场营销、市场调查等。

3. 客户服务中心的功能

(1) 业务咨询功能

客户服务中心的业务咨询功能主要指客户服务中心对公司所有业务及各种业务资费标准等进行全面的介绍。用户通过自动语音提示可对其关心的业务进行查询。

(2) 话费查询功能

客户服务中心的话费查询功能主要指客户可以对所使用的业务缴费及余额情况进行查询。用户选择查询话费类型(预缴、按月付费)，输入所要查询的月份，即可查询该月话费、余额及通话清单等。

(3) 业务受理功能

客户服务中心的业务受理功能主要指客户通过身份验证之后，为客户办理相关业务。

(4) 投诉功能

客户服务中心的投诉功能主要指接受用户的障碍申告和业务投诉，记录客户的投诉信息，并向相关部门反应；在职能范围内，督促处理过程；在取得处理结果后，向客户反馈。

(5) 电话营销功能

客户服务中心的电话营销功能主要表现在获取和更新各种客户信息、整合各种资源，并针对营销目的对客户进行分类、分析客户信息，选定目标客户群；进行市场调研、更新客户记录、电话访问客户；进行产品、服务、各种市场活动的介绍，新产品或新服务的推广，收集有助于决策的相关信息。

(6) 接受用户建议功能

用户根据自动语音提示，进入相应的建议类别，通过电话录音的方式留下其意见和建议，客户服务中心分配专人对电话录音进行整理、汇总，提交给相应部门进行处理。

四、呼叫中心的构成及关键技术

1. 呼叫中心的组成部分

一个完整的呼叫中心，一般由 ACD(自动呼叫分配系统)交换机、IVR(交互式语音应答系统)、CTI(计算机电话集成系统)、数据库系统、呼叫管理系统、电话录音系统、业务处理系统以及呼叫服务员(业务代表)等组成。系统大致可以分为前端和后端两大部分。

系统前端：CTI 是其核心，在计算机与电话集成的基础之上对客户的呼叫进行应答、识别、接续、转移等受理活动；

系统后端：主要由各种数据库系统如账务系统、业务管理系统以及网络软硬件提供业务支持，以保障数据的正确性以及实时性，各种数据库系统、特服系统、决策库及其网络系统的软件整合是其关键。

2. 关键技术介绍及名词解释

(1) PBX(电话程控交换机)

PBX 是客户服务中心整个系统提供语音服务的主要部分，能够提供多种接口与公网(如公共交换电话网络)或专网连接；具有来话自动呼叫分配功能；具有呼叫管理系统，用于有效管理所有话务；支持 IVR，支持 CTI 功能；电话控制功能：打出电话、呼叫等待、呼叫转移、三方通话、应答电话、释放电话、电话监听等。

(2) ACD(自动呼叫分配系统)

ACD 系统是现代呼叫中心有别于一般热线电话系统和自动应答系统的重要标志，也是决定呼叫中心规模以及系统质量的重要部分。ACD 交换机可以成批地处理来电，并按规定路由传送给话务员。

(3) CTI(计算机电话集成系统)技术

CTI 技术允许电话与计算机系统实现信息共享,并使系统能根据具体呼叫者、呼叫原因、呼叫时间以及当时通话状况来选择呼叫路由、启动相应的功能和更新主机数据库。CTI 的某些功能是通过主机实现的,而另一些功能则可以通过 ACD 实现。

(4) CMS(呼叫管理系统)

CMS 由管理服务器和管理终端构成,其实时收集交换机的呼叫处理记录和状态,为客户服务中心提供图形化的管理方案,它可以帮助企业有效地管理呼叫处理和话务员资源,提高生产率和成本效益。呼叫管理系统可自行开发,也可购买呼叫中心平台的供应商提供的呼叫管理系统。

(5) IVR(交互式语音应答系统)

IVR 是客户服务中心的重要组成部分,实际是一个"提供自助服务的话务员",通过 IVR 系统,用户可以利用音频按键电话或语音输入信息,从该系统中获得预先录制的数字或合成语音信息。一般通过模拟语音卡板或数字 E1 卡板与 PBX 相连,实现语音导航、自动业务查询、受理、自动传真,以及为坐席提供语音和传真功能调用接口等功能,通过 CTI 服务器,可实现灵活的自动与人工互转。

(6) 录音系统

录音系统是客户服务中心的重要质检部分,管理人员通过它,可以全部或有选择地记录客户与话务员之间的通话内容,不仅可以监督话务员的工作表现,作为话务员的绩效考核依据之一,也可以作为呼叫客户记录的备份,便于以后查询。录音方式一般分为并线录音或会议方式录音。

(7) 人工坐席

人工坐席由为客户提供服务的话务员、坐席话机、微机终端和耳麦等组成。坐席话机与 ACD 交换机配合,实现话务员与客户进行语音交互,通过微型计算机可以同时显示有关客户信息,受理各种相关业务,同时可以控制通话行为,包括电话转接、呼叫等待、呼叫终止等电话功能。

班长席配备管理数字话机,主要用于对话务员服务质量的控制,可以分析话务员工作量、工作表现、服务质量等,监控话务员桌面当前状态,查看当前服务坐席数、空闲数、关闭数等有关数据;还可对某些话务员进行实时的监听和录音,为处理投诉提供依据;并可以对话务员进行强制操作,如强制闭锁、插入等;分析话务类别和话务量等。同时班长还具有多通道任务分配功能,使话务员也能处理电子邮件、Internet 呼叫等。

(8) 数据库应用服务器

数据库服务器是呼叫中心的数据中心,它存放呼叫中心的各种管理配置统计数据、呼叫记录数据、管理客户联系信息的数据库(如电话号码、联系方式)和为用户提供过服务的各种历史数据库以及提供各种业务信息资源的数据库(如号码资源、话单信息、用户投诉、建议及相关处理等各种信息)。

3. 未来的客户服务中心

客户服务中心正在与一些最新技术融合，例如IP(Internet Protocol，因特网协议)、WAP(Wireless Application Protocol，无线应用协议)等。这些技术的“加盟”使未来的客户服务中心在性能、结构和应用等方面都发生了质的飞跃，它可以完美地完成甚至超越目前的电子商务的各项功能，而成为未来电子商务的主体、平台、核心和灵魂。

五、呼叫中心的发展趋势

呼叫中心兴起于20世纪30年代，20世纪90年代进入中国，并曾创造出极为辉煌的成绩。未来呼叫中心产业的发展速度将进一步加快，并将呈现出三大发展趋势。

1. 由技术推动转向需求驱动

呼叫中心能有今天的市场规模，通信、计算机、CTI等技术迅速发展曾是最重要的助推器。但现在客户自主意识增强，对享用的业务有着空前的决定权和选择权，只会选择能给自己带来价值的服务。于是，客户需求取代技术成为推动呼叫中心发展的决定性因素。

以往的呼叫中心应用领域狭窄，客户对呼叫中心没有过多的功能要求，往往只是客服中心，因此，以往呼叫中心偏重于以技术为核心构建，而忽视客户的需求。如今，信息通信技术的应用日益生活化、大众化，无论何种类型的用户遇到问题时，都希望在第一时间用一切可以应用到的通信工具进行咨询或寻求帮助。这样的需求使得呼叫中心由原来的电信、银行等行业逐步渗透到经济生活的各个领域。由于这些客户所处的地区、行业各不相同，他们对呼叫中心的功能要求也有所不同。除了用于提升服务水平，还有众多的客户希望呼叫中心可以由单纯服务支撑转向对业务有效支撑，并能有效控制运营成本、实现业务连续发展。呼叫中心的发展经历了三个阶段：降低业务运营成本、改造内部业务流程、整合产业价值链。整合产业价值链这一全新的需求正推动着呼叫中心全面变革，不论是系统构建、硬件设施的升级换代，还是解决方案的提供、呼叫中心的产业理念，都将因此发生质的变化。

2. 由单一语音转向多媒体化

用户需求的变化与现代通信技术、互联网技术的进步共同作用于呼叫中心，使其由原本单一语音向着多媒体化、智能化、网络化、移动化方向发展。

在通信形式日益多元化的时代，呼叫中心也必须集成多种媒体应用。当移动通信、互联网、视频等成为很多人常用的通信方式时，呼叫中心如果不能满足使用不同终端、网络、媒体形式的客户需求，将极大降低呼叫中心的效率，甚至于形同虚设。随着企业对呼叫中心认识程度进一步提高、客户关系管理方面的需求加大，能够接入多种媒体形式的呼叫中心将成为呼叫中心必须具备的特征。

语音、数据和视频等多种信息通信技术，在呼叫中心的应用日益深入和成熟，预计未来的呼叫中心将进一步形成具有多种技术特点的"混血儿",比如进一步与WAP等技术结合产生的无线接入移动呼叫中心,多媒体技术与基于Internet呼叫中心进一步融合,等等。

3. 创新平台实现业务支撑

呼叫中心可实现的功能不断丰富、接入的媒体形式越来越多样、规模存在随时扩大的可能,这都要求呼叫中心有一个灵活的具有成长性的创新型平台。

呼叫中心问世于语音通信时代,之后才陆续将数据、视频等应用融入其中。因此,传统的呼叫中心通过叠加的方式实现对新应用、新功能的支持。这样的后果是当前的主流呼叫中心基础平台采用多设备、多协议、多接口,系统结构复杂,建设成本高,运营成本容易失控,不能实现与业务同步发展。要为客户打造实施便捷、升级容易的呼叫中心,必须建立基于SOA(面向业务流程)的基础平台,提供高效可用的解决方案、层次化的系统结构、可集成化的功能结构。这样,才能适应下一代网络的发展趋势,实现各种形式的媒体应用,达到系统和业务的同步,从而有效支撑客户的业务。

呼叫中心仅仅凭借技术进步就享受市场收益的时代已经成为历史,客户需求的导向作用正日益凸显。呼叫中心只有在理念、架构、平台性能等各方面大变身,才能更好地享用更大的市场蛋糕。

4. 从成本中心向利润中心转变

客服中心作为企业与客户的重要接触点,承担了企业营销策略的核心任务,通过呼叫通路实现营销、销售、服务、内部支持和渠道管理等多种功能的有机整合,优化销售模式,建立了一个全面的客户服务模式,为企业节省成本,创造更多的收益。已呈现出从成本中心向利润中心转变的趋势。

客服中心通过下列整合的渠道,为企业创造了更大的收益,从而实现从成本中心向利润中心的转变。

(1) **售前产品咨询**:回答用户对产品、市场活动的各种问题,主要是对用户的信息服务,对有购买意向的客户进行销售线索的传递,传递到电话销售人员或经销商。

(2) **电话销售**:主要是对需要直接购买的客户通过电话直接进行交易。

(3) **市场推广**:包括直邮的跟踪、产品或活动宣传、客户购买意向调查等。

(4) **媒体监测**:对平面广告与电子媒体广告效果的测量,比如,利用对不同媒体广告带来电话量的分析等。

(5) **外部销售代表的后援支持**:帮助外部销售代表安排约会、制作合同与报价等。

(6) **经销商的管理**:特别是对渠道销售代表无力顾及的大量小经销商的管理。这些管理包括市场活动的通知、进销存状况的跟踪、新经销商的招募等。

(7) **公司长期客户的管理**:有些公司的长期客户,他们往往会享受特别的价格与服务,但他们通常也是最稳定的,他们可以只通过电话就来购买。

(8) **物流信息管理**：产品运输状态的查询与到货后与客户的确认等。

第二节　话务员职业要求

一、职业描述

话务员的基本职责就是根据企业的要求和客户的需要执行和提供呼叫服务，主要包括接听客户来电并受理客户投诉，或主动致电相关客户进行信息收集、产品和服务的推广及营销等工作。随着呼叫服务行业的发展，呼叫服务本身也经历了一个从被动到主动、从低级到高级的发展历程。

目前呼叫服务的主要目的是满足客户需要、令客户满意，以提高企业原有客户的忠诚度并努力争取新的客户，从而提升企业形象，增强企业竞争能力。作为呼叫服务执行者的话务员也已被定位到了“企业与客户沟通的第一线”这一重要位置上。

在一个信息高速发展的时代，话务员要做的不仅仅是解答客户的疑问，提供简单的咨询、查询等信息传递的服务，而是需要在此基础之上最大限度地发挥客户信息服务部门的作用，为客户提供如信息处理、直复营销等更为全面的服务。通过对客户的各种消费行为的统计与分析，通过对客户提供出的各种信息进行总结和分析，为客户提供个性化的服务，为企业的营销部门提供及时有利的市场信息，辅助营销决策。

二、职业素质要求

具备良好的职业素养是职业化的基本特征。有职业的人并非都是职业化的人。一个人职业化的基本特征是具备良好的职业态度，在工作中体现了优良的职业风范，从内心里认同职业规则，表现出很好的职业素养。

1. 职业化精神

职业化精神是对职业的价值观与态度，是内在的精神动力，所以也经常称其为职业意识。具体包括：敬业、专业、责任、诚信、协作、规范等。

(1) **敬业**。就是用一种严肃的态度对待自己的工作，勤勤恳恳、兢兢业业，忠于职守、尽职尽责地从事工作。

(2) **专业**。就是精通本行业、本工作岗位要求的基本知识，并在自己所从事的领域内持续深入钻研。专业化是职业化的基础，职业人应该是专业化的人才，才能符合社会发展的需求。

(3) **责任**。责任的核心是要一次把事情做对，敢于承担责任。一方面承担自己的责任，不能让自己的责任成为别人的负担，影响整个团队的效率；另一方面也不能以此推卸责任，筑起责任划分的堤坝，对于责任交叉和责任空当置若罔闻，毫不关心。

(4) **诚信**。诚信即诚实守信，指真实无欺、遵守承诺和契约的品德及行为。职业活动中的诚信要求：忠诚所属企业、维护企业信誉、保守企业秘密。

(5) **协作**。协作就是相互合作，上级带动下属，整体带动部分，全员齐心协力，提高工作素质和工作效率。协作的基本要求是具有协作精神，善于沟通、协调，而不是各自为政、单兵作战。

(6) **规范**。规范就是员工懂得职业规则、养成自律行为，使自身行为标准化和规范化，并运用职业规则解决问题。

2. 职业化能力

职业化能力是对现代企业员工的知识结构、技能水平的基本要求，是建立职业标准的主要依据。具体包括：学习能力、表达能力、执行能力、创新能力、管理能力、社交能力等。

(1) **学习能力**。职业人进入职场，离开传统的教育形式，仍要坚持学习，获得长期发展所需的知识。主要是要结合工作、职业的目标来选择自主学习的内容与方式。同时要注重想象力与创造力的发挥，强化创造性学习。

(2) **表达能力**。表达能力就是指运用语言和文字阐明自己的观点、意见或抒发感情的能力，主要包括口头语言表达能力和书面语言表达能力。丰富的思想内涵和正确的思考方法，是提高表达能力的关键。

(3) **执行能力**。执行能力是最重要的能力之一，组织与团队的各种决策，必须通过各级职业人的执行能力才能实现，执行是否到位，是事业发展的重要决定因素。在执行的过程中，会面临各种机遇与挑战，也最能考验个人的综合能力。

(4) **创新能力**。创新就是产生新思想、创造新事物。创新的基本要求是要持续改进，自我超越，突破思维局限，善于运用新方法和新流程。因此，创新既是一种能力，同时也是现代职业人必须具备的精神。

(5) **社交能力**。处理好人际关系是人们社会交往能力的体现，良好的社交能力，能帮助个人构建和谐的人际关系，丰富人生的意义，同时也是事业成功的重要资源和保证。

(6) **自我管理能力**。职业人首先要学会管理好自己，克服自己的缺点，开发自己的才能，规划好自己的职业生涯，经营好自己的事业，才能使自己成长为优秀的职业化人才。自我的管理可分为价值观、健康、时间、情绪、才能、职业生涯方面的管理与修炼。

三、职业技能要求

1. 沟通能力

(1) 与客户的电话沟通能力

与客户的电话沟通能力，就是话务员在与客户交互的过程中，运用声音感染力、提问、倾听等技巧与客户建立融洽关系，并进行交流与沟通。

① 语言表达能力。能够运用恰当的词语准确表达自己的意思，而且能用准确

易懂的语言为客户分析或解答，能够向客户清楚地说明产品或服务的优势，以及能够给客户带来的利益，能让客户清晰地了解或理解。

② 倾听能力。能用认真、谦虚、宽容的心态倾听客户讲话，并能准确接收，快速正确理解客户所询问的问题以及客户的真实需求。

③ 意见征求能力。能够在适当的时候运用不同的提问技巧了解客户需要或控制对话方向。

④ 控制情绪能力。能控制个人工作情绪，保持正面乐观的情绪，并能引导控制客户的情绪，能安抚客户情绪，协助客户缓解压力，能为不同情绪的客户提供专业全面正确的解答。

(2) 向上向下沟通能力

能够向上向下自如沟通。即能够上情下达，下情上传。把上级的要求和意愿传达给员工，能够把员工和客户的意见反馈给上级。

(3) 团队沟通能力

掌握与团队成员的沟通技巧，要求能有效激励团队，并保持与团队成员有效沟通，完成团队目标。

(4) 培训与指导沟通能力

具备培训与指导沟通能力。要求在对员工进行指导时，能充分理解员工需求，并采用针对性的沟通方式与技巧对员工进行有效指导；在培训员工时，要求具有应变力、观察力和控场力。

2. 业务处理能力

业务处理能力反映话务员对业务知识的掌握水平。话务员应熟悉各类电信业务、产品、服务、营销等专业知识，包括本公司电信产品的业务功能、业务使用方法、使用范围、资费标准、促销活动等各类相关信息。

要求熟练掌握各类电信业务、相关支撑系统操作和市场营销知识，能熟练操作支撑系统，迅速查询相应的资料并处理，准确回答客户的问题，对需要记录的内容能够表述清楚、分类准确，具备熟练的业务处理能力。

3. 服务能力

服务能力反映话务员服务能力水平。话务员应能对服务质量进行测评和改进；能对服务进行补救；能对升级投诉进行处理及投诉流程进行设计、审核与改进。

(1) 服务质量

了解客服中心内部质量管理的特点和 PDCA 循环（即 Plan 计划，Do 执行，Check 检查，Action 行动），服务质量的评定方法和用户满意度测评。

(2) 服务补救

了解服务补救的意义，了解服务补救管理体系，能对服务失误进行补救，实现客户的二度满意。

(3) 投诉处理

掌握投诉处理基本技能；能设计投诉核心流程，并对流程进行审核和改进。

4. 营销能力

营销能力是指话务员在处理呼入和呼出电话时能及时把握住客户的商业需求及个人需求，并且有去满足客户需求的意愿及能力。营销能力要求话务员能够针对客户的需求，及时把握商机、以恰当的营销切入点、灵活推荐各类电信产品，做好主动营销、客户挽留等工作，并适时促成成交。

要求掌握服务营销7P和与话务员相关营销方法；了解客户关系管理系统；掌握营销技巧，做好呼入和呼出营销，并能撰写营销脚本；能策划营销方案并能撰写与营销相关报告。

5. 管理能力

管理能力是指话务员具有现场管理能力、绩效与团队管理能力、项目管理能力、统计分析技能、服务设计开发技能及业务指导与培训技能。

要求掌握话务预测与排班、电话监听及能处理现场突发事件；能用常用统计工具进行统计分析；要求能管理团队并对团队进行有效激励和绩效考核；能设计和开发新的服务；能对低级员工进行现场指导和对初中级人员进行理论和实操培训。

四、职业知识要求

话务员是通过CTI客户服务系统，运用语音、传真、电子邮件、短信等综合信息处理手段，主动或者被动向客户提供各项电信产品售前、售中、售后服务的相关人员。

作为一名话务员，除了需要具备身体健康、声音甜美、熟练掌握计算机操作技能、标准的普通话、良好的文化素质等基本条件外，根据国家职业标准要求，还需掌握职业规范知识、话务专业知识、电信业务基础知识、计算机通信系统基础知识、语文、英语、通信保密、客户服务、法律法规、安全生产等多方面的知识。

作为一名话务技师，不只是业务专家，需掌握服务质量、服务补救、投诉流程设计、审核和改进相关知识；掌握营销理论和方法、营销方案策划和营销文案撰写；还同时需要掌握现场管理、问卷设计与统计分析、服务设计与开发、培训与指导等运营及质量管理知识和技能。

第三节　话务员职业生涯规划

一、职业生涯规划

职业生涯规划是指组织或者个人，在结合个人发展与组织发展的基础上，对决定个人职业生涯的个人因素、组织因素和社会因素等进行分析，制定有关对个人长期职业发展上的战略设想与计划安排。

职业生涯规划主体是员工和企业，分别承担个体职业生涯计划和企业职业生涯管理的功能。这两个主体彼此之间互动、协调和整合，共同推进职业生涯规划工作。

个人职业生涯规划是个人对自己一生职业发展道路的设想和规划，它包括选择什么职业，以及在什么地区和什么单位从事这种职业，还包括在这个职业队伍中担负什么职务等内容。一般来说，个人希望从职业生涯的经历中不断得到成长和发展。

企业为员工提供多条晋升通道，给员工在职业选择上更多的机会，并鼓励员工向与企业需要相符的方向发展，辅以技术指导和政策支持。

二、职业生涯设计的一般原则

美国第一银行制定的5P原则可以作为员工发展职业生涯的参考。这5P是指：

个人(Person)。帮助员工了解自己，包含自己的技能、价值观、兴趣，并且知道如何综合运用这些特质，找到适合的职业生涯路径。

看法(Perspective)。员工必须了解别人对他们的看法，并获得他们的主管、同事，以及其他工作相关人士的意见反馈。

位置(Place)。员工必须了解自己所在的位置，包含自己的职务、企业、产业，掌握变化趋势，并且知道自己需要增加哪些技能。

可能(Possibility)。员工必须了解职业发展的可能性。在企业里，发展成长有三种方式：第一种是垂直移动，也就是升迁；第二种是水平移动，虽然在同一职级里，但是更换不同的职务；第三种是不移动，虽然是同样的职务，但是让员工的工作内容丰富、更具挑战。

计划(Plan)。员工必须针对以上4方面拟定计划，决定自己需要增加哪些能力和技巧，以达到目标。

三、话务员的职业发展道路

话务员的职业发展路径可以是直线式的，即由普通客户信息话务员，到高级客户信息话务员，最后成为客户信息服务的专家。

话务员还可以有其他的职业选择方向。如果通过若干年客户信息服务积累的工作经验，掌握了较好的与人沟通的技巧，练就了良好的语言表达能力，培养出了非常好的心理素质，这些素质对于许多行业的职业都是十分有价值的，是一笔非常宝贵的财富。技术、营销、销售、公关等领域都可以成为话务员职业发展的选择。

事实上，客户服务机构的员工职业生涯规划选择可以有很广阔的空间，很多人的最终成功目标是一个优秀企业的管理者。

第二部分

服务技能

第二章 服务意识

本章要点：

- 品牌服务意识理念
- 树立品牌服务意识

作为话务技师，要求具有强烈的品牌服务意识。做到始终如一尊重关注客户、设身处地用心理解客户、高效快捷响应客户需求、全心全意解决客户问题、稳定持续提供优质服务。

第一节　概　述

一、什么是品牌服务意识

品牌服务意识是指员工在为客户服务时，时时都意识到自己代表企业品牌，处处都代表了企业的品牌形象。即员工在接待每一位客户，处理与客户相关的每一件事情，都时时处处具有强烈的意识：倘若这位客户接待不好，就会让公司品牌蒙上阴影；倘若工作让客户很满意，就会为公司的品牌增光添彩。

二、品牌服务意识的要素

1. 客户理念

品牌服务意识要求服务人员具有客户理念。“以客户为中心”，做到始终如一地尊重关注客户，设身处地用心理解客户、全心全意解决客户的问题。

品牌服务意识在客户理念上首先要求服务人员能够持续地、始终如一地对客户表示热情、尊重和关注。品牌服务意识首先是个态度问题。作为客户，在享受服务的过程中，首先感受到的是服务人员的态度。服务人员态度的好坏直接影响客户对服务人员、服务中心甚至服务企业的感知，从而影响其满意度和忠诚度。品牌服务意识在客户理念上要求服务人员设身处地用心理解客户，即站在客户的角度考虑问题，想客户之所想，急客户之所急。品牌服务意识在客户理念上要求服务人员全心全意帮助客户解决问题，即使客户的问题有较大难度，服务人员也要想方设法帮助客户尽快解决。

2. 品牌理念

品牌服务理念要求服务人员具有品牌理念。品牌理念要求服务人员在从事服务工作时，强烈意识到其所代表的已经不只是个人，同时代表整个服务中心，代表整个企业，代表整个品牌。服务人员的服务所带给客户的满意程度直接决定了客户对本公司企业品牌和产品品牌的认可度。这就要求服务人员在任何时间、任何地点，都要处处维护和代表企业和产品形象。总之，要将坚持品牌信誉的理念深入到脑海中，融汇到工作的一点一滴中，从而成为一种自觉的行为。

案例

不能让品牌因一次失误蒙上尘埃

有一次，某用户要查东海商都的电话，但××查号台提供的号码打不通，用户火了，说："这算怎么回事，你们查的都是空号吗？今天不给我一个说法，我和你们没完。"看用户在气头上，话务员小李就先安抚用户："先生，您先不要着急，我向您保证一定替您查到，然后第一时间告诉您，好吗?"于是，小李留下了用户的联系方式，然后着手调查。通过核实，小李发现这几个电话因长期欠费已经停机。不得已，小李只能根据地址找到了这栋大楼的物业，再通过物业了解到九江路某办公大楼的临时办工电话，又通过临时办事处的工作人员找到了用户所需的电话号码，当用户得知这个电话是几经周折费尽心思得来的后，心里的怒气一下子消失了。直说："谢谢！"小李清楚地记得他从愤怒变为感激的那种转折，当公司查号台的品牌没有因为一次误会而蒙上尘埃，小李觉得她所付出的一切都值得。

点评：话务员小李就具有很强的品牌服务意识。当她在受理每一个电话时，都会尽全心去服务，因为她知道她每一次的服务都代表了公司查号台的品牌形象，她若工作失误一次，都可能给公司查号台的品牌蒙上尘埃。说明这种品牌服务意识已深入她的头脑，融入到她的每次服务之中。

3. 服务技巧

品牌服务理念要求服务人员具有服务技巧。因为只具有良好的客户理念和品牌理念是不够的，客户当然希望服务人员具有良好的服务意识，但更希望自己的问题能够得到高效妥善的解决。决定服务人员服务质量和服务水平的，还有服务人员的专业服务技能，即服务人员利用专业知识解决客户实质问题的能力。

第二节 品牌服务意识

那么如何树立品牌服务意识呢？话务员需要做到以下几点。

一、始终如一尊重关注客户

品牌服务首先是个态度问题。提到对客户表现出热情、尊重和关注，这个要求相对而言比较简单。但难就难在一天内说第 1000 遍“您好”时还能将真诚和如沐春风的微笑融入声音；难就难在一天内处理第 1 个投诉和处理第 100 个投诉依然对客户可能无理的谩骂表示理解、尊重，对客户意见表示充分的关注。目前客户对企业服务投诉最多的问题仍然是服务态度问题。因此，品牌客户服务首先要求话务员能够持续地始终如一地对客户表示热情、尊重和关注。

二、设身处地用心理解客户

你是时刻替企业考虑，希望尽快息事宁人呢，还是作为客户的帮助者出现？这是衡量服务是不是品牌服务的一个关键。你的立场会立刻被客户感知，并在客户心中形成印象。作为一名客户服务代表，要以客户为中心，能够经常进行换位思考，设身处地用心理解客户，哪怕客户有时较无理，也要用心包容，并能够为客户解决问题。只有这样，才能为客户提供品牌的客户服务。

案例

设身处地用心理解包容客户，为用户提供品牌服务

有一次，一位用户致电××客服中心小马，反映他对话费有疑问，开口就骂。小马一边对用户说：“先生，请您别着急，我会给您详细说明情况”，一边迅速地查阅用户详细话单。这时，用户已骂得更难听了。对于用户的无理谩骂，小马忍受着责骂，打出话单，含着眼泪给用户解释：“因为您欠费停机时已欠费 30 元，扣掉您以前的欠费现在的余额为 20 元。您如果还有疑问，请到我们公司营业大厅查看一下详单。”

但是，用户坚决不去查话单，依然不依不饶纠缠着，这时已经接近下

班时间。小马决定用行动来证明公司的服务。便对用户说:“您看这样好吗?请您到离您最近的我们公司营业厅等我,我打个详单给您当面解释好吗?”

交班后,小马赶到××营业厅,拿着话单一条一条的给用户解释,用户听着,终于不好意思地说:“你解释得很清楚,我喝了点酒,刚才太冲动了,你们公司有你这样的员工,以后的业务一定会更好。”

点评:客服工作就是这样。尽力做事,只是尽职;尽心工作,设身处地理解客户,用心包容,并为客户解决了问题,才称得上品牌客户服务。

三、高效快捷响应客户需求

客户的问题一般都会得到解决,但解决问题的快慢给客户带来的感受却有很大差别。

作为客户,在享受服务的时候,一般更加关心服务的效率,他们希望得到高效快捷的服务。因此,在品牌客户服务中,服务的响应速度是考评服务质量的重要指标。特别是在产品同质化的今天,你能够提供的服务,你的竞争对手同样可以提供,而这时,客户关心的就是服务的响应速度。

从服务代表的角度来说,在正常情况下给予客户迅速响应较容易做到,但在遇到有些实际情况有较大难度时,倘若还是能给予迅速积极的响应,所带来的客户感知就完全不一样了,这便可区别出是一般的服务、优质的服务还是品牌的服务了。

案例

迅速响应客户需求

四川的钻石卡客户廖先生来到上海,发现自己的手机充电器出了故障,而业务还没有联系好。他抱着试试看的态度致电××客服中心。该客服中心得知后,立刻联系市场营销中心协调解决,以最快的速度将充电器送到了客户手中。整个过程仅仅历时不到3个小时。廖先生连连称赞该客服中心的卓越服务。

点评:四川的客户到了上海,通常情况下客户的需求在响应速度上会受到影响,但本案例中,廖先生还能体验到如此高效快捷的服务,充分体现了该客服中心的品牌服务意识。

四、全心全意解决客户问题

企业或服务代表的解决问题能力是品牌客户服务的根本。要做到“品牌客户服务”,企业就必须能够帮助客户解决问题,因为作为客户,当然希望服务人员能够有很好的服务态度，但是同时他更希望问题能得到解决。每一个服务代表都应记住：在品牌客户服务的表现中，全心全意帮助客户解决问题永远是第一位的。

然而，客户的有些要求是与话务员的本职工作无关，这时话务员就要有很强的判断能力，看是否需要为客户提供延伸服务。

案例

本着对生命负责的态度

某查号台话务员小徐在一次值班时，听到一个小伙子焦急万分的声音："我在长兴岛开往上海市区的船上。我这里有位产妇要生了，快帮我找个救护车，要送医院，来不及啦！"她非常镇定而冷静，用最快的速度整理了思绪，考虑到离他们最近是宝山区，当时就直接联系了宝山区医疗急救中心，简单地介绍了用户的情况，在得到工作人员确定的答复后，把用户的电话留给了工作人员。当渡轮一靠岸，小伙子一眼就看到一辆 120 救护车已准备就绪，产妇一路绿灯被送到了医院。

点评：查号台话务员的本职工作是负责为客户查号，而给小徐挂电话的客户的需求并非简单的查号，可小徐本着对生命负责的态度，为客户提供了延伸的服务，全心全意地为客户解决了问题。

五、稳定持续提供优质服务

提供一时的客户服务并不难，而始终保持稳定的服务质量则是非常困难的。让客户感受到一名服务代表的良好服务并不难，而要想让客户在整个服务过程中都能够感受到每一位服务代表的热情服务就变得很难。特别是在客户需求发生波动的时候，服务代表在超负荷的压力下很难持续保持高昂的工作状态和热情的笑容。让客户每一次都能感受到同样好的服务，正是品牌客户服务所追求的目标。持续提供优质的服务，这是整个品牌客户服务过程中最难获得的一种能力，而服务的标准化、一致性，是持续提供优质服务的根本保证。

案例

青岛××客服中心持续提供优质服务

早在 2001 年 12 月，青岛××客服中心就顺利通过中国质量协会的认证审核，成为山东省通信行业第一个通过国际质量体系认证的客服中心。××客户服务热线的服务管理工作由传统的经验管理提升到标准化管理，使服务流程更顺畅、责任段落更清晰、前后链接更紧密、服务质量更规范，变“被动服务”为“主动服务”、变“企业至上”为“客户至上”、变“单一服务”为“全方位服务”，获得了良好的社会效应。目前，××服务热线的日均电话受理量达到3万余次，人工接通率达到99%以上，人工接通15秒及时率达到96%以上；××客户服务综合满意度达到90%以上。“情传万家”、“××一拨就灵”客户服务品牌已深入人心。

点评：当一个企业能够持续地提供优质的服务时，它就能够逐步获得一种服务品牌的竞争优势，而这种优势是其他企业很难模仿的。而当一名服务代表能够为他的客户持续地提供优质的服务时，他就能够逐步获得客户的信任，客户关系将会变得更加稳定和牢固。

第三章 服务质量

本章要点：

- 全面质量管理
- PDCA 循环
- 服务质量的评定方法
- 用户满意度测评

高级话务员已经掌握了“质量”的定义和服务质量评价标准、服务质量差距及服务质量提升策略。本章将在此基础上介绍话务技师应掌握的服务质量体系、服务质量评估方法、满意度模型及满意度测评相关知识和技能。

第一节 概 述

一、全面质量管理的含义

全面质量管理(TQM，Total Quality Management)是在以客户为导向的经济环境下，中外企业普遍采用的质量管理方法，它是一种达到或超越客户对质量要求的理念。全面质量管理起源于美国军方的质量管理运动，当时为了生产战争所需要的武器，必须改变工厂的生产方式和保证产品质量。后来在美国戴明(W. B. Deruing)教授和朱兰(J. M. Juran)博士的研究和倡导下，形成了全面质量管理的理论。

全面质量管理的基本思路概括如下：

- 坚持“用户第一”和“预防为主”的观点。
- 质量是全面的质量，即包括产品质量、服务质量，又包括工程质量和工作质量。
- 质量管理是全过程管理。企业生产产品必须经过市场调查、产品设计和研制、产品生产和检验、产品的销售和服务等一系列过程。全面质量管理就是对整个过程和全部影响质量的因素进行综合全面的质量管理。
- 质量管理是全员性的管理。实施全员质量管理，抓紧质量教育和培训，提高全员质量意识，普遍建立质量控制小组，是开展全面质量管理的基础。
- 质量管理是全方位的管理，需要采用多样化的质量监控方法，如改善经营管理、革新技术、应用数理统计方法、质量检查手段、提高员工素质等。

质量管理的基本工作程序是：计划、执行、检查和处理四个阶段构成 PDCA 循环（Plan，Do，Check，Action）。

全面质量管理的目的是达到并超越客户对质量的要求。这一目的的实现，一方面，要求组织中每一个层次的员工都要参与质量管理的执行，尤其强调企业管理者的参与。戴明教授指出，企业中 85％的质量问题归于管理者，而只有 15％归于员工。只有管理者能够建立质量责任机制，才能提供使之得以发生所需的激励和支持系统。企业的各级管理者是质量改进活动的关键。管理者的重视与参与将直接影响到能否及早发现或预测产品或服务的质量问题。另一方面，要求企业应始终致力于系统中每个过程的持续改进，这对提高质量，降低成本是十分重要的。戴明教授建议使用休哈特-戴明环（PDCA 循环）进行改进。管理者应该认识到，对高质量的追求永无止境。总有改进公司过程的好方法，这应成为公司每个员工、每个部门的每项工作的目标，更应该在全系统寻求使高质量成为现实的途径。

二、客户服务在全面质量管理中的作用

20 世纪 80 年代后期以来，全面质量管理得到了进一步的扩展和深化，成为一种综合的、全面的经营管理方式。1994 版 ISO 9000 族标准中对全面质量管理的定义为：一个组织以质量为中心，以全员参与为基础，通过让客户满意和本组织所有成员及社会受益而达到长期成功目的的管理途径。

全面质量管理不仅是全员化的质量管理，还是全企业、全过程的质量管理，它涉及到企业经营的方方面面，包括从市场调研、产品的设计开发、生产（作业），到销售、客户服务的各个环节。

当一个企业推行全面质量管理后，客服中心的工作职能将发生革命性的变化。客户服务将不再是企业的“附属品”，而成为企业经营链条中的重要一环，它将不再是被动地等待客户的投诉和机械式地解决客户的咨询，而是演变为一种艺术，主动地承担着质量过失弥补和商业机会挖掘与创造的职责。可以说，客户服务在改善企业质量方面扮演着重要的角色。

1. 质量过失弥补

质量过失弥补是指客服中心通过人性化及科学化的手段，为企业在经营环节中发生的达不到客户要求的各种过失问题，如产品质量问题、销售过程中出现的服务问题、系统问题等，提供弥补服务，以满足客户基本需求（包括被理解、被尊重和安全感）和特殊需求（解决问题）。质量过失弥补是传统客服中心投诉受理职能的进一步演变。传统的投诉受理职能以解决某一客户投诉问题为目标，而质量过失弥补是在发现并解决某一客户投诉问题后，继续为与之问题相关的客户提供主动关怀，以实现最大化的挽留可能流失的客户和保持客户忠诚的目的。

可以说，企业的客服中心是企业质量保障的最后一道防线，优秀的客户服务不仅可以弥补企业过失，还可以超越客户期望，将客户长时间地保留在企业中，为企业带来更大的利益。

2. 商业机会挖掘与创造

商业机会挖掘与创造是指客服中心通过对客户需求的采集、分析和管理，与客户建立信赖关系，为客户提供个性化的企业信息和关怀服务，实现客户开发和在线交易的目的。

客服中心是企业售前或售后接触客户机会最多的部门，它可以被视为企业面向客户的窗口，不仅可以将企业内部的信息传递给客户，还可以将客户的信息反馈给企业内部，在信息传递的每一过程中都蕴藏着改善质量的机会。从信息的批量传递到满足内外客户个性化的信息定制，信息的价值逐渐提高，传递的速度逐渐加快，个性化越来越突出，客户的信赖感和满意度也逐渐增强，客服中心每一步的发展都为企业带来了无限的商机。

客服中心的质量过失弥补和商业机会挖掘与创造都是在全员参与及服务过程持续改进的基础上实施的，是全面质量管理在客户服务环节的科学应用。

在客服中心为客户提供各种类型服务的过程中，每一通呼叫对客户而言都是一次亲身体验，这种体验是测量和评价客服中心服务质量的重要依据。管理者要做的，就是如何从内部和外部两个角度收集和整理这些资源，获得不间断的、确凿有效的客户反馈信息，对客户的主观感觉和可能影响客户感觉的客观因素进行量化，以此来制订一个积极有效的服务策略。

客服中心的首要任务是争取每一个电话都能让客户感到满意。满意产生的结果是客户的保持率上升，从而使客户终生价值和向他人推荐企业产品或服务的可能性跟着上升。因此，客户服务质量管理具有“硬的一面”和“软的一面”。

硬的一面是指客服中心质量监控所使用的电话监听和统计方法。管理科学已经开发出几种统计工具和过程，用于帮助管理者分析和预测客服中心的质量问题，了解服务质量是否正在持续的改善。软的一面强调管理者与服务团队之间的良好沟通和人际关系，以便使质量管理策略成为现实。因此，管理者应当主动参与到服务团队的工作氛围中，通过监控和培训，与团队成员共同制订出使服务质量可以持续改进的策略，真正实现全员化、全过程的质量管理。

三、客服中心内部质量管理的特点

与其他管理内容相比,客户服务内部质量管理具有主观性强、难以评估、管理成本高等特点。

1. 主观性强

主观性较强是指和客服中心其他管理内容相比,服务质量管理往往采取管理者或质量专员对客户信息服务员话路进行实时监听以及录音回放评测的方式进行,然后根据评测人自己的主观意识进行打分,对同一个客户信息服务员同一段通话,不同的质量专员可能会给出不同的分数。目前,为了使主观的评判向较客观的方向发展,各客服中心管理者纷纷加强对质量专员的选拔、培训,并通过使用新系统及制订科学的评估标准,以期减少不同质量专员对同一个电话录音评分的差距,但服务质量管理的性质决定无法完全避免主观因素的影响。

2. 难以评估

难以评估是指服务质量的优劣是一种感觉,它不像客服中心的交换机、语音自动应答系统和业务应用系统提供的各种各样的话务和业务数据,可以实时地、源源不断地从相关系统中采集。在服务质量评估中往往要考虑诚实、关注、关心、记忆、设想、责任、呼叫控制、友善和专业等因素,这些要素的相互影响决定了服务质量评估的复杂性。因此,对服务质量的评估,除了需要一套完整的质量管理评测系统外,还需要对管理者或质量专员进行长期的培训,并辅助以客户满意度调查的方式,才能准确地评估客服中心服务质量高低。

3. 管理成本高

由于实时监听或录音回放调听都是一项非常耗时的任务,而且要有专人对服务质量进行监控,因此无论从劳动强度和工作效率来讲,与客服中心的其他工作相比,拥有较高的管理成本。即便在今天,为了提升监测的效能,优秀的系统厂商已经能够提供全程录音、实时监控、按要求录音检索调听、质量考评和屏幕捕捉技术等诸多功能的质量管理系统,每 15 个左右客户信息服务员仍要设立一个专人进行服务质量监控,因此,导致管理成本较高。

四、客服中心质量管理的原则

根据对超过 200 家客服中心所作的调查,人们将具有以下特征的拨入客服中心的电话称之为高服务质量的通话,这样的服务质量很有可能让客户满意,这些因素包括:

- 客户打电话来没有遇到忙音;
- 打入的电话没有让客户久等、转接或答应过后再打回来;
- 客服代表的所有的回答都很准确;
- 客服代表能够快速准确地把握客户问题的关键;
- 客户没有被客服代表匆匆忙忙地挂断电话;

- 客户对客服代表产生了一种信任感；
- 市场反馈很快被注意到，并及时得到处理，客户得到的是最新的信息；
- 客户从客服代表那儿得到一个意外的建议；
- 客服代表对自己的工作艺术感到骄傲，他/她尽量地让自己表现得像一个专家。

从上述因素可以看出，服务质量是客户感知的反应，客服中心的管理者总是希望通过服务质量的提升，来赢得客户的满意度。在服务质量管理中，以下几个原则十分重要。

1. 以人为本原则

模仿或复制某一客服中心的业务流程和活动是很容易的，但复制他们的人却很难，因此，客服中心的人员是其与市场上其他竞争伙伴的主要区别。

在进行品质管理过程中，管理者必须把对人的培训及关心放在第一位。这里所指的培训，不仅包括对客服人员的培训，还包括对各级管理者和质量专员的培训。培训不但有利于客服中心服务质量的提高，而且有助于员工的自身发展和增强员工对企业的忠诚度。

管理者要表现出相当的人情味，应当直截了当地向客服人员介绍服务质量管理的要求和方法，说明服务质量管理的目的，减少客户信息服务员的抵触情绪，创造一个公平、有效的工作环境。同时要尊重员工的隐私，例如，考核结果给予适当保密，在提出改进意见书后应采取个别谈话的方式与客服人员进行一对一的沟通。

2. 以客户为中心原则

以客户为中心的核心思想就是理解客户当前和未来的需求，要让客户满意，要以客户的满意度作为衡量客服中心服务质量优劣的关键因素。通过信访、电话回访、人员拜访、传真或电子邮件等多种方式的客户满意度调查来发现自身的不足和客户的期望，获得客户持续有效的反馈信息，以此来制订积极有效的服务策略，提高客户终生价值和向他人推荐本企业产品或服务的可能。

3. 量化原则

由于服务质量管理具有主观性较强、难以评估难度大和管理成本高的特点，将客户和质量专员对服务质量的感觉进行量化是客观评价客服中心服务质量优劣的重要手段。在对服务质量感觉进行量化过程中，要确定一系列度量指标，在制订这些度量指标时要遵循以下原则：

- 简单：度量指标应当易于沟通和理解。
- 可测量：度量指标应能不断评测、记录和跟踪。
- 有指导意义：度量指标应能结合起来形成具有指导意义的报告。
- 成本控制：应保证在可控制的成本内获得该度量标准值。

对于确定好的度量指标，要设专人定期对这些度量指标进行检测，比如，设立运营分析师的岗位来负责日报、周报和月报的制作发行，并及时向相关部门和领导汇报。针对测量到的数据，要和历史数据以及其他相关客服中心基准数据进行比较，不断对自己建立的客服中心度量标准值进行评估和校正，以确保其满足客服中心的运营要求，并且在和其他相关人员或部门沟通的基础上，提出具体改进措施。

目前，在客服中心服务质量管理过程中所采用的监控分值（指由监控主管对客服人员的通话服务质量所作的等级评价）和客户满意度调查方法，都是人们依据感性认识对服务质量进行量化的重要手段。通过对客服人员人际交往能力、语言表达能力、专业知识、服务技能、应变技巧、呼叫控制和责任心等方面的评分，可以更为全面、公正、客观地评价服务质量的水平，提高客户满意度。

4. 管理者参与的原则

管理者的任务就是保证所有员工更好地满足客户的要求。因此，管理者需要通过支持、反馈、培训、鼓励、承担责任和疏导关系等方法成为质量改进的先导。

支持——质量观念需要有效的团队协作，管理者必须在所有的决策和行动中支持团队的建立和发展，使团队有足够的动力去实现质量目标。

反馈——管理者应及时将企业的内部信息反馈给服务团队，也需要将服务团队反映的客户意见和建议及时反馈给企业相关部门，以全面地提升产品和服务质量。

培训——企业内所有层次的员工都需要技巧和知识，从而正确有效地从事相关工作。在实施质量管理的过程中，质量意识和过程改进艺术的培训不可缺少。员工需要在今天和在未来都能够完成工作的技巧。培训不仅可以使员工掌握新知识，更可以发挥并保持员工的最大潜力。

鼓励——服务质量的改进不是一天完成的工作，而是一个渐进和持续的过程。客户表达期望和意见的方式是多种多样的，尤其在从事服务过失弥补工作时，客户往往会给服务团队带来意想不到的难题。因此，作为管理者应该时刻鼓励员工树立积极工作的态度和正确理解抱怨的思想，帮助他们建立起为提高企业整体服务质量而努力的信心。

承担责任——服务质量的提高和持续改进不是个别人和个别部门的责任，而是全员的责任。服务质量的高低与管理者有着密不可分的关系，它取决于管理者的意愿和正确的领导。因此，对于管理者而言责任更大。

疏导关系——如果客服中心采纳了全面质量管理的方法，而另一部门却不执行，全面质量管理只会给整个企业造成“疲劳”。一个企业中所有部门的开放式沟通和协作对企业的发展是至关重要的。从管理者开始，消除部门间“你们—我们”的隔阂，使全员能够以共同的目标和质量管理策略开展工作，才能给客户带来一致性的服务体验，保持客户的忠诚。

5. 对服务的持续改进原则

竞争的加剧使得企业的经营处于一种“逆水行舟，不进则退”的局面，企业必须不断改进才能生存。为此，“持续改进服务质量应当成为客服中心的一个永恒目标”。

五、休哈特-戴明环(PDCA 循环)

客户服务质量管理的基本工作程序是 PDCA 循环，图 3-1 表示“1 个循环、4 个阶段、8 个步骤”。PDCA 循环分别代表 Plan(计划)，Do(执行)，Check(检查)和 Action(处理)。这 4 个阶段依次衔接、紧密结合形成一个循环。整个客户服务项目是一个 PDCA 的大循环，各阶段细分为小的循环。客服中心可以通过这样的综合循环体系，不断制订新的标准，提高服务质量。通过保证各阶段目标的实现，确保客户对整体服务满意。

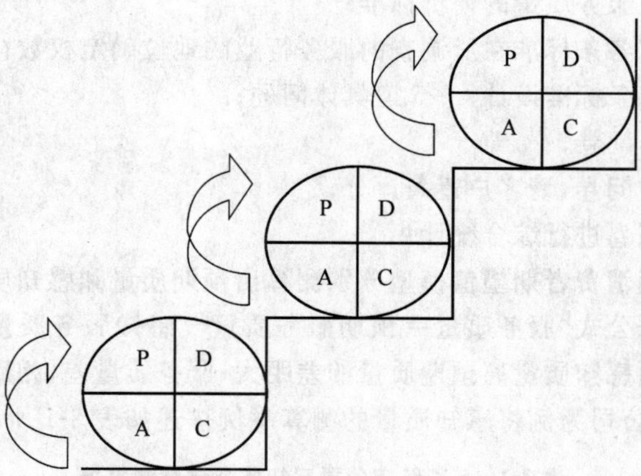

图 3-1 PDCA 循环示意图

PDCA 循环分为 8 个步骤对流程进行控制。

1. 计划阶段(Plan)

步骤一：通过现场管理和调查发现客户服务工作中存在的问题。

步骤二：应用统计方法和团队经验分析产生问题的原因。

步骤三：找出对工作流程实施影响最大的因素。

步骤四：制订解决问题的工作计划，拟定改进措施(5W1H，What? Why? When? Where? Who? How?)。

2. 执行阶段(Do)

步骤五：执行措施计划。

3. 检查阶段(Check)

步骤六：通过多样化的手段调查计划执行结果。

4. 行动阶段(Action)

步骤七：巩固取得的成绩。

步骤八：提出尚未解决的遗留问题。

第二节　服务质量的评定方法

一、服务质量的评定方法

服务质量的测定是服务企业对客户感知服务质量的调研、测算和认定。只有测定了服务质量，才能在量上评价服务质量的好坏，并找到改进的方向。

服务质量测定一般采取评分量化的方式进行，评分量化方法的步骤如下：

第一步：选取服务质量的评价标准；

第二步：根据各条标准在所调查的服务行业的地位确定权数；

第三步：对每条标准设计4～5道具体问题；

第四步：制作问卷；

第五步：发放问卷，请客户逐条评分；

第六步：对问卷进行综合统计；

第七步：采用消费者期望值模型分别测算出预期质量和感知质量；

第八步：根据公式“服务质量＝预期服务质量－感知服务质量”，求得差距值，其总值越大，表明感知质量离预期质量的差距大，服务质量差，相反则服务质量好。

下面以航空公司为例将感知质量的测算举例描述如表3-1所示。

表3-1　5家航空公司感知服务质量测算表

	A	B	C	D	E	权重
安全性	95	95	85	75	85	0.5
正点程度	95	75	65	55	75	0.2
价格	85	85	95	95	85	0.1
机型	95	95	85	75	65	0.1
空姐仪表	85	85	95	55	95	0.1

根据表3-1可计算出客户对上述5家航空公司感知服务质量的评分总值，具体计算如下：

$$A=95\times0.5+95\times0.2+85\times0.1+95\times0.1+85\times0.1$$
$$=47.5+19+8.5+9.5+8.5=93$$

$$B=95\times0.5+75\times0.2+85\times0.1+95\times0.1+85\times0.1$$
$$=47.5+15+8.5+9.5+8.5=89$$

$$C=85\times0.5+65\times0.2+95\times0.1+85\times0.1+95\times0.1$$
$$=42.5+13+9.5+8.5+9.5=83$$

$$D=75\times0.5+55\times0.2+95\times0.1+75\times0.1+55\times0.1$$
$$=37.5+11+9.5+7.5+5.5=71$$

$$E=85\times0.5+75\times0.2+85\times0.1+65\times0.1+95\times0.1$$
$$=42.5+15+8.5+6.5+9.5=82$$

假定消费者对这5家航空公司的预期质量分别为：

A=98　B=94　C=88　D=76　E=90

然后将各航空公司的预期质量与感知质量进行比较，得出：

A=98-93=5　B=94-89=5　C=88-83=5

D=76-71=5　E=90-82=8

比较结果E公司差距最大，预期服务质量也低于A、B，感知服务质量也低于A、B、C；其他4家航空公司虽差距相同，但A的预期服务质量明显高于其他两家，A的服务质量最优。

二、电信服务质量的评定方法

对电信服务质量的广泛研究主要是以用户为导向的，通过对用户感知质量的研究，可以建立电信服务质量指标体系来考察电信服务质量。质量体系分为两大部分：价值指标和成本指标。价值指标中又按照整体产品的概念，分为核心价值指标、形式价值指标和服务价值指标；成本指标又分为货币成本指标和非货币成本指标。根据不同的电信业务，还可以进一步细分指标体系。

表3-2和表3-3分别列出了评价固定电话业务和移动电话业务的质量指标体系。

表3-2　固定电话业务服务质量指标体系

第二层指标体系	第三层指标体系	第四层指标体系	第五层指标体系
核心价值满意度	技术质量	接通率	网络接通率，包括本地呼叫接通率和长途呼叫接通率
		传输损耗	传输损耗，话音清晰度
		接续时延	包括拨号前时延和拨号后时延
		网络可靠性	通话中断率，出现发话人回声的概率，出现串线的概率
		网络覆盖	本地网络覆盖范围，省内网络覆盖范围，全国网络覆盖范围
形式价值满意度	企业形象	企业文明度	营业厅环境：外部招牌/标示，内部装修，柜台设置，各类指示牌，有业务查询机，有便民设施
		企业知名度	统一企业标志/标示，统一客服中心号码，对企业了解程度
		企业美誉度	对企业的好感
	业务形象	基本业务形象	市话业务形象，国内长途业务形象，国际长途业务形象
		增值业务形象	程控电话服务形象(来电显示，呼叫转移，闹钟服务，呼出限制等)，电话信息服务形象，语音信箱业务形象，公用电话业务形象(有人值守)，智能网业务形象：IC卡/200/300/201，IP电话业务形象，电话会议业务形象，可视电话业务形象
	人员形象	人员精神风貌	营业厅人员：统一服装，仪表整洁，精神风貌好
		人员服务态度	营业厅/客服中心：礼貌，亲切，热情，周到
		人员业务素质	操作熟练，知识完备

续表

第二层指标体系	第三层指标体系	第四层指标体系	第五层指标体系
服务价值满意度	延伸服务		紧急电话接入服务
			升位/改号通知服务
	附加服务	用户培训/咨询服务	有业务使用手册，咨询回复质量
		查询/投诉服务	查询回复正确率，投诉处理结果满意度，免费查询话费，可得到话费清单
		线路障碍维修	线路障碍出现频次，障碍严重性，障碍修复速度
货币成本满意度	资费标准	资费结构	资费结构合理性
		资费水平	资费水平高低
	资费种类		资费种类满意度
	计费准确率		计费差错率，账单差错率
非货币成本满意度	时间消耗	等待时间	排队时间，营业厅业务处理时间，电话装、移机时限，电话复话时限，业务变更时限，电话服务台应答时限，查询回复速度，投诉处理速度
	精力消耗	方便程度	营业时间安排，方便用户办理业务，业务办理方便程度，营业网点密度，业务开办手段，缴费方便程度，收费网点密度，缴费方式，查询/投诉方便程度，查询/投诉手段
		简便程度	业务申请手续简便，业务/功能操作简便
		广告宣传效果	宣传方式满意度（广播电视/广告杂志/路牌/灯箱，营业厅），宣传设计满意度，宣传强度满意度，宣传效果满意度

表 3-3　移动电话业务服务质量指标体系

第二层指标体系	第三层指标体系	第四层指标体系	第五层指标体系
核心价值满意度	技术质量	接通率	可接入率，网络接通率：包括移动拨打固定呼叫接通率，固定拨打移动呼叫接通率和移动拨打移动呼叫接通率；无线信道拥塞率
		传输损耗	传输损耗，话音清晰度
		接续时延	拨号后时延
		网络可靠性	通话中断率，出现发话人回声的概率，出现串线的概率
		网络覆盖	本地网络覆盖范围，省内网络覆盖范围，全国网络覆盖范围

续表

第二层 指标体系	第三层 指标体系	第四层 指标体系	第五层 指标体系
形式价值满意度	企业形象	企业文明度	营业厅环境:外部招牌/标示,内部装修,柜台设置,各类指示牌,有业务查询机,有便民设施
		企业知名度	统一企业标志/标示,统一客服中心号码,对企业了解程度
		企业美誉度	对企业的好感
	业务形象	基本业务形象	移动电话业务形象
		增值业务形象	短消息业务形象,移动秘书业务形象,呼叫转移业务形象,呼叫等待业务形象,语音信箱业务形象,主叫号码显示业务形象,传真业务形象,手机银行业务形象,IP电话业务形象
	人员形象	人员精神风貌	营业厅人员:统一服装,仪表整洁,精神风貌好
		人员服务态度	营业厅/客服中心:礼貌,亲切,热情,周到
		人员业务素质	操作熟练,知识完备
服务价值满意度	延伸服务		紧急电话接入服务
			升位/改号通知服务
	附加服务	用户培训/咨询服务	有业务使用手册,咨询回复质量
		查询/投诉服务	查询回复正确率,投诉处理结果满意度,免费查询话费,可得到话费清单
		线路障碍维修	线路障碍出现频次,障碍严重性,障碍修复速度
货币成本满意度	资费标准	资费结构	现行资费结构合理性
		资费水平	现行通话资费水平高低,增值业务收费高低
	资费种类		资费种类满意度
	计费准确率		计费差错率,账单差错率
非货币成本满意度	时间消耗	等待时间	排队时间,营业厅业务处理时间,电话开通时限,电话复话时限,业务变更时限,电话服务台应答时限,查询回复速度,投诉处理速度
	精力消耗	方便程度	营业时间安排,业务办理方便程度,营业网点密度,业务开办手段,缴费方便程度,收费网点密度,缴费方式,查询/投诉方便程度,查询/投诉手段
		简便程度	业务申请手续简便,业务/功能操作简便
		广告宣传效果	宣传方式满意度(广播电视/广告杂志/路牌/灯箱,营业厅),宣传设计满意度,宣传强度满意度,宣传效果满意度

第三节　用户满意度测评

一、全面可感知质量模型

质量在很大程度上是客户的一种主观上的判断，是客户对服务的感知。那么客户以什么作为感知的标准呢？格鲁诺斯(1983 年)指出：客户的全面可感知质量并不是由技术质量和职能质量决定的，它取决于期望质量和实际质量之间的差距。全面可感知质量的获得如图 3-2 所示。

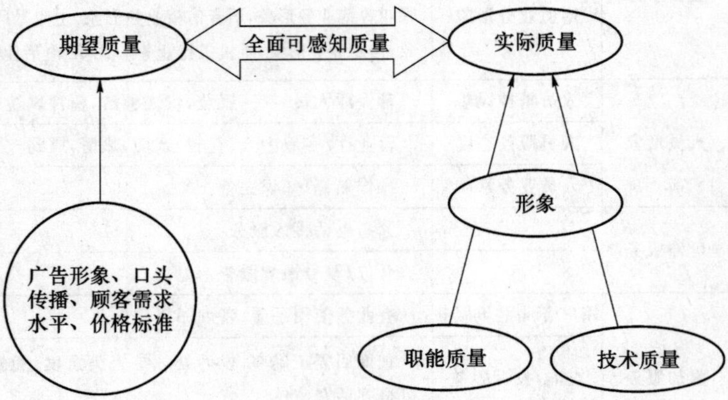

图 3-2　全面可感知质量模型

1. 期望质量

期望质量即客户对服务企业所提供服务预期的满意度。期望质量是影响客户对整体服务质量的感知的重要前提。如果预期质量过高，不切实际，即使从某种客观意义上说他们所接受的服务水平是很高的，他们仍然会认为企业的服务质量较低。期望质量受 4 个因素的影响，即：

- 营销传播；
- 企业形象；
- 客户口碑；
- 客户需求。

营销传播包括广告、直接邮寄、公共关系以及促销活动等，直接为企业所控制。这些方面对预期服务质量的影响是显而易见的。例如，在广告活动中，一些企业过分夸大自己的产品及所提供的服务，导致客户心存很高的预期质量。然而，当客户一旦接触企业，则发现其服务质量并不像宣传的那样，就会对其感知服务质量大打折扣。企业形象和客户口碑只能间接地被企业控制，这些因素虽受许多外部条件的影响，但基本上与企业绩效有一定的相关关系。客户需求则是企业的不可控因素。客户需求的千变万化及消费习惯、消费偏好的不同，决定了这一因素对预期服务质量的巨大影响。

2. 感知质量

实际感知质量则是客户对服务企业提供的服务实际感知的水平。它由服务的技术质量、职能质量、企业形象、真实瞬间共同影响。如果客户对服务的感知水平符合或高于其预期水平，则客户获得较高的满意度，从而认为企业具有较高的服务质量；反之，则会认为企业的服务质量较低。从这个角度看，服务质量是客户的预期服务质量同其感知服务质量的比较。

作为一个电信客户，可以根据广告和口头传播的信息，根据产品的价格水平，参考自己的需求，形成一个期望的质量标准。而电信服务的技术性质量和职能性质量，外加企业的社会形象、品牌价值，通过服务过程的"真实瞬间"，构成了电信产品的实际质量。客户本身的期望质量标准和电信企业实际的质量水平之间的差距，就是客户真实感受到的电信服务的质量水平。

二、用户满意度模型

用户满意和感知质量、期望质量之间是什么关系呢？用户满意度是否会决定用户忠诚度？用户满意度模型对此进行了说明，如图 3-3 所示。

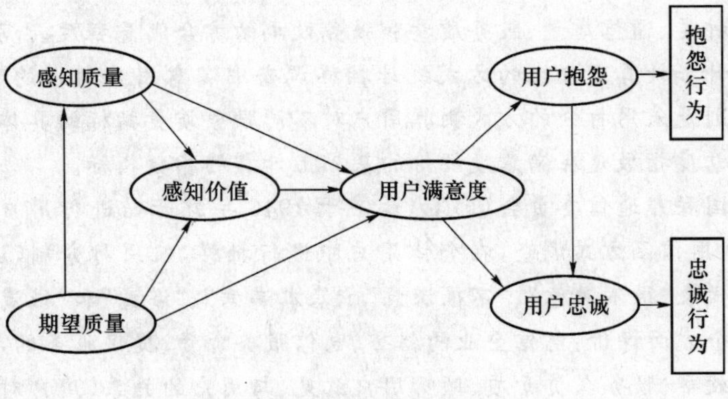

图 3-3　用户满意度模型

用户在使用服务产品后，会得到产品的感知价值。所谓感知价值，是指用户所感知的产品或服务的价值相对于所付出成本的比值。感知价值和感知质量、期望质量一起，决定了用户的满意程度。如果客户对服务产品是满意的，就会产生客户忠诚。他会增加使用，重复购买该品牌的其他类别；反之，如果对服务产品不满意，他就会选择不继续接受这项服务，转而接受其他品牌。

特别是在某些服务行业中，研究显示，当客户忠诚度上升 5 个百分点时，利润的上升幅度将达到 25%～85%。研究还表明，在行业内拥有较高客户忠诚度的服务企业不仅有较高的赢利能力，这些忠诚客户在一定时期内还会为企业带来更多的盈利。这是因为高忠诚度的客户可以重复购买，并为企业带来良好的口碑，同时还减少了企业在广告等方面的支出。因此，市场份额的"质量"(用客户忠诚度来表示)远比市场份额的"数量"重要。大量的实践证明，出色的服务企业并不过多强调利润目标和市场份额，而是重视那些提高盈利水平的因素，他们以客户忠诚度为起点，研究客户满意度、服务价值以及员工的生产率、满意度和能力。

客户对企业不满意的抱怨往往比对满意的赞誉传播得更快。研究表明，每位非常满意的客户会将其满意的原因告诉至少 12 人，而这 12 人中又会有 10 人左右在产生相同需求时光顾满意的客户所赞扬的企业；相反，一个非常不满意的客户会把其不满意告诉 20 人以上，而这 20 人在产生相同需求时几乎不会光顾被批评的企业。

这样的统计结论足以让企业慎重看待客户满意度。营销的基本思路应是，从点滴做起，不懈努力，努力把潜在的客户转化为新客户，把新客户转化为老客户，提高企业的客户满意度。

案例

电信服务客户满意程度测评

综合地反映用户的满意程度有 3 种指标：客户满意率、客户满意度、客户满意度指数。它们可以反映客户对电信网络提供服务的能力、提供服务的种类、通信质量、服务质量和服务效率的综合满意程度。满意率是采用统计和计算百分比的方式统计抽样调查中满意用户所占的百分比。满意度则是采用打分的方式测算用户对不同服务质量指标的具体满意程度。满意度指数是在满意度评价的基础上计算的指数指标。

美国联邦通信委员会（FCC）最早于 1946 年就开始进行用户满意度测评，利用信函方式调查，在全体用户中进行抽样，采用打分制，1 分到 5 分分别代表“很不满意”、“不很满意”、“基本满意”、“满意”和“很满意”，主要从 8 个方面评价：电信企业的信誉、电信服务资费、提供服务的质量、日常服务效率、服务人员素质、倾听用户意见、与用户的关系、用户对电信企业总的看法和评价。

随着电信业的发展，用户满意程度测评成为世界各国政府对电信服务质量进行监督的通用方式，以衡量用户对电信服务质量的综合评价，进而监管和督促电信企业提高服务质量。许多电信企业也采用用户满意程度来测评或衡量本企业的整体服务水平和服务质量，寻找不足之处，以便改进工作。

三、用户满意度测评

在客服中心的用户满意度测评主要集中在以下 3 个方面：

- 对客服中心服务质量总的满意度。
- 与客服中心打交道后，促使客户继续使用公司产品与服务（重新购买）的可能性。

- 客户向他人推荐公司产品和服务的意愿。

下面介绍进行用户满意度测评的主要步骤。

1. 明确用户满意度测评的前提

在进行用户满意度测评前首先明确以下问题：

- 我们目前有多少客户？
- 有哪几类目标客户群？
- 有没有客户数据库？
- 我们向客户提供哪些产品或服务？
- 竞争对手是哪些？
- 我们和竞争对手之间的强项和弱项各是什么？
- 有哪些因素可能影响客户行为？

我们还需要了解，我们的系统是否支持进行多种渠道的用户满意度测评，并确定可以实施用户满意度测评的人员。

2. 策划用户满意度测评的内容

如根据客户电话服务的特点，确定能够体现客户接近和进入客服中心的难易度；客户与客户信息服务员交流的轻松度；客户信息服务员解答问题和提供解决方案的能力三方面内容调查问卷。包含电话接通状况（接听前电话铃响次数、排队时间、接听后等待应答时间及转接次数等指标）、应答处理状况（包括客户信息服务员的语言表达能力、对客户处境的关怀程度、电话处理高效迅捷与否）及回答问题的质量（包括回答完整与否、准确与否）等。

3. 确定用户满意度测评的调查对象

界定调查对象范围，以及如何获得有效样本总体，有什么抽样方法能够使选中的样本更具代表性；确定用何种方法进行调查，如电话调查、传真调查、邮件调查或访问调查等。在客服中心一般采用电话调查、传真调查和邮件调查的方式。对重点客户或在难以获得有效样本总体的情况下，可以采用访问调查的方式，从而使抽样更具控制性。

4. 实施用户满意度测评并完成调查报告

根据制订好的用户满意度测评文稿，通过确定的调查方式对选定的客户群进行用户满意度测评；并对获得的数据进行定性和定量的分析，撰写调查报告。管理者可以依此评估服务质量，确定需要采取行动的方向，制订改进计划。

5. 确定急需改进的因素并加以改进

通过因素重要性推导模型，可以确定影响客服中心服务质量的哪些因素是急需改进的因素并加以改进。该模型假设：客户对不同企业提供的同类服务（或产品）的满意度是有差异的，对某种服务的满意度是由多种因素共同决定的。客户知道哪些因素是重要的，哪些是不重要的，知道自己对某项服务的哪些因素是满意的，哪些是不满意的。任何企业的资源都是有限的。服务的改进是受到各种因素制约的。因此，在众多影响用户满意度的因素中，明确哪些是急需改进的因素具有重要意义。通过客户对因素重要性和满意度的评价，能够区分出4种类型的因素。

- 急需改进的因素，即对客户是重要的，而满意度评价是较低的。
- 应该继续保持的因素，即对客户是重要的，而满意度评价是较高的。
- 不占优先地位的因素，即对客户是不重要的，而满意度评价是较低的。
- 锦上添花的因素，即对客户是不重要的，而满意度评价是较高的。

6. 跟踪调查

为了能使用户满意度测评取得良好的效果。建立一个跟踪系统是至关重要的，针对服务或流程的改进，仔细地跟踪用户满意度测评所带来的变化，可以通过与上一次调查结果的比较，评估管理者所采取行动的效果。

第四章 服务补救

本章要点：

- 服务失误的成因
- 服务失误识别模型
- 理解服务补救
- 服务补救管理体系
- 服务补救与顾客满意

从服务的本质来看，服务失误不可避免，但是不满意的客户是可以避免的。一旦出现服务失误，企业就应该进行补救。服务补救对维持客户关系，将不满意客户重新变为满意客户，并继续为企业带来效益具有重要的意义。

第一节　概　　述

一、服务补救的含义

服务补救概念的阐述有很多种，最有代表性的一种是：服务补救是一种管理过程，它首先要发现服务失误，分析失误原因，然后在定量分析的基础上，对服务失误进行评估并采取恰当的管理措施予以解决。

服务补救是一种补救性服务，它与服务在本质上并无区别，它是服务产品的售后服务，是在服务失败以后进行的。因而，除了与服务产品具有相同的特征以外，补救性服务还有以下几个重要特征：

- 客户高度关注服务补救过程。在补救性服务中，客户除关注优质可靠的服务结果外，更关注补救服务的过程。
- 客户需要物质和精神的双重补偿。由于服务差错必然会使客户在金钱、时间、精神等方面遭受一些损失，因此他们对服务补救的补偿格外关注。客户承担的服务成本已不仅仅是正常服务的货币成本了，这是因为由于服务失误，客户为此支付了时间成本、精力成本、脑力成本，甚至其他一些较大的损失等。因此企业除了采取更换、修理、退款等补偿方式外，还需要对客户真心道歉，以补偿其精神损失。
- 客户对补救性服务的期望大幅度提高。由于服务差错的出现，客户从正常服务的无意识转变到极度重视补救服务，因而对欲得到的物质补偿和精神补偿的要求也比较高，他们很难接受水平一般甚至是糟糕的补救服务，不能容忍有第二次服务失误。
- 客户在补救性服务中更关注公平。企业在服务和服务传递的设计中，必须考虑服务补救的设计，因为服务补救在提高服务绩效、客户与员工满意和赢利性中扮演了关键角色。

二、服务补救产生的背景

1. 服务质量观念的变革

树立服务补救的意识是现代企业寻求更快成长的原动力。在产品、技术趋同的现代市场竞争条件下，客户服务已成为区分企业优劣的标志。显然，只有通过尽心尽力的完美服务，一个企业才能使客户满意，获得客户忠诚，留住老客户，才能通过老客户对企业及其服务的口碑形成派生新客户的效应。

2. 客户抱怨处理的缺陷

许多人将客户抱怨处理与服务补救认为是同一回事。事实上，服务补救比客户抱怨处理包含了更广泛的活动内容，因为其所处理的状况包括了服务差错已经发生但客户并未提出抱怨的情境。过去仅对客户填写了正式抱怨表单的服务失误及补救情境予以关注，而现在却要抓住未抱怨客户和考虑事先补救。

3. 客户流失的焦虑

客户流失已成为许多企业家关注的焦点问题。从客户流失的原因看，82%的客户是因为企业的产品或服务的原因而选择离去的，其中因为服务态度不佳、没有及时改善、对客户的需求和期望漠不关心而离去的竟占68%。可见服务补救在解决客户流失中的重要作用。

4. 客户满意与忠诚的压力

当今企业竞争日趋激烈，竞争的焦点是客户竞争。尤其是在服务业，往往一方面有大批新客户来，另一方面许多客户又离去，这就是西方营销界所称的“漏桶”现象。企业要堵住“漏桶”，其关键就是要提高和实现高度的客户满意和客户忠诚，服务补救的目的是重新建立客户满意度和忠诚度。

5. 企业形象的要求

一项调查显示，在有问题的客户中，只有5%～10%向企业有关部门进行抱怨或投诉，而另外90%～95%的客户不会抱怨，但他会向10～20人倾诉自己的不满，结果是坏了企业的口碑。有效的服务补救可以避免引起大的纠纷，有助于企业树立良好的形象。

第二节 服务失误

由于服务及服务过程的复杂性和客户对服务感知的不确定性，在企业为客户提供服务的过程中要做到万无一失，即要达到“零缺陷”的目标是很难的。完美无缺的服务只是一种理想状态，服务失误客观存在。为了尽可能减轻服务失误给企业带来的负面影响，服务补救不容回避。

一、服务失误的成因

服务失误的存在是服务补救的前提。服务补救的一项重要的任务就是对服务失误的成因进行分析。

1. 基于服务交互环节的服务失误成因

在本质上，服务是“过程”而不是“物品”。服务的生产和消费往往是同时进行的，客户要参与服务生产，与服务企业发生多层次和多方面的接触，产生交互作用。在交互过程中，客户与服务人员、客户与设备及其他有形物、客户与其他客户之间都存在着交互作用。

交互过程的好坏直接影响客户对服务的评价，决定着服务质量的高低。在大多数服务中，企业与客户的交互是不可避免的，服务交互过程对于服务人员、客户和企业都有极其重要的意义。客户与员工接触的瞬间非常重要，服务交互过程中出现服务失误的时刻，也就是服务补救的重要时刻。在那一瞬间，做得好，客户下次还会再来；做得不好，他们便会转身离去。如果企业在交互过程中不能对这些因素进行适当的控制，往往会导致关键时刻的失控，产生服务失误。

2. 基于企业内部服务环节的服务失误成因

从企业内部服务环节分析服务失误原因，如图4-1所示。从图中5种差距产生的原因和后果来看，有4种差距是从企业内部管理的角度提出的。

(1) 认识的差距(差距1)

这一差距指管理者对期望质量的感觉不明确。产生的原因有：

- 对市场研究和需求分析的信息不准确；

- 对期望的解释信息不准确；
- 没有需求分析；
- 从企业与客户联系的层次向管理者传递的信息失真或丧失；
- 臃肿的组织层次阻碍或改变了在客户联系中所产生的信息。

解决问题的措施各不相同。如果问题由管理引起，显然不是改变管理，就是改变对服务竞争特点的认识。通常是加强管理者对服务竞争本质和需求的理解。

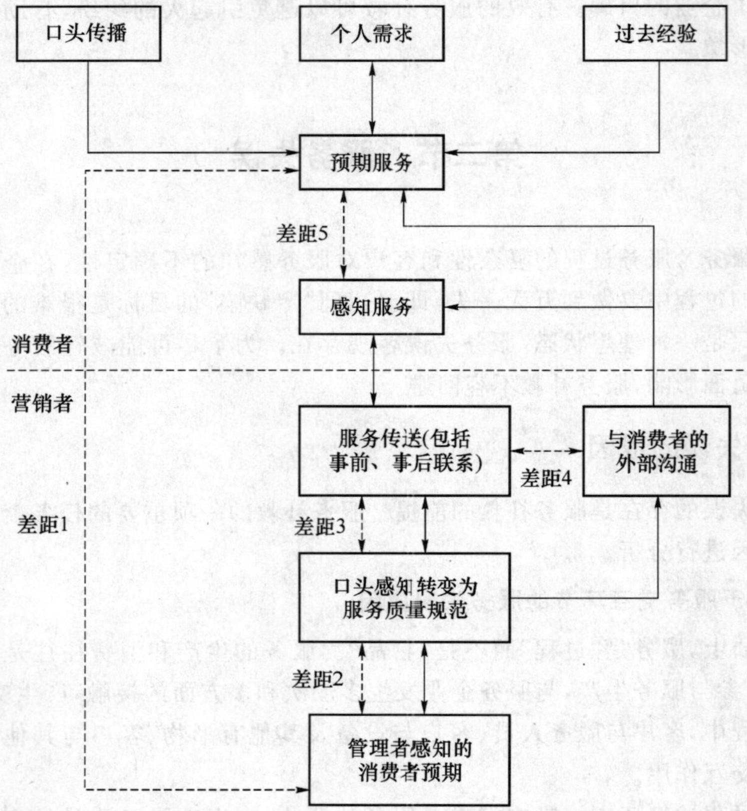

图 4-1 服务质量差距模型

(2) 标准的差距(差距 2)

这一差距指服务质量标准与管理者对质量期望的认识不一致。原因如下：

- 计划失误或计划过程不够充分；
- 计划管理混乱；
- 组织无明确目标；
- 服务质量的计划得不到最高管理层的支持。

今天，在服务竞争中，客户感知的服务质量是成功的关键因素，因此在管理清单上把质量排在前列是非常必要的。总之，服务生产者和管理者对服务质量达成共识，缩小质量标准差距，远比任何严格的目标和计划过程重要得多。

（3）交易的差距（差距 3）

这一差距指在服务生产和交易过程中员工的行为不符合质量标准，它是因为：

- 标准太复杂或太苛刻；
- 员工对标准有不同意见，例如一流服务质量可以有不同的行为；
- 标准与现有的企业文化发生冲突；
- 服务生产管理混乱；
- 内部营销不充分或根本不开展内部营销；
- 技术和系统没有按照标准为工作提供便利。

可能出现的问题是多种多样的，通常引起服务交易差距的原因是错综复杂的，很少只有一个原因在单独起作用，因此解决的方法不是那么容易找到。差距原因可粗略地分为 3 类：管理和监督；职员对标准规则的认识和对客户需要的认识；缺少生产系统和技术的支持。

（4）沟通的差距（差距 4）

这一差距指营销沟通行为所做出的承诺与实际提供的服务不一致。产生的原因是：

- 营销沟通计划与服务生产不统一；
- 传统的市场营销和服务生产之间缺乏协作；
- 营销沟通活动提出一些标准，但组织却不能按照这些标准完成工作；
- 有故意夸大其辞，承诺太多的倾向。

引起这一差距的原因可分为两类：一是外部营销沟通的计划与执行没有和服务生产统一起来；二是在广告等营销沟通过程中往往存在承诺过多的倾向。

（5）服务的差距（差距 5）

这一差距指感知或经历的服务与期望的服务不一样，它会导致以下后果：

- 消极的质量评价（劣质）和质量问题；
- 口碑不佳；
- 对公司形象的消极影响；
- 丧失业务。

前 4 种差距主要从企业内部管理角度对企业内部的服务缺陷进行分析。差距 5 是前 4 种差距累积的综合效应。具体分析出服务失误的原因后，企业应着手加以改进。

此外，分析企业内部服务失误的原因还可用企业员工对他们的工作、同事以及企业的感觉来进行测度。内部员工的素质、稳定性与客户满意度紧密相关，在绝大多数服务工作中，员工跳槽的最本质原因是企业生产力的下降，最大损失是客户满意度的降低。正如客户忠诚度取决于客户满意度一样，员工忠诚度也取决于员工满意度。

3. 基于客户环节的服务失误成因

在服务进程中，客户不仅仅是服务的接受者，他们同时也作为服务资源要素亲自参与服务的生产。客户通过自身的内心感受来判断是否满意。现在将从客户角度分析服务失误的成因。

(1) 客户的服务预期与企业认知的客户期望不吻合

客户寻求服务，是向服务企业求助解决其特殊问题的方法。如果企业提供的方法没有效用甚至加重了矛盾，那么，就等于浪费了客户的金钱和时间，如果客户问题未得到丝毫解决，客户就会感到不满意，甚至会感到恼怒。客户在接受服务之前已从各种渠道获得了对预期服务的期望，若企业不能正确地认知客户的服务预期，或者不能正确地认知客户怎样评价服务质量，服务失误极易产生。例如话务员可能认为客户会依据微笑服务来评价呼叫中心的服务，而客户更关心的可能是能否解决他的问题。

这种认知上的差异可直接导致服务失误。因此，应认真地了解和分析企业所能提供的真正服务，避免由于期望值过高而产生客户期望与企业认知的客户期望的差距，减少服务失误。

(2) 客户期望与企业实际服务不吻合

许多企业在销售其商品或服务时许下了许多它们实际上担当不起的承诺。各种允诺给客户很高的期望值，如果不能满足客户期望，客户当然会产生不满，甚至有上当受骗的感觉。所以，企业应当做出适当的承诺。与此同时，员工可能缺乏培训、业务技能差或不愿意履行承诺的服务，或者承诺服务的内容有时相互抵触，这些都将是产生服务失误的根源。另外，客户的体验服务与预期服务之间也可能存在差距。客户的预期服务可能超过亲身体验的服务，即使企业完全履行自认为是高标准的服务，也可能因达不到客户的服务预期，而不为客户所喜爱和接受。

(3) 客户自身的原因

应该承认，有些客户不满意的根源在于自身，虽然企业已经做出了巨大的努力，但服务失误还是产生了。由于客户的层次水平不同，有些客户会提出不合理的要求。对这一类问题，员工应尽力保持镇静。企业应通过培训、授权等手段提高员工处理问题的技巧。对确实蛮不讲理的客户，应采取灵活的策略，在合理和合法的范围内给予适当的冷处理。

(4) 基于企业与合作伙伴关系的服务失误原因

在供应链中，企业与企业之间的合作十分重要。选择合适和可信赖的合作伙伴对供应链的流畅非常重要。这需要企业建立一个有效的成员企业绩效评估体系。如果合作伙伴不能按时高质量地完成其应做的业务，就会影响到整个供应链的最终利润。

二、服务失误识别模型

造成服务失误的原因很复杂，既有服务提供者的原因，也有客户自身的原因，还有随机因素的影响。对于服务企业来说，如何及时、准确地找出服务失误的原因是进行有效服务补救的前提条件。

1. 基于服务过程的失误识别模型

服务是由一系列的活动所构成，而这些活动又是由服务提供者、客户等共同完成的。为了让管理者更好地了解服务过程中客户与企业的互动关系，有必要把服务过程的每个部分按步骤画出流程图来。服务流程图由文本框和箭头组成，文本框表明特定的客户在消费特定服务的过程中同企业发生的每一种作用，而箭头是把相互作用的活动按时间顺序进行排列。流程图为管理者提供了一种更好地了解基本服务过程的手段。由于服务流程图表述的是服务过程，所以可用服务流程图来分析服务失误的原因，即根据流程图找出服务失误发生的“接触点”，并分析发生失误的原因。知道什么会出错以及在哪里出错，对于改善服务质量而言是重要的第一步。下面举一个客户住宿酒店的例子，来说明如何利用流程图分析服务失误原因，如图 4-2 所示。

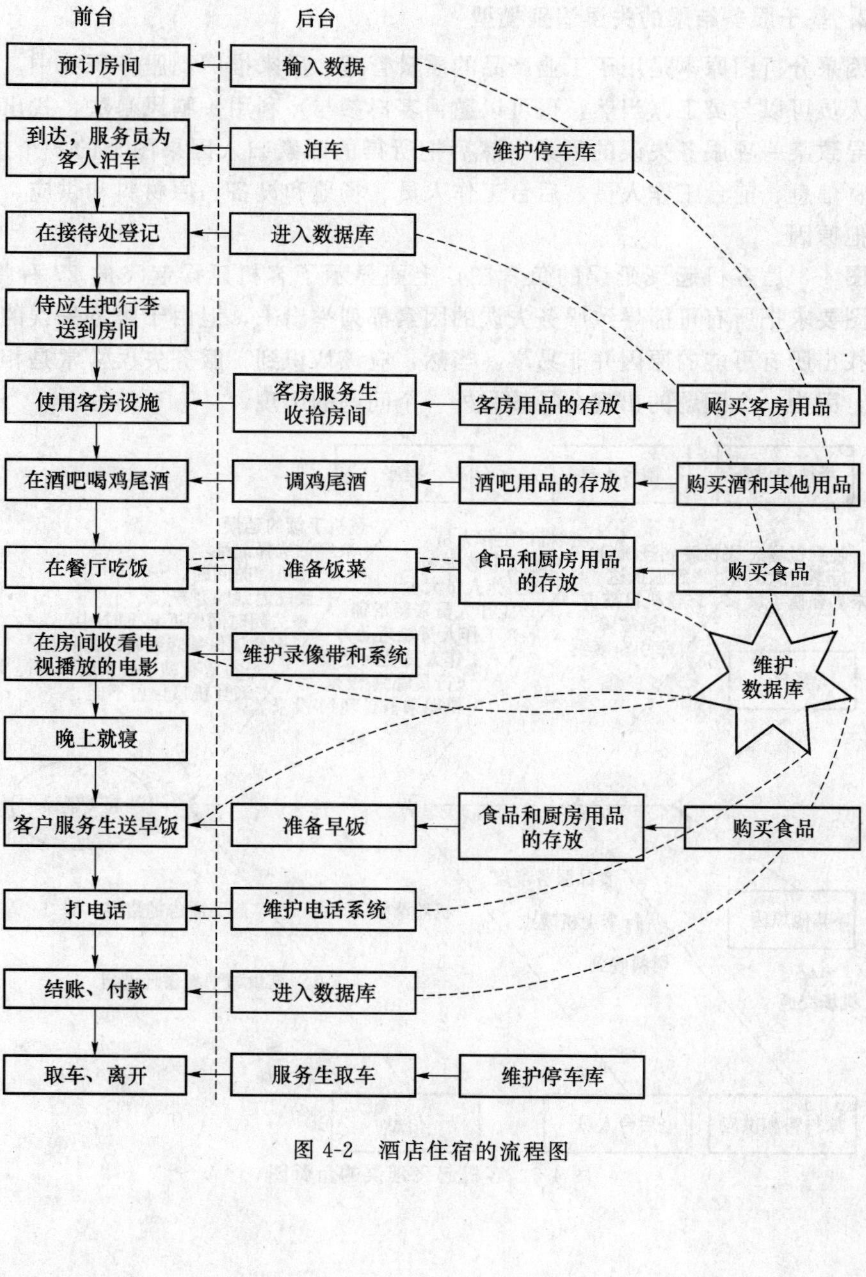

图 4-2　酒店住宿的流程图

图 4-2 以简化的形式把客户的经历描绘在流程图前台部分的一系列文本框中，同时选取了一些后台环节画在流程图中。前台是客户与企业相互作用的活动，而后台活动是企业为前台活动提供的支持。当客户在消费服务中感到不满意时，可以按照流程图找出客户不满意的服务接触点，并分析这个“失误点”是由于前台活动还是由于后台活动所引起的。当找出“失误点”后，就可以有针对性地对客户做出补救，并且改善此接触点的服务，避免将来犯同样的失误。例如，客户在餐厅吃饭感到不满意时，就可以利用流程图来分析是由于服务员的态度、饭菜的质量还是餐厅的环境所引起的。当然，若是由于随机因素引起的服务失误，用服务流程图来分析服务失误的原因就显得多余了。

2. 基于服务结果的失误识别模型

因果分析图原本是用于工业产品的质量管理，后来推广到服务研究中。服务管理人员可以与员工（当然，也可以邀请客户参与）利用头脑风暴法，找出所有可能导致某一项服务失误的因素，然后把所得的因素归入因果图上的 8 个组别：程序、信息、前台工作人员、后台工作人员、场地和设备、原材料和供应、客户和其他原因。

图 4-3 是客机起飞延误的鱼骨图，上面显示了客机延误起飞的 27 种原因。鱼骨图要求把所有可能导致服务失误的因素都列举出来，但由于服务失误的复杂性，找出所有可能的原因并非易事。当然，应该认识到，服务失误常常是相伴出现的，因为一个问题的出现会导致另外一个问题的出现。

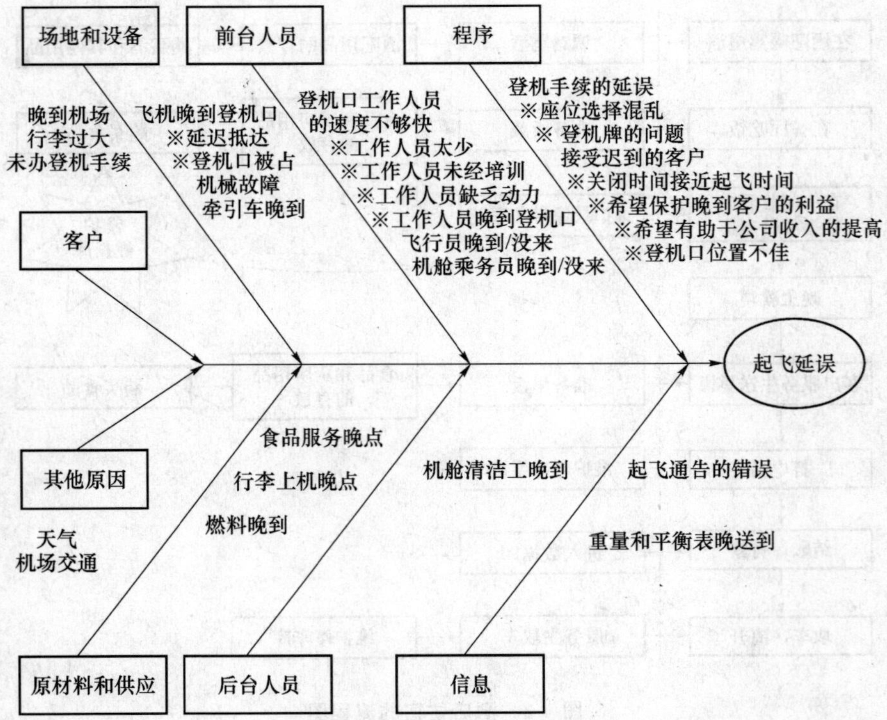

图 4-3　客机起飞延误的鱼骨图

3. 基于临界事件的失误识别法

临界事件是“某种被描述为具有积极效果或者消极效果的服务或者产品”。临界事件法是被设计用来描述那些没有满足客户期望的事例的，这种不满足可能是超过客户预期的积极感受，也可能是未达到客户期望的消极感受。

临界事件法一般采取这样一种形式的访谈：在访谈过程中，要求客户填写一张表格，其中以问题的形式让客户写出喜欢和不喜欢的产品、服务及企业名称。对于临界事件的描述必须尽可能地详细具体，同时还要描述出客户在购买产品和消费服务的过程中，产品或服务的具体特征。随着问题愈加深入和愈加清晰，逐渐增加临界事件的数量是很重要的。如果临界事件太一般的话，那么要求询问客户的问题尽可能地具体。对于每项具体事件，要求客户能够详细说明事件的重要性及其影响。临界事件的“临界性”，或者其对客户的重要性也可以通过请客户给每个事件打分的形式来确定。但是对临界事件重要性的最佳理解还是要通过探究问题本身才能获得，看它们是有利于还是不利于服务的提升。

在服务环境中使用临界事件法的缺陷是会使客户对服务供应商的关注多于对服务过程本身。临界事件法的一种转换形式叫做顺序事件法（SIM），可以帮助解决这类问题。顺序事件法开始就让客户进入他们曾经经历过的某段服务过程中，描绘服务过程的详细步骤，在确认了这些详细的步骤之后，访谈者就会一步步地把客户带回到这个过程中来，按照这个顺序向客户提出一些与临界事件有关的问题。这样就可以辨别出在客户接受服务的过程中，每一步的不利因素是什么，否则这些因素就会被忽视。

第三节　服务补救

一、理解服务补救

1. 服务补救的分类

可以根据服务补救的时机选择将服务补救分为被动的服务补救、主动的服务补救和超前的服务补救3种类型。

(1) 被动的服务补救

这类补救不是在服务失误发生后立即在服务流程尚未结束时加以解决，而是等服务流程结束后，由客户服务部等专门处理客户抱怨的部门来加以解决。服务补救被作为一个单独的服务片断，列在主服务之后。这种服务补救的方式跟传统的客户抱怨处理是基本相同的。更重要的是，服务失误所造成的客户情绪问题被忽略了，这将直接影响客户感知服务质量。同时，对客户感知服务质量的负面影响难以消除，即使客户得到了完全和合理的赔偿。

(2) 主动的服务补救

在服务流程设计中，此类服务补救仍然是一个独立的情境，但这个情境被纳入到主动服务情境之中。出现服务失误后，不等整个服务流程结束，客户也不必到规定的部门去提出正式的意见，问题就会得到解决。但是，之所以称为主动服务补救方式，是因为它要求客户自己来解决问题，而正式的补救措施只能以后实施，尽管这个流程也被列入到总的服务片断之中。通过这种补救方式，也许可以挽回服务失误对客户感知服务质量的不良影响。

（3）超前的服务补救

这种方式是在出现服务失误的现场服务提供者立即解决客户问题，服务提供者可以提出多种服务补救方案，由客户自己来选择。发生服务失误后，立即加以解决，而不是等到服务过程结束之后，服务补救已经成为服务流程中一个不可分割的组成部分。客户会为服务提供者的补救行为感到惊喜，客户感知服务质量很可能比没有遭遇到服务失误时还要高。

2. 服务补救的程序

通常，有效服务补救分为四大步骤，见图4-4。①确认服务失误。服务补救的主要障碍在于只有5%～10%的不满意客户会提出抱怨，因此准确地确认服务失误是一项重要的工作。②解决客户问题。绝大部分客户只有在事态严重时才会提出抱怨。因此，一旦客户提出了抱怨，他们就希望组织能够予以妥善解决。③对服务失误进行剖析、分类和传达。④整合资料并改进服务。

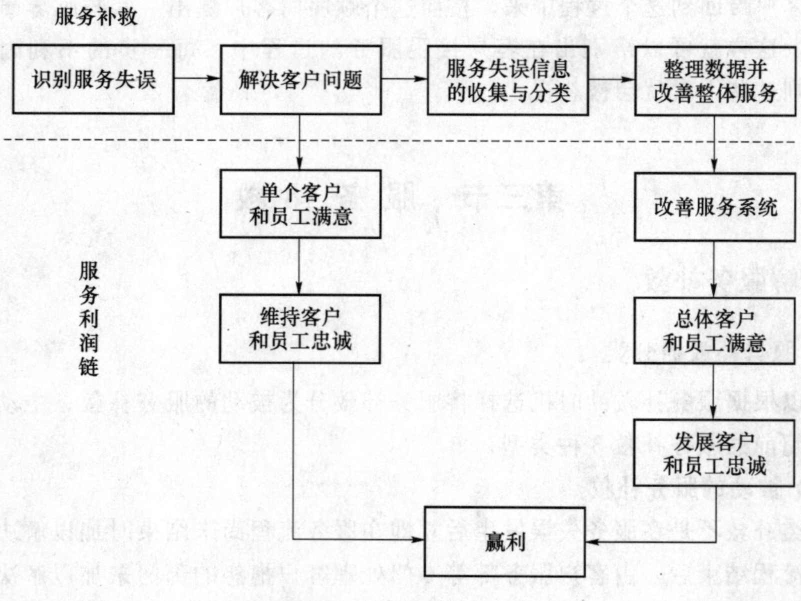

图4-4 服务补救步骤示意图

3. 服务补救的重要性

虽然很难测量有效的服务补救给企业带来的直接效益，但是提供有效的服务补救对于提高客户服务质量感知水平和实现客户满意、重购意图等起着重要的作用。维持和发展与现有客户的关系是企业的一种重要竞争策略，但服务失误的不可避免性使企业必须提供补救服务来维持和发展客户关系，如图 4-5 所示。通过服务补救，企业和内部客户可以学习到避免再次发生服务失误的知识，这样可以将服务失误减少到最低程度。

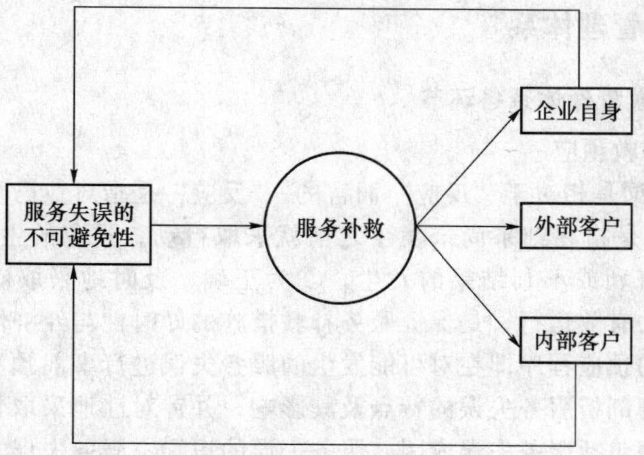

图 4-5 服务补救的重要性

（1）服务补救对外部客户的意义

客户在付出成本后没有得到预期的利益时，即在服务过程中发生服务失误，这时客户会对服务提供者产生疑虑、不满情绪和失望心理，甚至发生行为的改变，如转向其他服务提供者、进行消极的口碑传播等。有效的服务补救对客户来说有以下两个层面的意义。

- 心理层面。服务失误会造成客户的紧张心理状态，如失望、焦虑、烦躁、愤怒等，服务补救可以最大程度地缓解客户的紧张心理状态，使其不满、愤怒状态转为满意、愉悦状态。
- 利益层面。服务失误造成客户的利益损失，服务补救可以使客户得到原本应该得到的利益，有时甚至是超出预期的利益。

（2）服务补救对内部客户的意义

从内部营销的角度看，内部客户与外部客户同样重要，甚至是更重要，内部客户，特别是在服务现场为外部客户提供服务的员工。无论是服务提供者还是客户引起的服务失误，客户大多情况下会把服务失误的原因归咎于服务提供者，这让服务提供者产生了巨大的心理压力，服务提供者与客户之间也会产生紧张关系，但有些服务失误并非服务提供者可以控制的。服务补救可以让服务提供者与客户重新建立起良好的关系，缓解服务提供者的心理压力，帮助服务提供者更好地为外部客户提供满意、优质的服务。

（3）服务补救对企业自身的意义

服务补救虽然有一定的成本，但是其收益更大。①服务补救可以稳定企业收益，降低服务营销成本。开发新客户的成本是维持老客户成本的五倍，而服务补救是企业维持老客户的重要策略之一。②服务补救可以纠正服务弊病，提高企业竞争力。许多客户因种种原因而失去了抱怨、投诉的机会，而企业则失去了一次发现弊病、改进服务设计和传递流程的机会。③服务补救可以赢得客户谅解，提高企业美誉度。由于服务失误的不可避免性，企业在识别服务失误后只要及时、恰当地进行服务补救，相信会得到大部分客户的谅解。

二、服务补救管理体系

1. 服务补救管理体系各环节

(1) 服务补救预应

“预应”一词是相对于“反应”而言的。“反应”是指对业已发生的结果采取行动。“预应”是指在结果尚未发生之前就采取行动。预应的主要功能有两种：①促使或限制有利或不利结果的发生；②为正确、及时地采取应对措施准备条件。预应程序的有效运行，是保证服务补救措施的即时性与经济性的前提条件。

服务补救的预应程序即在对可能发生的服务失误进行事前预测、判断和分类的基础上，认真剖析服务失误的特点及其影响，并针对性地采取预防措施。具体来说，预应程序包括服务失误成因、服务失误的识别、服务失误之客户影响的判断和服务失误预防环节。服务补救预应程序及其主要环节如图 4-6 所示。

(2) 服务补救执行

预应程序发现服务失误之时，也就提出了执行服务补救方案的要求。执行程序的目的是为了消除服务失误给客户带来的不利影响，防止其转化为促使客户采取不利于企业的行为的动机。其根本是想通过服务补救执行程序的运行，使不满意的客户重新获得满意。

给予客户满意的服务补救执行程序的首要任务是设定服务补救标准，因为服务补救是二次服务，所以客户的心理因素、感知过程较第一次都有变化，这个标准要比第一次高。还有，客户在补救中特别在意公平尺度，因而要进行公平设计，按照 3 个公平维度进行。要在现有服务补救程序的基础上研究服务补救执行的原则。服务补救的执行程序及其主要环节如图 4-7 所示。

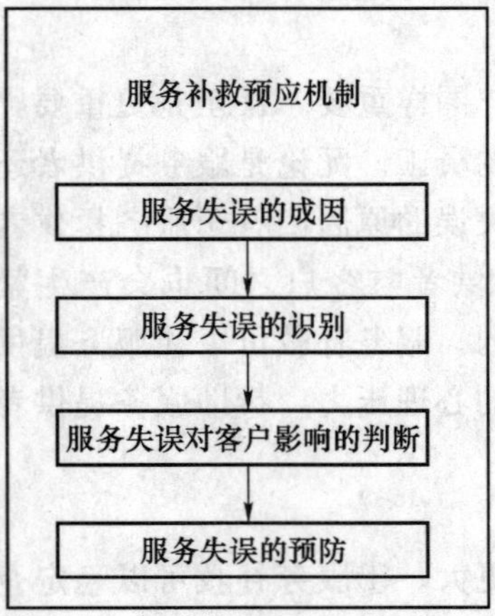

图 4-6　服务补救预应程序及其主要环节

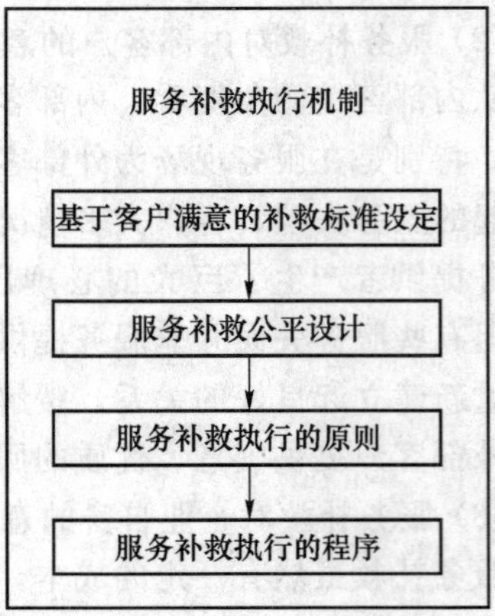

图 4-7　服务补救执行程序及其主要环节

（3）服务补救评价

服务补救的评价程序是在服务补救工作完成后，对服务补救质量的总体评价。因而对于服务补救的评价程序来说，首先要确定服务补救质量的评价标准，然后，根据评价的标准进行评价。在实际评价时还要研究评价的方法或模式，最后给出评价以后的结论。本书研究的角度和基准是客户满意，所以，客户满意是最终的落脚点。服务补救的评价程序及其主要环节如图 4-8 所示。

（4）服务补救反馈

服务补救管理是一个反思失败教训的过程，是一个与客户深度交流的过程，是一个认真思索如何达成客户满意与再满意的过程。因此，大量有价值的信息将在服务补救管理过程中不断出现。正确有效地接受、处理和运用反馈信息，是服务补救管理体系中应该具有的一个功能，反馈程序也应该是服务补救管理体系中必须包含的一个模块。服务补救的反馈程序及其主要环节如图 4-9 所示。

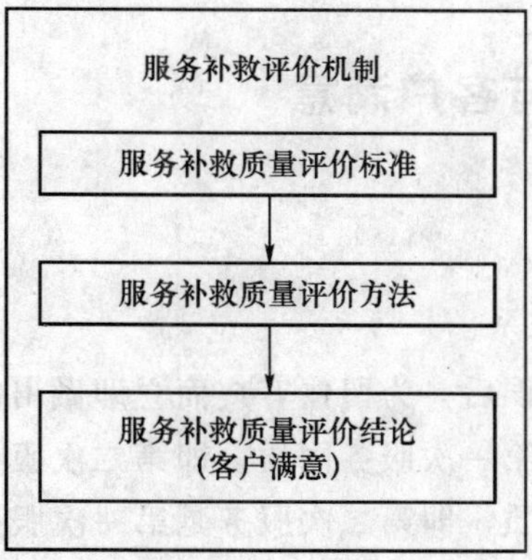

图 4-8　服务补救评价程序及其主要环节

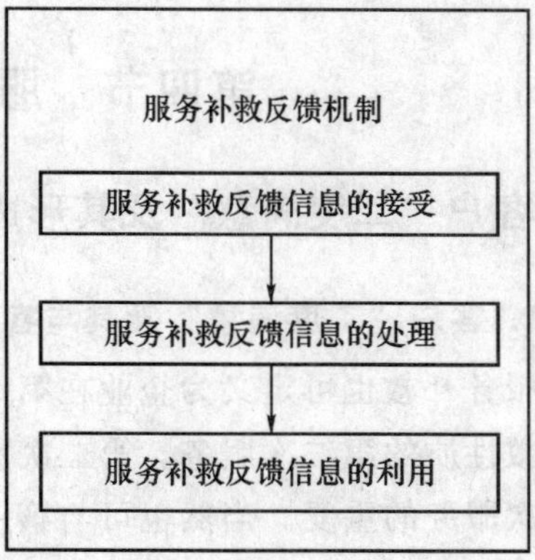

图 4-9　服务补救反馈程序及其主要环节

2. 服务补救管理体系

综上分析可知，本书所架构的服务补救管理体系可以用图 4-10 来表示，它是上述四大模块联系在一起的一个有机整体。服务补救的管理体系因服务管理绩效的持续改善而发展，也将最终贡献于服务管理绩效的持续改善，贡献于客户满意度的不断提高。在预应程序中，是用菱形图形来表示“服务失误的预防”，为简化模型而只标识了一个出路，意指只有当预防失败时，服务补救管理系统的执行程序方开始启动。在服务补救的执行程序中，按照执行的各个环节依次进行。然后评价服务补救执行的情况，在反馈程序中，对服务补救依然不满的反馈信息直接反馈至执行程序，启动再次补救性行动。

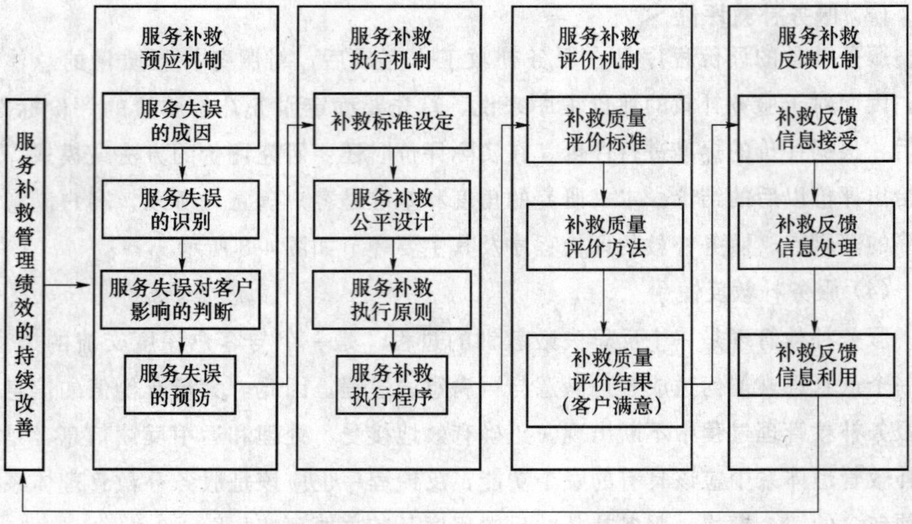

图 4-10　基于客户满意的服务补救管理体系

第四节　服务补救与客户满意

一、客户“二度满意”及其形成机理

1. 客户“二度满意”及其与客户满意的关系

服务补救也可定义为企业在第一次服务失误后，为留住客户而立即做出的带有补救性质的第二次服务。第二次服务可以与第一次服务同质，即第二次服务是第一次服务的重复。当然也可与第一次服务异质，即第二次服务是第一次服务的延伸或转变。可以把服务补救后的客户对服务补救的满意程度称为客户“二度满意”。服务补救的实质就是在服务失误后，服务提供者为达到客户“二度满意”，进而提高客户总体满意度，减少客户背离而采取的一种提高服务质量的功能与活动，其主要目的在于修正和弥补服务过程造成的服务质量失误。

客户满意被分成 3 种：①客户初始满意，是指客户对初始服务，即第一次服务所感受到的满意状态。当客户所接受到的初始服务没有失误，或者即使初始服务存在失误，但由于某种原因没有进行服务补救，一般来说客户的初始满意状况就是客户总体满意。②客户“二度满意”，即当初始服务存在失误后而进行了服务补救，客户对服务补救事件的满意状态。③客户总体满意，也称为客户满意，是指客户对整个服务事件，包括初始满意和“二度满意”所整合的满意状态。

通过上述的定义和分析可知，客户“二度满意”与客户满意（或称客户总体满意）是有区别的。客户“二度满意”强调的是客户对服务补救的满意程度。客户“二度满意”对客户总体满意具有双重作用，当客户“二度满意”程度好或者高时，它对客户总体满意起着积极作用，甚至如果服务补救极其成功，可能客户总体满意超过没有失误时的满意程度。当客户“二度满意”程度差或者低时，它对客户总体满意起着消极的作用，因为如果服务补救又失败了，客户总体满意会大打折扣，甚至演变成极其不满意。

为说明客户初始满意和服务补救后客户“二度满意”对客户（总体）满意的影响，构建了一个框架模型，如图 4-11 所示（实线表示正向影响，虚线表示负向影响）。

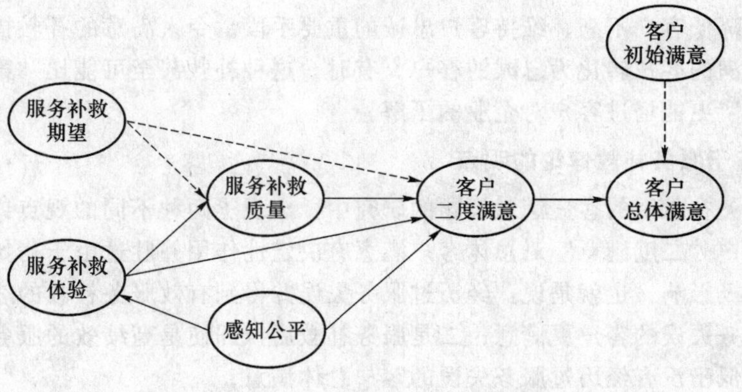

图 4-11　客户“二度满意”与客户总体满意关系图

分析表明，服务补救必要性的内在逻辑是：第一，服务的特点决定了服务失误在所难免；第二，服务失误导致现有客户的流失与发展新客户的障碍；第三，服务补救同创造客户的“二度满意”成为企业留住老客户、发展新客户的关键。

2. 服务补救过程中客户“二度满意”形成的内在机制

服务补救过程中客户“二度满意”的形成过程如图 4-12 所示。服务补救过程中的客户“二度满意”的形成机制表明，当感知中的实际补救水平大于或等于预期水平时，客户就感到满意；反之，则感到不满意。知道了这个原理之后，任何明智的服务性企业都不会选择低于客户预期水平的补救。那么，是不是实际补救水平高于预期都能够带来比两者相等时更高的客户满意呢？许多实证研究证明，与期望水平相等的补救所创造的客户满意度与高于预期水平的补救所带来的客户满意度相同。可见，只要服务补救达到客户的预期水平，就能有效地创造客户“二度满意”。

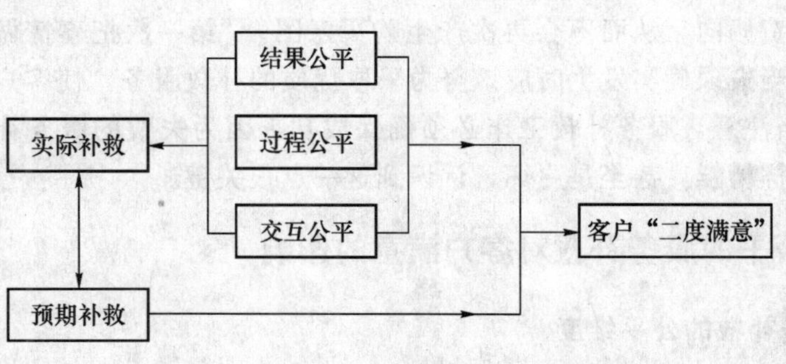

图 4-12　服务补救过程中客户“二度满意”的形成机制

3. 客户“二度满意”后的忠诚性表现

经历服务失误的客户如果经企业努力补救并最终感到满意，将比那些问题未被解决的客户更加忠诚，进而转变成赢利性客户。也就是说客户的“二度满意”具有特别重要的现实经济意义。美国营销学专家菲力普·科特勒的研究也表明，如果客户的投诉得到妥善的处理，有54%～70%的客户会再次购买企业的产品；如果投诉处理得十分迅速，这一数字大得惊人，可达95%。对服务失误进行补救，这是降低客户不满、维持客户忠诚的重要手段。令人满意的补救措施可以将愤怒的不满的客户转化为忠诚的客户。有时，这种补救甚至可能比“第一次就把事情做好”更能增进客户对企业的了解。

4. 基于服务补救悖论的观点

在服务补救后的客户满意议题的研究中，出现了两种不同的观点：一是服务补救后客户“二度满意”对总体客户满意有决定性作用并胜过由于初始服务失误造成的消极影响，也就是说，经历过服务失误并得到有效服务补救的客户比没有经历过服务失误的客户更满意；二是服务补救后（即使是高绩效的服务补救）的客户满意低于没有经历过服务失误的客户总体满意。

最新的一些研究成果比较多地支持第一种观点，即当企业提供了令客户不满的服务后，这种不满给客户留下了深刻的印象，但随即采取的服务补救会给客户留下更深的印象。恰当、及时和准确的服务补救可以缓解客户的不满情绪，并部分地恢复客户满意度和忠诚度，在许多情况下甚至可以大幅度提升客户满意度和忠诚度。因此，有一个结论是：企业应故意令客户失望，这样他们可以利用补救服务获取更高的客户忠诚，这种观点被称为“补救悖论”。

补救悖论比其表面上的含义更复杂。首先，改正错误要付出代价，并且鼓励服务失误看上去有些滑稽，毕竟，人们知道可靠性（第一次把事情做好）是决定整个服务行业服务质量的最重要的因素。其次，经验表明，只有在最高水平的客户服务补救情况下，客户满意度和忠诚度才会提高。这表明客户比较看重其最近的经历以决定是否再次光顾，如果这种经历是负面的，对企业的总体感觉将会下降，重复购买倾向也会显著减少。除非服务补救努力是绝对超水平的，否则它不足以消除初始经历的负面影响，并且不会使客户产生比一开始就享受正确服务更好的重复消费倾向，从而不会再次产生购买意图。“第一次把事情做好”是最好的，不过，当失误确实发生时应该努力采取优质的补救服务，使客户达到“二度满意”。应当注意，服务补救工作必须确保成功，因为失败的服务补救和不采取任何措施一样糟糕，甚至是更坏，认识到这一点很关键。

二、基于公平的服务补救对客户满意的影响

1. 服务补救的公平维度

补救服务实质也是服务。在正常服务过程中，客户的经历完全符合他们的期望，这种情况下，客户通常会处于“无意识状态”。当服务差错发生后，客户会

从无意识状态中清醒过来，开始关注服务工作的质量，仔细观察服务提供企业是如何处理、纠正差错，又是怎样挽回不利局面的。如果补救措施及时、得当，客户会原谅先前的服务差错，重新评估企业的服务公正性；反之，则会增加客户不满意的成分，最终导致客户远离该企业的服务。因而服务补救公平性是服务补救的重要策略之一。

服务失误时，消费者感觉不满意的原因是因为受到了不公平的对待，服务补救即是为了弥补因服务失误所造成的消费者的不满。服务补救行为大体上可以分为两大类：心理的和有形的。心理的包括解释、道歉、企业的态度等，有形的包括实物的补偿、问题的解决等。因为服务补救是为了尽可能地使不满意的消费者达到“二度满意”，那么服务补救的属性就应从消费者的角度出发来研究。Tax（1998 年）根据 Blodgett 的研究，认为消费者会从他们所得到的结果、过程以及与企业人员之间的互动来评价服务补救行为，因而基于公平把服务补救分为结果公平、过程公平和互动公平 3 个维度，其维度的具体解释如表 4-1 所示。

表 4-1　服务补救公平维度

公平维度	维度属性
结果公平	公平、平等、需要
过程公平	过程控制、决策控制、时间/速度、灵活性、可进入性
互动公平	解释、诚实、礼貌、努力、移情

结果公平最主要的原则是收获或是产出应该与投入成比例，在这里是指服务补救结果是否公平、合理以及需要；过程公平指与服务补救的方式、方法及用来决定补救结果的过程有关。如反应速度是否合理等；互动公平指消费者与服务提供者的人际接触的感知公平，如消费者是否得到了尊重和服务人员的热心服务等。

2. 结果公平的服务补救对客户满意的影响

服务补救方式分为两个层面，即心理层面补救和实质层面补救。其实，服务补救除了上述两种方式以外，还有其他的方式也在服务补救中被普遍运用，具体的服务补救方式如下。

(1) 实质层面的服务补救

实质层面的服务补救也称为物质补救，主要是指对客户进行物质上或经济上的直接补偿。企业通过了解客户购买商品或服务的真实意图，提供物质上的修复，实现客户需求和购买目的，或是根据客户损失情况的界定和商榷，通过退费、免费、赔偿、折扣和招待等方式进行补偿。企业通过这种实质层面的补救方式，使客户得到物质或经济上的直接补偿，尽可能减少服务失误给客户造成的损失，使客户价值在一定程度上得到恢复。

(2) 心理层面的服务补救

心理层面的服务补救是指通过企业一线服务人员主动地出现在现场，承认问题的存在，以向客户道歉、解释等方式缓解客户在心理、情感和情绪上的紧张感。同时服务人员要同投诉客户进行必要的沟通交流，站在客户的立场进行思维，准确把握客户的失望程度，对客户的抱怨和愤怒表示理解，对服务失误给客户带来的不便诚挚地表示歉意，最终从心理上化解客户的怨恨情绪。这是从心理的角度对服务失误进行的补救，是对客户的情感补偿。

(3) 忠诚的服务补救

一般来说，在实施实质补救和心理补救之后，企业可以基本消除客户的不满，达到弥补服务失误为客户带来不便的基本目的。但是，服务补救的真正意图和最终目标应是维系客户，实现客户忠诚，因此，忠诚补救是不可或缺的，企业应实施补救跟踪，这是对企业是否能成功挽回客户忠诚的检验。企业可以采取口头询问、电话回访、寄信或电子邮件、再次登门等方式，对忠诚补救进行跟踪，关键是要确认客户对服务的失望情绪是否从根本上得到恢复，同时也向客户传达一种企业愿意对自己的服务失误负责到底的信息，为恢复客户忠诚做最后努力。

3. 程序公平的服务补救对客户满意的影响

(1) 授权客户参与补救方案的抉择

客户希望是服务补救相关决策的控制者，而不是被动接受者。然而，客户通常是不具备驾驭整个服务补救过程的经验与能力的。因此，在服务补救过程中授权客户参与补救方案的部分抉择，是一种既保证服务补救工作的有序进行，又给客户以驾驭或影响决策结果感觉的有效策略，同时也可使客户在此过程中提高满意感。

(2) 提供必要信息帮助客户判断与决策

在解释服务失误原因的过程中，客户希望得到充分的信息支持，因为客户只有在用相关信息交叉论证后，才能完全接受与确信企业对服务失误原因的解释，才能得到相对满意的答案。例如，当航空公司将飞机晚点的原因解释为目的地机场有大雾时，客户一般不会马上接受，只有他看到当天的天气预报或经当地友人证实后，他才确信此解释。现实中，很少有服务企业注意到这一点，它们常常是只管解释，而从不考虑为此解释提供信息或数据支持，这就造成了客户常常不满意。

(3) 允许客户决策失误

给客户以补救方案的选择权。由于经验不足等原因，客户经常出现抉择失误。例如，当一个客户因对房间不满而选择调换房间作为补救方案时，常常遇到对调换的房间仍然不满或更不满的情况，此时，客户往往选择退房或调回原房间作为对初次抉择失误的修正。对此，服务组织或服务人员要表现出耐心和热情。

(4) 精雕细刻员工的服务用语

补救过程是一个发生于组织与客户之间的较为特殊的互动过程，因为服务失误的发生导致组织与客户之间总会有或多或少的隔阂。欲消除此隔阂和避免已经相当敏感的客户不再被伤害与激怒，服务组织很有必要对员工的服务用语进行推敲、锤炼与规范。用词不当，不仅会影响到客户的满意度，也会直接毁掉企业的一切努力。此外应注意，语言并非仅从口出。服务组织在注重对员工的有声语言进行规范的同时，一定要提醒员工注意无声语言与有声语言的一致性。当然，仅靠提醒并不能取得预期效果，真正起决定作用的是对员工的服务意识进行有效的培训，对服务补救的高额收益进行有效的宣传。

(5) 避免过分自私地设计服务补救过程

就服务补救而言，服务企业有不同的偏好，服务企业设计补救程序时，可能诱导客户做出有利于企业的选择，如商场要求退货的客户出具原始票据、填写退货原因、归还商品包装等。通过精心设计程序来促使客户做出或接受有利于企业的决策，本无可厚非，但企业不应过分自私。否则，不但可能作为一个薄弱环节而被竞争对手抓住和利用，而且会导致客户满意度下降。因此，较为合理的设计倾向，是适度偏好。总之，所提供的补救方案应保持客户的高度满意感。

4. 相互交往公平的服务补救对客户满意的影响

公正的相互交往包括向客户展示自己礼貌、友好和诚实的态度，为服务差错作解释，尽最大努力解决问题。当服务失误发生后，消费者不管提出抱怨与否，肯定都非常期待企业有所响应，并能妥善处理问题。因此在服务失误发生后及补救服务的进程中，企业与客户的沟通就显得非常重要。企业应不失时机地实施有效的沟通策略，其沟通的内容主要有：

(1) 告知客户服务失误发生的原因与状况。当企业认识到服务失误发生时，不管失误的原因是来自客户还是来自企业，企业都要显示出承担责任的态度，并且在接到问题后尽快加以解决。如果无法马上解决，企业就要告知客户原因及目前处理的情况，否则轻者会造成让客户再次等待，导致客户对企业不信任与失望，重者则让客户感到第二次服务失误，从而导致客户二次不满与愤怒，甚至远离企业的后果。

(2) 向客户提供等待时间的信息。在企业服务补救传递的过程中，等待是必须且不可避免的，所以企业应及时向客户提供等待的时间信息，让消费者了解等待的原因与状况，若等待时间无法准确估计，还必须多次给予等待信息。

第五章 服务设计开发

本章要点：

- 新服务的类型
- 服务设计开发创意的来源
- 服务设计开发的步骤
- 服务设计开发需注意的问题

作为话务技师，必须具备一定的服务设计能力，能够在工作中不断地进行服务创新和工作方法创新。本章介绍了服务设计需注意的问题，指出了服务设计的类型以及服务设计的步骤。

第一节 概 述

一、服务生命周期

产品/服务的生命周期是指某一产品从完成研究设计、投入生产、投放市场开始，直到最后被淘汰，退出市场（"出局"）为止的完整过程。这个过程大体上呈现出一个类似人类生命模式的周期性规律。典型的产品/服务生命周期包括 4 个阶段：投入期、成长期、成熟期和衰退期。

产品/服务是有生命周期的，因此，就需要不断对服务进行设计和开发。

二、服务设计开发的目的

要提高服务的全面可感知质量和企业的市场竞争实力，服务性企业必须做好服务的设计和开发工作。一个成功的服务企业，离不开服务策划人员对服务的合理设计。服务设计和开发的基本目的包括以下几点：

- 为现有和未来的市场设计和开发新的服务项目；
- 提高现有服务设施、设备的利用率；
- 提高现有产品和服务的质量；
- 降低服务成本；
- 降低经营风险，防止企业所提供的产品和服务引起的某些社会问题；
- 使生产服务标准化；
- 通过对产品和服务的适时调整以适应环境的变化，抓住市场机遇；
- 增进与客户和公众的关系；
- 针对具体对象明确新产品和服务项目的细节设计。

第二节 服务的设计开发

一、新服务的类型

隋塞莫尔和比特纳认为新服务可分为以下几种类型。

1. 重大服务设计创意

指企业为尚未明确确定的市场提供全新的服务。例如，移动电话、无绳电话、计算机上网等首次在市场推出，都是这类新服务。

2. 新服务方法

指企业为目前的市场提供的新型服务。例如，银行推出自动柜员机，代替部分银行营业员的柜台服务，机场提供民航班车接送乘客，与出租汽车公司和公共交通公司竞争。这类新服务与目前的服务都能满足市场的同类需要。

3. 新增服务项目

指企业为目前的客户新增加的服务项目。这些服务项目已有其他企业提供，对本企业而言是新开放的服务项目。例如，别的呼叫中心早已提供信息服务，本呼叫中心也开始提供这项服务。

4. 扩大服务范围

指企业扩大目前的服务范围。例如，民航公司增加新航线、律师事务所扩大法律咨询服务范围、移动通信公司扩大漫游通信区域。

5. 改变服务属性

指企业改变目前的服务属性，为客户提供更及时的服务，延长营业时间、增加附加服务等。这是最常见的一种服务设计创意形式。

6. 改变服务形式

指企业只改变某些表面现象。例如，餐厅重新装修改变门脸、营业员改变工作服装等。尽管服务没有发生实质变化，但形式的变化也会对客户的感觉、感情和态度产生一些明显的影响。

案例

创新思路，改进客服号码分级服务设计

某运营商客服中心马主任为了提高用户满意度和忠诚度，确保有限服务资源发挥最大效益，她在实现客服号码分级服务设计方面创新思路，利用现有的系统资源，在总部对客户俱乐部热线服务没有统一方案的情况下，她对其 IVR 流程进行规划，增加了自动选择播放省内加盟单位、全国绿色通道和国内宾馆机票预定的语音提示，将加盟单位按行业划分为八大类，向不同级别客户体现服务差异性，使高价值和重要客户体验高品质的服务，并且她还利用自身特长录制 IVR 语音提示。

二、服务设计开发创意的来源

服务设计开发创意主要有以下几个来源。

1. 客户

客户的投诉和建议是服务设计创意的重要来源。

2. 员工

员工尤其是一线员工直接接触客户，对客户需求有着较深的了解，所以员工的建议也成为服务设计开发创意的重要源泉之一。

3. 竞争对手

密切关注竞争对手的做法，是模仿或整合服务设计开发创意的重要源泉之一。

4. 专家

专家对行业很了解，站得较高，他们的建议和意见对企业能起到较好的指引作用，也是服务设计开发创意的重要源泉之一。

5. 媒体(期刊、报纸、杂志、网络)

互联网和各种媒体上的国际国内、各行各业的信息都可能引发服务设计开发创意的灵感，成为服务设计开发创意的源泉。

案例

某运营商客服中心每月班组都会组织业务管理员召开一次经营分析会，每名管理员将本月工作情况进行总结，其中包括工作完成情况、工作中遇到的问题(已解决、没解决两方面)、客户反映的热点问题、竞争对手情况等内容。再由班组将重点问题汇总成月报形式发给省公司各部门及市公司参考，充分发挥了10000号作为企业的眼睛和耳朵的作用，也成为企业服务设计创意的重要来源。

三、服务设计开发的步骤

第一步：收集信息

收集市场信息是进行服务设计的第一步，也是十分重要的一步。收集市场信息，了解客户需求是进行服务设计的基础。

第二步：制定策略

做好新服务的设计开发工作，必须首先确定企业使命，明确企业的发展方向，根据企业的战略发展前景，确定企业应开发哪些新服务；其次要根据目标细分市场和企业的利润目标，确定更具体的新服务开发策略。

第三步：收集新构思

管理人员确定了企业的新服务开发策略之后，应向员工和客户正式收集新服务的构思。可以采取多种方法，通过各种途径，收集新构思。例如，举行正式的献策会、了解竞争对手企业的服务情况等。服务人员与客户往往可以提出许多宝贵的建议和新设想，管理人员应根据企业的新服务开发策略，筛选这些新服务的开发建议，加以提炼。

为使服务产品的开发设计工作制度化、经常化，企业应该建立正式机制：可以建立新服务开发部，负责新服务构思工作；设置建议信箱，随时征求客户和员工的意见和建议；举行客户、员工专题座谈会，新服务开发小组研讨会等。

第四步：服务构思设计和评估

如果某个新构思符合企业新服务开发策略的需要，就可进行初步开发工作。在有形产品的初步开发工作中，企业可以用图纸和文字描述产品的主要特征，了解客户的反应。但服务是无形的。企业很难使用具体的文字和图画，描述无形服务的主要特点。即使如此，企业还是要尽可能描述清楚新服务的特点，了解客户和员工对新服务的初步反应，统一员工对新服务概念的认识。通过反复研讨，提交服务具体设计文本、说明新服务可解决的问题、推出新服务的理由、新服务的详细程序、指出客户应该购买新服务的主要原因。然后，企业应进一步了解客户对新服务的态度，是否了解新服务、是否欢迎新服务、新服务是否能满足客户的需要等。

第五步:商业分析

企业对新服务进行可行性与赢利分析,包括预测新服务的市场需求量,估算新服务的销售额,估计员工招聘、培训的工作量,估算服务操作体系、服务设施变化等方面的成本费用,评估经营可行性。根据商业分析的结果,判断新服务是否能实现企业的利润目标。

第六步:新服务设计与测试

对有形新产品开发,企业可以制造样品,进行测试,判断客户是否接受新产品。但服务是无形的,企业的服务过程与客户的消费过程又不可分离。因此,新服务的设计与测试工作相当困难。企业应该发动客户,服务人员,以及营销、经营、人力资源管理等职能部门的代表共同参与这个阶段的工作。根据上述各类人员的看法,完善新服务概念。以便绘制详细的服务流程图。提供新服务的各个相关部门都应根据服务流程图,制订具体的服务工作计划。

第七步:市场测试

企业可以选择几个地区,进行新服务产品的市场测试工作:考察市场对新服务产品的反应,新服务的价格是否适当,服务的促销措施和销售渠道等。当然服务新产品的市场测试比有形新产品更困难。在服务性企业里,新服务和现有的服务操作体系往往有密切的联系,很难对新服务进行单独测试。这就要求服务性企业创造性地采用多种测试方法。

新服务测试是一项极为重要的工作。不少企业忽视这项工作,以至在正式推出新服务之后,才检查服务体系是否能正常运行,实行"亡羊补牢",造成原可以避免的损失。

第八步:正式上市

企业正式推出新服务,进入商业化阶段。企业在这个阶段的工作有两个主要目的:第一个是使广大员工接受新服务,即使是员工参与了前几个阶段新服务设计和开发工作,企业仍应通过内部营销活动,激励广大员工做好服务工作;第二个是全面监测整个服务周期和每一个服务细节、经营效率和成本费用。

第九步:上市评估和改进

企业应根据市场对新服务的实际反应,改进服务操作流程、员工的配备,调整营销方案,进一步提高服务质量。

案例1

某运营商客服中心主任在服务设计方面创新思路,不断对客服系统的流程进行完善改进。为有效解决全网群发短信时段客服号码人工接通率低、用户拨打难的问题,该客服中心将客服号码的IVR流程中业务咨询项重新设计，增加了业务介绍自动播放功能，特别设计了“最新业务介绍”项，用户根据语音提示选择就可以收听短信内容，在一定程度上避免了因群发短信引起的人工话务量突增，用户打不通的现象，从而有效地缓解了客服号码的人工服务。

案例2

某运营商客户服务部呼叫中心为提升VIP客户满意度和归属感，呼叫中心集体提出并率先在省内实现了VIP客户拨打客服号码按9自动转接到对应客户经理手机上的功能，此项功能通过深入细化的服务手段满足客户的服务需求，更好地落实了分层服务要求，提高了客户服务效率。

四、服务设计开发需注意问题

在进行企业的服务设计工作时，要注意以下几个问题。

1. 服务必须创新

服务性企业和制造性企业在这一点上是共同的，都需要不断开发新产品，以满足新的需求和开拓新的市场。

2. 服务是无形的

正因为服务是无形的，与工业制造业的产品设计相比较，服务的设计与开发工作更难。

3. 避免仅用文字解释服务

服务性企业的管理人员、服务人员以及客户，往往倾向于用语言文字来描述无形的服务。美国著名营销学家肖丝丹克指出：在服务的设计与开发工作中，如果管理人员只用语言文字描述服务，可能会无法充分描绘一个复杂的服务体系和服务过程，或遗漏自己不熟悉的服务功能或环节，且可能导致理解不同或理解错误。所以尽可能将服务描述量化。

4. 从市场出发

服务设计人员应发动客户和服务人员共同参与新服务的开发工作。服务人员直接和客户接触，往往比服务设计人员更了解客户的心理，更了解哪些服务能够满足客户的需要，应该如何提供新服务，才能提高客户的满意程度。服务设计人员可以根据服务人员的意见，改进组织管理工作。客户参与新服务项目的开发工作，不仅会向企业反映自己的真实需要，而且会帮助企业做好服务概念和服务过程的设计工作。

5. 整体产品设计

服务是一种产品，服务产品包括 3 个层次的内容，核心产品、形式产品和扩大产品。对服务产品进行设计时，要注意对产品的全面设计。

第六章 投诉处理

本章要点：

- 客户投诉处理基本技能
- 投诉管理核心流程设计
- 投诉流程的审核
- 投诉流程的改进

作为话务技师，不只需要掌握客户投诉处理基本技能，能处理升级和疑难投诉，将投诉转化为商机，同时需要掌握投诉核心流程的设计，投诉流程的审核及改进，从而把投诉信息转化为资源，使得投诉转变为提高企业服务水平的工具，促使客户成为企业的长期忠诚客户。

第一节 客户投诉处理基本技能

一、投诉处理六步法

话务员一定都接触过客户投诉，客户投诉的原因各种各样，客户投诉的态度千差万别，但是对于客户投诉处理的步骤大同小异，有一定规律可循。首先，对“投诉处理六步法”进行简单介绍。

第一步：安抚客户

客服人员应该设法站在客户立场上，将心比心，诚心诚意地表示理解和同情，承认过失。因此，对于任何客户提出的不满，无论其合理性是否已被证实，都不要急于推卸责任，而是首先表示道歉，安抚客户的情绪。

第二步：获取信息

“先处理心情，后处理事情”，理解了客户的心情，稳定了客户的情绪后，在谈话过程中，尽量通过开放式的问题，把客户从情绪的发泄引导到事件上面去，让他把问题讲述出来。只有了解事件的原委，才能对症下药，解决客户的不满。

第三步：分析原因

分析原因，在客户抱怨的过程中，找出问题发生的根源所在，并引导客户提供更多细节资料，以便于判断问题实质，为下一步提出处理意见打好基础。同时提供信息帮助客户，运用专业知识帮助客户分析导致这种情况的原因可能是什么，如果不知道，要告诉客户，会跟相关部门联系，尽快帮客户求证。

第四步：提出建议

明确客户投诉的目的后，向客户作出合理的解释，提出相应的处理建议，告诉客户，能为他做什么，征询客户意见。

第五步：达成协议

提出建议后，引导客户赞同处理意见，并根据客户的意见作相应调整，直至客户表示满意为止。

第六步：积极跟进

要抱有对客户负责到底的精神，做好投诉处理的后续工作。对投诉处理后的客户进行回访，可以帮助公司对投诉处理服务质量进行控制，了解客户对投诉处理的满意程度，发掘客户潜在需求，同时还可能把投诉转化成另一个营销的机会。

二、不同类型投诉客户的应对

作为话务员还应该了解应对不同类型投诉客户的办法。

1. 完全失控的客户

- 保持平静的语气；
- 问一些简单的封闭式问题，安抚客户情绪；
- 如客户情绪仍然失控，请向上级请示。

2. 倾听困难的客户

- 礼貌地指出问题（太大声、太小声、太快、太慢）；
- 猜测客户意思，并以封闭式问题确认。

3. 过于啰嗦的客户

- 避免闲谈；

- 避免发问一些开放式问题；
- 加快提问步伐；
- 简短答案；
- 任何时候都只围绕服务有关的谈话。

4. 过分被动的客户

- 给予额外的耐性；
- 问题由浅入深；
- 问题由封闭式开始到开放式；
- 问题由大重点开始至详细的引申。

5. 过于自信的客户

- 保持专业化的态度；
- 不卑不亢；
- 冷静处理。

6. 言语粗鄙的客户

- 保持冷静；
- 以微笑相待；
- 让他们说出感受；
- 用心倾听；
- 找出激发这些情绪的成因；
- 尝试令激动的客户平静下来；
- 切勿针锋相对，恶意还击；
- 如情况不受控制，向管理级求助。

对于一般的客户投诉，按照上述步骤和应对技巧都可以得到比较满意的处理。话务员可以根据具体情况灵活应用，创新实践。

三、投诉危机处理

除了提高服务质量外，企业也应注意在企业内部培养并强化危机管理意识。把前期预防、中期处理、后期追踪，形成有组织、有程序、有网络的整合体系，遇到投诉危机才能做到处变不惊。投诉危机处理一般遵循以下原则。

1. 迅速处理

就企业响应危机的速度来说，24 小时是个极限，因为“丑闻”会在 24 小时内扩散到全球各个角落。所以企业应在获悉危机发生后的 24 小时内启动危机管理机制，并做好准备工作。

2. 立场坚定一致

即企业危机一旦爆发，企业应在最短的时间内针对事件的起因、可能趋向及影响(显性和隐性)做出评估,并参照企业一贯秉承的价值观,明确自己的核心立场。在整个危机事件的处理过程中,均不可偏离初期确定的这一立场。坚定立场法则强调企业对危机事件的基本观点、态度不动摇。值得强调的是,这种核心立场不应是暂时的、肤浅的、突兀的,而应是持久的、深思熟虑的、与企业长期战略和基础价值观相契合的。

3. 集权管理原则

缺失权威必然引发混乱,所以企业领导者应在危机乍现之时便赋予危机事件管理者充分的权柄,对危机实行"集权管理"。凡涉及危机事件管理的一切工作,危机事件管理者都拥有决策的权力。集权管理原则准则强调的是"事急集权"。

4. 一个口径对外

化解危机需要"疏堵"结合。"疏"对外,"堵"对内。对于同一危机事件,企业内部竟传出不一样的声音,这是危机管理的大忌,不仅会令原本简单的事态趋于复杂,更会暴露出企业内部的"矛盾",甚至可能由此引发新的危机。所以对内,必须戒绝那种未经授权便擅自发声的情况;对外则根据事前的部署,由危机事件管理者指定的发言人发布信息。同时,一个口径对外法则不仅包括了企业对外的言论发布,也涵盖了企业对内的解释说明。

5. "360 度"法则

即企业围绕危机事件所作的一切管理决策,都应以企业、受众、危机波及者为决策之基准点,进行全方位的考量和筹谋,"平衡"企业利益(包括投资人、员工和企业自身的福祉)、客户利益、合作伙伴利益乃至舆论界(传播者与受众)利益。"360度"法则要求企业决策者、危机管理者具有战略能力、大局意识,以及企业作为社会公民的责任感。

6. "关键利益"法则

"关键利益"法则是指企业在管理危机事件时的"倾向性"。协调各方利益并不意味着"无原则的平衡",有所侧重本就是合理的。关键利益是无论如何也不容侵犯、不计得失也必须捍卫的企业关键价值。

第二节　投诉管理核心流程设计

一、关于流程的认识

要实现投诉方针和投诉目标,离不开一系列投诉流程作为支撑,流程是通向组织目标的有效的、最佳的途径。投诉流程是呼叫中心运营流程的主体部分,加强对流程的控制,可以帮助呼叫中心的运营达到预期的目的。

流程,英文"process",中文也译作"过程",在 ISO 9000:2000 版国际标准中给出的定义是:“一组将输入转化为输出的相互关联或相互作用的活动。”

流程的描述如图 6-1 所示,它有 4 个方面的特征。

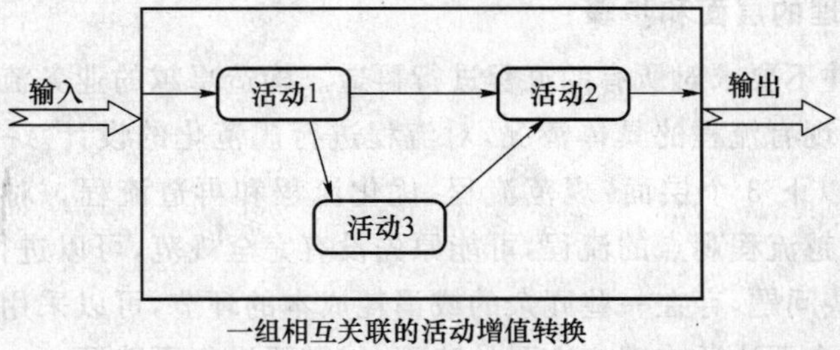

图 6-1 流程描述

(1) 每个流程都有输入和输出,输入是实施过程中的基础或依据,输出往往是完成过程的结果,即有形或无形的产品。例如,把产品设计作为一个过程,设计输入可以是市场需要的信息或特定客户需求,这是产品设计的基础;设计输出可以是图案、规范、样品等。

(2) 完成过程必须投入适当的资源和劳动。

(3) 过程是价值增加的转换,价值的增加来源于投入过程中的资源和活动所产生的结果。

(4) 为确保过程的质量,对输入的信息、要求和输出(有形的或无形的)以及在过程的适当阶段应进行必要的检查、评审和验证。

对于投诉流程而言,输入就是客户的投诉,输出就是客户满意,投诉流程就是一个把不满意的客户转化为满意客户的增值过程,它通过一系列的活动来完成。

二、关于流程管理的认识

1. 流程管理的定义和本质

流程管理,是一种以规范化的构造端到端的卓越业务流程为中心,以持续的提高组织业务绩效为目的的系统化方法。

流程管理强调:规范化、流程、持续性和系统化。流程管理不一定全是彻底的重新设计业务流程,而是应该规范的对流程进行设计,需要进行重新设计的就进行重新设计,不需要的就进行改进。流程管理更加强调了流程的重要性,它是一种系统化的方法,是持续的、不断提升的一种方法。

流程管理的核心是流程,流程管理的本质就是构造卓越的业务流程。流程管理首先保证了流程是面向客户的流程。流程中的活动都应该是增值的活动。从而保证了流程中的每个活动都是经过深思熟虑后的结果,是与流程相互配合的。员工个人的活动是一个大目标的一个部分,他们的工作都是为了实现为客户服务这个大目标服务的。当一个流程经过流程管理,被构造成卓越流程后,人们可以始终如一的执行它,企业也可以以一种规范的方式对它进行改进。流程管理保证了一个组织的业务流程是经过精心的设计,并且这种设计可以不断地持续下去,使流程本身可以保持永不落伍。可以说，构造卓越的业务流程是流程管理的本质，是流程管理的根本目的。

2. 流程管理的层面和步骤

流程管理并不要求对所有的流程进行再造。构造卓越的业务流程并不是流程再造，而是根据现有流程的具体情况，对流程进行规范化的设计。一般来说，流程管理可以包含以下 3 个层面：规范流程、优化流程和再造流程。对于已经比较优秀，而且符合卓越流程观点的流程，可能原先没有完全规范，可以进行规范工作；如果流程中有一些问题，存在一些冗余的或消耗成本的环节，可以采用优化流程的方法；对于一些完全无法适应现实需要的流程，就需要进行再造了。

一个组织想要应用流程管理这种管理理念，首先就需要进行一些发现核心流程、改进核心流程的工作。图 6-2 表示了组织在应用流程管理的初始阶段的一些步骤。从图 6-2 中人们可以很清楚地看到这一方法论的特点。流程管理方法论是一种循环的、可持续的方法论。

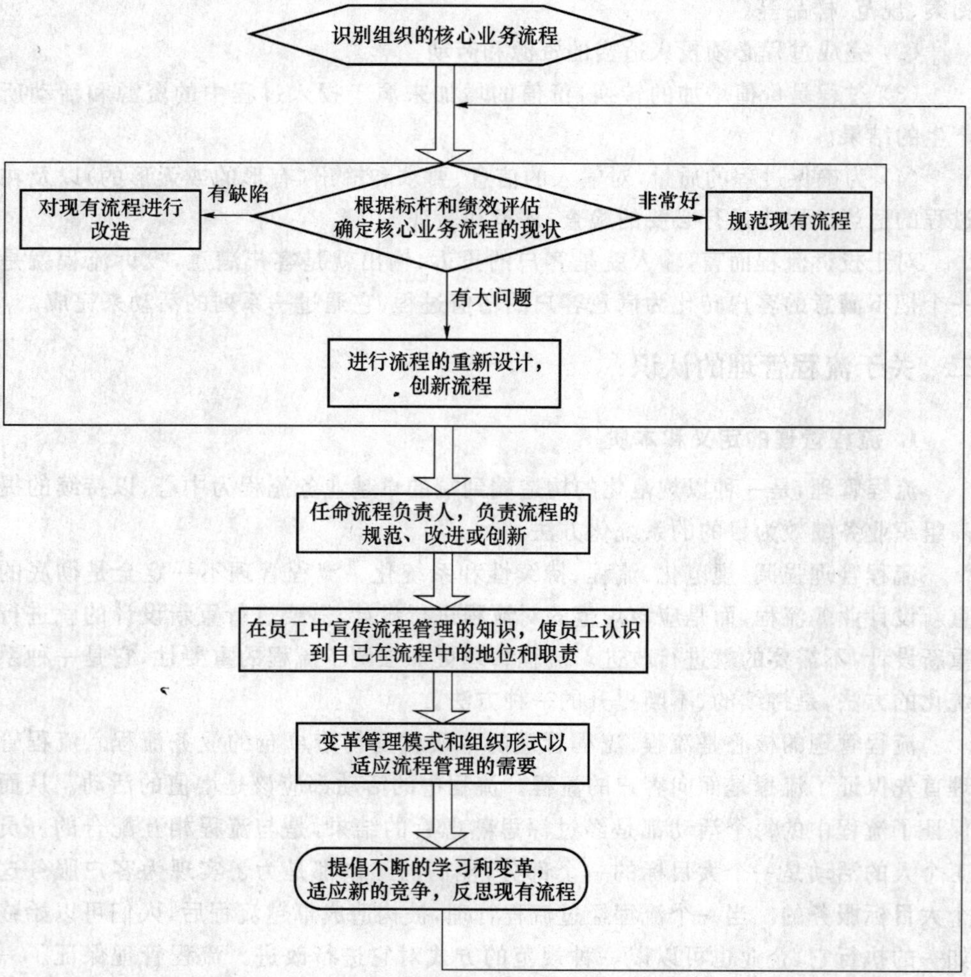

图 6-2　流程管理的步骤

这一点也很好地符合了流程管理持续性的要求。也就是说，流程管理不是一步到位的，需要不断的进行循环、反复，才能始终保证企业的业务流程是卓越流程，才能保持企业的核心竞争力。

三、投诉核心流程设计

根据“80/20”原则，20％的核心流程决定着投诉管理80％的效果，因此，首先要识别和确定投诉的核心流程。

1. 投诉管理核心流程框架图

投诉管理的实质就是一个将客户投诉转化为客户满意的过程，因此投诉管理的核心过程必然和投诉处理直接相关，一般可分为正常处理流程、升级处理流程和外部评审流程，投诉管理核心流程框架图如图6-3所示。

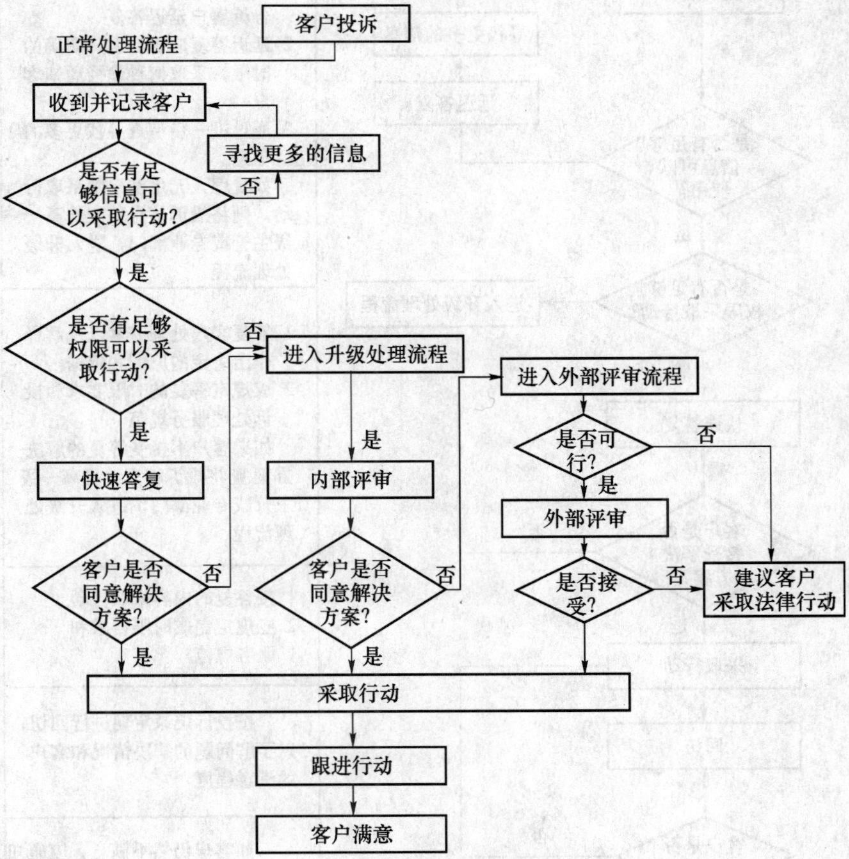

图6-3 投诉管理核心流程框架图

2. 投诉正常处理流程

(1) 为何需要投诉正常处理流程

- 保证对一般性的例行投诉处理有事先的策划；
- 让受理员工有明确的程序指引，可以快速处理客户的问题；

- 保证每个员工都按统一规范的程序公平对待客户。

(2) **何时采用投诉正常处理流程**

- 投诉的事项有明确的文件规定或工作指南可以正常处理时；
- 投诉的信息清楚无误，足以作出判断时；
- 受理人有足够的权限可以进行处理时；
- 客户接受组织预定的解决方案时。

正常投诉流程图如图 6-4 所示。

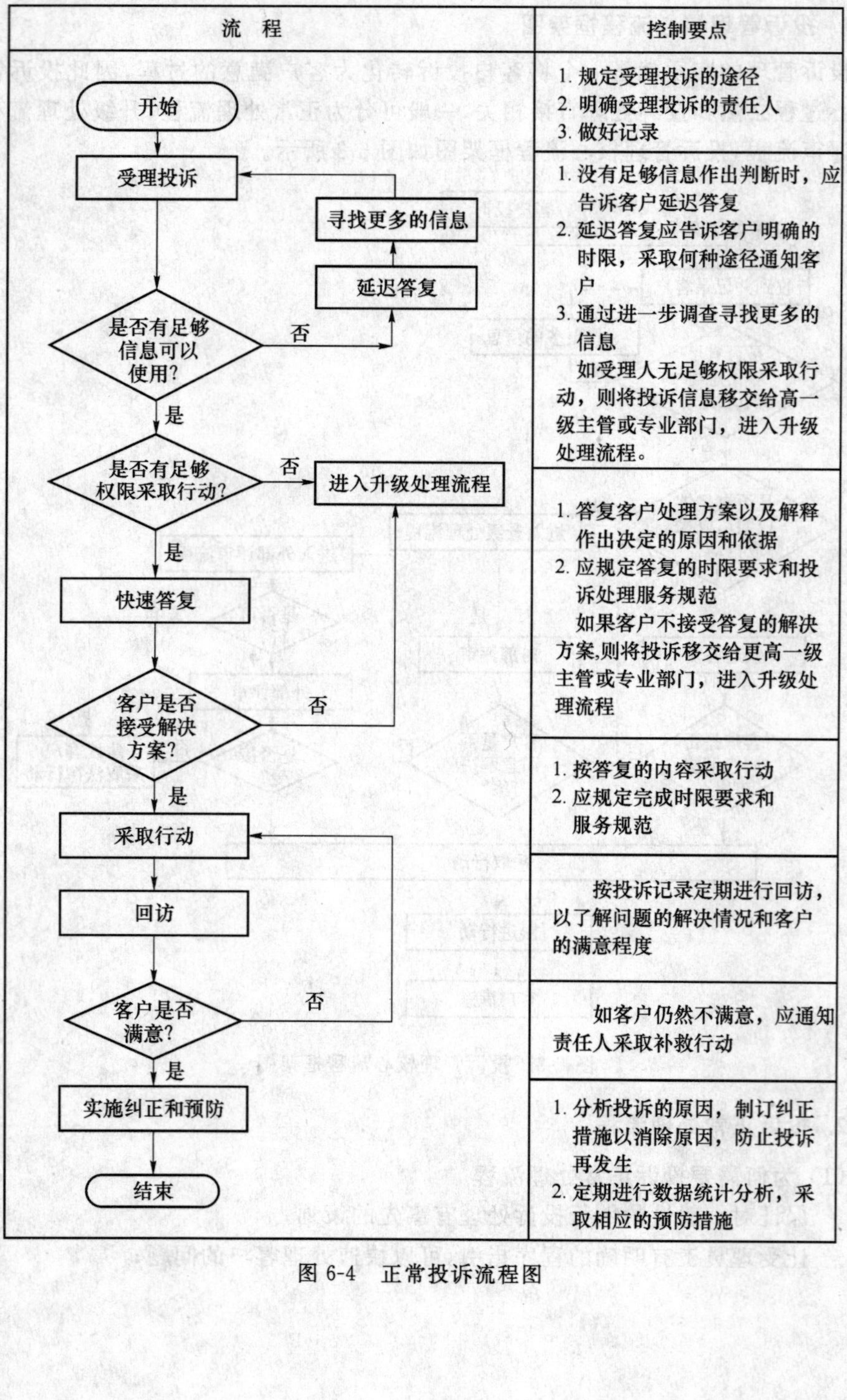

图 6-4　正常投诉流程图

3. 投诉升级处理流程

(1) 为何需要投诉升级处理流程

- 快速的行动对于投诉处理非常重要，升级处理流程可以避免投诉处理为某些人为因素而停滞不前；
- 当投诉处理和客户发生分歧时，升级处理流程可以缓解对立的情况，避免小的投诉演变成大问题；
- 升级处理流程使组织能够有足够的资源来处理严重或复杂的投诉。

(2) 何时需要投诉升级处理流程

- 处理投诉所需采取的行动超出了受理员工规定的权限，如美国某酒店规定大堂经理在处理投诉时有不超过1000美元的权限；
- 可能对组织的声誉或经济造成重大影响的投诉，如某电信企业规定惊动新闻媒体的投诉必须上报总经理；
- 关系复杂，牵涉到多个部门或单位的投诉；
- 客户不接受受理员工提出的解决方案。

投诉升级处理流程图如图6-5所示。

4. 投诉外部评审流程

(1) 为何需要投诉外部评审流程

- 尽管内部解决是最好的方案，但最好的投诉管理体系也不能期望让所有的客户都满意；
- 进入法律程序对于组织和客户双方都是件不幸的事，双方都要耗费大量的时间和金钱，因此选择独立的外部评审流程符合双方的利益；
- 可以节省大量的法律和管理成本；
- 可以使投诉在走向外界公开之前得到解决，避免了客户采取进一步行动向媒体、其他协会施加压力，使事件陷入无法收拾的地步；
- 对于客户来说，更容易接受外部评审程序作出的处理结果；
- 有利于维持良好的客户关系，增强客户的信心。

(2) 何时需要投诉外部评审流程

- 当客户不接受组织提出的解决方案，且无法继续协商时；
- 当客户准备采取法律行动时。

(3) 哪些机构可以成为外部评审机构

- 行监管理部门；
- 行业协会；
- 消费者组织；
- 仲裁委员会等。

投诉外部评审流程图如图 6-6 所示。

流　程	控制要点
开始 → 移交升级投诉	1. 明确升级处理的职责和权限 2. 规定受理人和升级处理责任部门的沟通方式 3. 移交的投诉信息应完整无缺，应包括事件经过、客户提出的要求、进展程度等
沟通、分析和评估	1. 权衡客户和组织双方的利益，作出分析和评估 2. 必要时，可与客户多次沟通
制订解决方案	解决方案应考虑可行性，成本及对双方的公平性
内部评审	1. 应规定评审人员评审的方式、内容和评审标准 2. 规定审批的权限
答复客户	按规定的时限要求和服务规范进行答复
客户是否接受解决方案？（否 → 进入外部评审流程；是 → 采取行动）	如果客户不接受解决方案，则通知客户进入外部评审流程
采取行动	实施解决方案
回访	及时对客户进行回访，以了解方案的效果和客户的满意程度
客户是否满意？（否 → 采取行动；是 → 实施纠正和预防）	如客户仍然不满意，应通知责任人采取补救行动
实施纠正和预防 → 结束	1. 分析投诉的原因，制订纠正措施以消除原因，防止投诉再发生 2. 评估解决方案的有效性，将有效的解决方案纳入投诉处理服务规范文件

图 6-5　投诉升级处理流程图

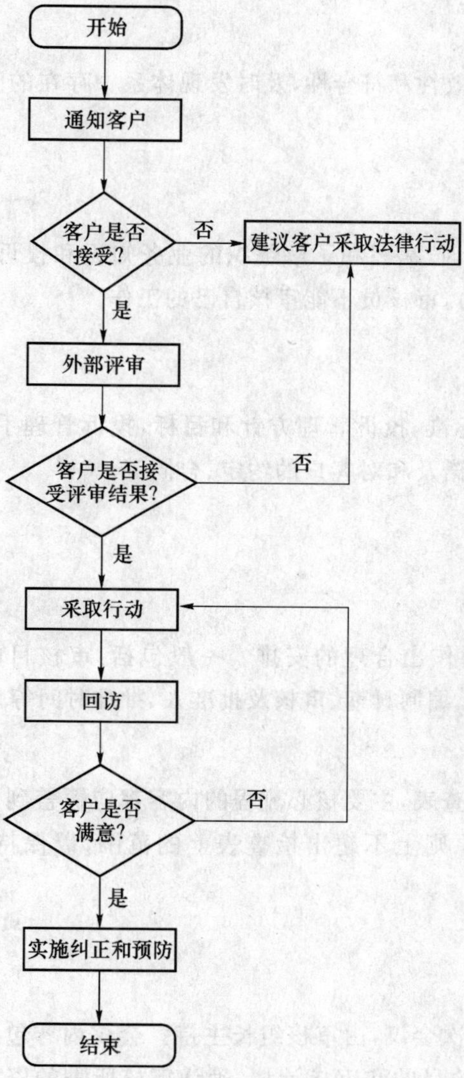

流程	控制要点
	1. 应明确通知客户将中止内部处理流程 2. 告知外部评审的流程、机构等具体信息 若客户不接受处理部评审，则建议客户有责任采取法律行为
	1. 执行外部评审机构的流程 2. 一旦选择了外部评审流程，组织对外部评审的任何决定都应无条件执行
	若客户不接受外部评审的结果，则建议客户有权力采取法律行动
	执行外部评审作出的决定
	及时对客户进行回访，了解行动的效果和客户的满意程度
	如客户仍然不满意，应通知责任人采取补救行动
	1. 分析投诉的原因，制订纠正措施以消除原因,防止投诉再发生 2. 评估外部评审决定的有效性,将有效的解决方案纳入投诉处理服务规范文件中

图 6-6　投诉外部评审流程图

第三节　投诉流程的审核

流程管理是一种系统化的方法，是持续的、不断提升的一种方法。因此，为了保证投诉流程持续有效，就需要定期对投诉流程进行审核。投诉流程的审核是定期对投诉流程体系运行情况进行监督的一种形式，通常一年可以安排1～2次。审核是通过对体系进行系统、独立的检查，确定体系过程和活动是否符合有关标准和文件要求，实施的结果是否达到预期目标的文件化的过程。

一、审核的目的

通过审核确定投诉流程体系的有效性和符合性，及时发现体系中存在的问题，采取有效的纠正措施和预防措施。

二、参加审核的人员

参加审核的人员应经过系统的培训，掌握和了解组织的业务知识和投诉管理文件，具备较强的组织能力和沟通能力，审核员不能审核自己的工作。

三、审核的依据

国家有关的法律法规、相关国际标准，投诉管理方针和目标，投诉管理手册及流程、规范等投诉管理文件，组织的承诺及和对客户的约定、合同等。

四、审核步骤与方法

1. 编制审核计划

审核计划应对审核的内容和时间作出合理的安排。一般包括：审核目的、范围、依据、审核成员、审核时间、编制人、编制日期、审核及批准人、批准时间等。

2. 确定审核内容、编制检查表

根据投诉管理文件的内容编制检查表，主要核心流程的内容都应覆盖到，不应遗漏，审核组根据检查表进行审核，原则上不超出检查表上的范围，以保持审核进度。

3. 审核实施

(1) 召开简短的首次会议

首次会议是由审核组长召开的一次会议，由审核组长主持。会议内容包括：介绍审核员和被审核方成员，介绍审核的目的和审核计划，确认审核所需的资源，说明审核的时间安排及被审核方的配合要求，指出审核抽样方法可能带来的风险，介绍报告审核发现的方法等。

(2) 现场审核

审核员应通过访谈、现场观察、查阅文件记录等审核方法来收集信息，经检验的信息即可作为审核证据。信息可通过多种方式或渠道获得并予以验证，如面谈、观察、文件的规定、数据分析和汇总、客户的反馈等。现场审核要做到公正、客观，选择样本要有代表性，应由审核员随机抽样。审核组长应掌握审核的主动权，不受被审核方或外界事物的影响，控制审核进度和审核气氛，按计划完成审核。

(3) 确定不合格项并编写不合格报告

体系审核中发现的不合格是指不符合审核依据的审核发现。不合格项通常可以分为：

- 实施性不合格，即未按文件规定实施，如文件规定接到客户投诉要登记在投诉记录表上，但实际没有；
- 效果性不合格，即按文件规定做了，但未取得预期的效果。如某客户投诉后进行了原因分析，采取了纠正措施，但在随后几天里又发现同样问题的客户投诉，说明纠正措施未取得预期效果。

要求的就要编写不合格报告。不合格报告应有如下内容：

- 受审核部门及负责人姓名；
- 审核员姓名；
- 不合格事实的描述；
- 原因分析及采取的纠正措施、完成期限；
- 纠正措施完成及验证情况。

(4) 召开末次会议，宣布审核结果

由审核组长主持末次会议，审核组长汇总分析审核结果，对投诉管理体系作一个总体评价，包括体系的整体运行情况，存在的优点和缺点，不合格的分布情况，发展趋势等；向被审核部门宣布不合格报告，并请责任部门认可事实，提出纠正措施的要求，并澄清和回答各受审部门提出的问题。

4. 编写审核报告

审核组应编写正式的审核报告，分发公司高层主管领导及相关部门负责人，报告内容包括：审核的目的和范围，审核组成员和受审部门、审核依据、审核过程概述，审核结论，建议的改进措施等。

五、审核的要点

对一个投诉流程管理体系进行全面的审核，至少应关注以下方面：

- 客户的需求和投诉目标是否设定和策划实施；
- 员工对投诉管理的管理承诺的理解；
- 投诉管理系统中高层管理者感觉是否敏锐；
- 是否有高级经理对投诉管理系统负有职责；
- 前台投诉受理者是否被授权及时处理客户投诉；
- 前台投诉受理者处理投诉的权限是否设定；
- 是否有指定的专业投诉管理人员；
- 投诉管理文件是否公示和得到及时更新；
- 前台投诉受理者是否受过适当的培训；
- 客户投诉管理的培训是否有效；
- 投诉管理系统所需的资源是否确定和提供；

- 客户满意程度的变化；
- 员工对改善管理系统建议的数量；
- 员工对投诉管理方针的理解和看法；
- 重复受理涉及客户相同投诉的频率；
- 是否策划投诉外部评审流程；
- 上次审核和管理评审的纠正和预防措施是否已得到落实等。

案例

××公司2003年度投诉流程管理体系审核计划

一、审核目的

为检验建立投诉流程管理体系的符合性和运作的有效性，发现体系运作中存在的问题，实现体系的持续改进。

二、审核范围

本公司投诉流程管理体系覆盖的所有部门。

三、审核依据

(1) 本公司投诉管理手册、程序文件、管理流程、工作规范。

(2) 电信行业法律法规、上级主管部门服务标准、投诉管理指导文件等。

四、审核组成员

组长：××

组员：××　××　××　××

五、审核时间

2008年4月3日至4日

六、注意事项

(1) 各有关部门接到本通知后，请注意安排审核时间；内审时要求各部门主要负责人及有关工作责任人应在岗，如有特殊情况请事先与审核组长联络，以便调整。

(2) 请各部门负责人和内审员准时参加首次和末次会议。

(3) 审核组成员在审核过程中根据情况可作适当调整。

第四节　投诉流程的改进

一、纠正和预防措施

投诉流程管理体系的持续改进要求体系运行过程中坚决落实纠正措施和预防措施，从而预防重大投诉的出现，保证处理过的客户投诉不再重复出现。

1. 投诉纠正和预防措施比较

投诉纠正措施和预防措施的比较如表 6-1 所示。

表 6-1　投诉纠正措施和预防措施比较表

项目	纠正措施	预防措施
对象	已发生的投诉的原因	潜在不合格的原因
目的	消除已发生的投诉的原因，防止再发生	消除潜在不合格的原因，防止投诉的发生
本质	质量改进措施的一个方面	
过程	确定原因→评审措施→确定措施→实施措施→跟踪并评估效果	

2. 识别预防措施的信息来源

与纠正措施不同，预防措施要求在投诉发生之前被识别并制定出来，需要组织建立一套自我预警、自我防范的机制，常见的信息来源包括：

- 客户满意度的变化；
- 客户的建议和咨询意见；
- 竞争对手的服务质量；
- 投诉信息的数据分析；
- 审核的发现；
- 管理评审的输出；
- 过程的监视和测量；
- 客户的流失；
- 市场环境的调研、分析等。

3. 预防措施管理的流程

预防措施管理的流程如图 6-7 所示。

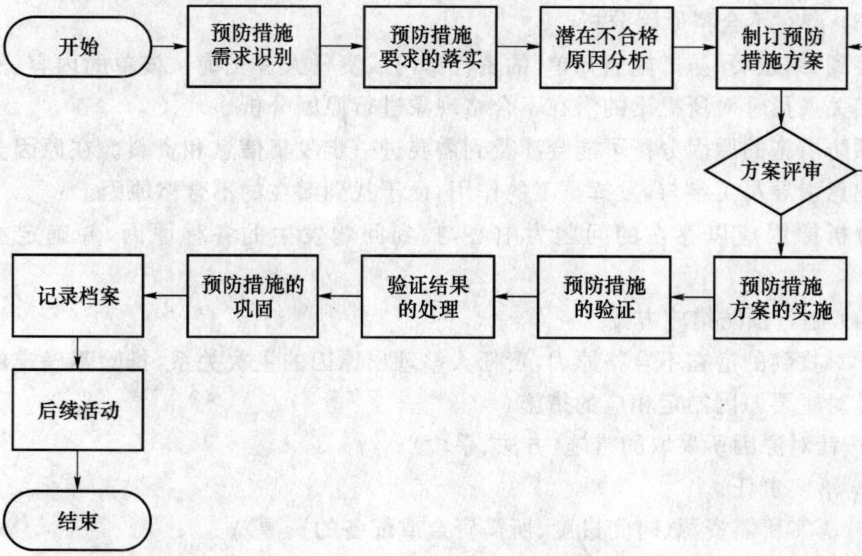

图 6-7　预防措施管理的流程

(1) 预防措施需求识别

各相关部门在收集各类信息和统计数据时，对所收集到的信息和数据进行分析。当出现某种趋势的异常情况(如某项指标呈连续下降趋势)时应进行分析，如存在潜在的不合格趋势，应寻求采取预防措施的机会。

对客户满意的各类信息进行分析，以便发现服务质量的潜在问题，提出采取预防措施的需求。

在每次审核及日常服务质量检查时，发现的潜在不合格情况，应采取预防措施。

鼓励员工在工作岗位上发现潜在的不合格时，均可向有关领导和相关部门反映情况，以便识别预防措施需求的机会。

各部门在实际工作中如遇到涉及其他部门的潜在不合格项需采取预防措施时，可填写“纠正/预防措施通知单”与相关部门进行沟通，或由综合部根据情况组织，也可上报管理者组织实施预防措施。

(2) 预防措施要求的落实

当通过各种渠道(部门内及部门以外)收集到需采取预防措施的依据时，由部门负责人或其授权人员发出“纠正/预防措施通知单”并组织相关人员采取预防措施。

负责各类信息数据分析的部门，当分析结果显示某项预防措施需跨部门或多个部门才能完成时，则由综合部发出“纠正/预防措施通知单”，由管理者组织实施。特别重要的预防措施(如影响较大)也由管理者直接发出“纠正/预防措施通知单”，且对该项预防措施的过程进行跟踪。

各部门内的预防措施视情况可由各部门指派人员组成预防措施实施小组，并指定负责人。所有的预防措施在下达时应明确实施的责任部门和责任人。当需要多部门或多人员参与时，应明确负责的部门和人员。

(3) 潜在不合格原因分析

接到“纠正/预防措施通知单”的责任部门或责任人首先确认该单的内容，然后组织相关人员针对所提出的潜在不合格现象进行原因分析。

预防措施的原因分析可能会涉及到需要进一步收集信息和资料。在原因分析中应注意引导员工参与，发挥员工的作用，便于找到潜在的不合格原因。

分析原因应以存在的问题为中心，找到问题发生的各种原因，并确定主要原因。

(4) 制订预防措施方案

针对找到的潜在不合格原因，责任人整理出原因的主次关系，排除不确定的原因。针对主要原因制定相应的措施：

- 针对原因所采取的措施(方法、手段)；
- 落实责任；
- 落实所需资源(时间进度、所需资金或配备的资源)；
- 验证的安排等。

(5) 方案评审

由提出预防措施要求的部门负责人组织评审措施的可行性和有效性，需要有重大资源投入的还应报管理者直至最高管理者批准，评审通过即签名批准方案。

评审未通过，可继续进行原因分析或修改方案直至通过。

(6) 预防措施方案的实施

经批准的方案由责任部门或责任人负责组织实施，责任部门负责人或综合部、管理者对预防措施的进展情况进行跟踪，确保计划的落实，发现问题（如资源不到位、时间进度延迟等）应及时解决，同时随时协调解决实施过程中出现的问题，防止未按实施方案要求的进度和目标执行。

(7) 预防措施的验证

预防措施方案完成后提交原提出要求的部门或人员验证。

部门内的预防措施在完成后由责任人自行验证，自行验证认为达到预期效果可提交部门负责人组织验证。

中心内的预防措施在完成后，由责任人先进行验证，认为达到预期效果后可提交管理者组织验证。

验证的内容包括：

- 是否按已批准的方案组织实施；
- 是否按规定的期限完成；
- 是否达到预期的目标或效果。

(8) 验证结果的处理

验证发现已按方案实施但没有达到预期目标或效果的情况，应重新进行原因分析，再次制订新的措施并组织实施，直至达到预期目标。

(9) 预防措施的巩固

验证认为达到预期目标或效果的，及时总结经验并采取巩固措施，如制订或修改相应的文件，对相关人员的培训等。

(10) 记录档案

各部门在完成预防措施并经验证后，将有关记录和资料交由综合部或投诉相关部门负责收集和保管。

(11) 后续活动

综合部或投诉相关部门负责收集预防措施的有关信息，定期总结中心的各类预防措施实施情况及效果，并将资料提交管理者评审。

4. 纠正措施管理的流程

纠正措施管理的流程如图 6-8 所示。

(1) 纠正措施需求识别

各部门负责人及其他工作负责人在日常工作检查中发现存在不符合各项投诉管理工作规范要求的情况时，应要求责任人对不合格进行纠正。

根据该项不合格的具体情况进行判断，如属有可能存在类似问题、问题涉及面较大、可能会产生相关影响等情况的，可发出“纠正/预防措施通知单”，责成有关人员采取纠正措施。

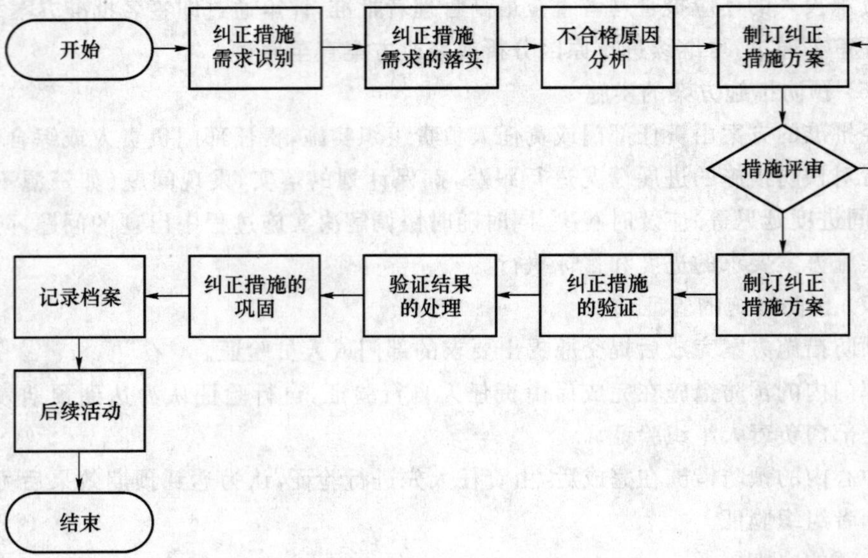

图 6-8　纠正措施管理的流程

对孤立存在、偶发性、无代表性轻微不合格，一般只要求纠正即可，但应按数据分析的要求对发现的不合格进行分析，然后按下列规则决定采取纠正措施。

① 对超过不合格总比例 30％的集中出现的问题；

② 对在同一领域连续发生 3 次以上的问题。

在内部/外部审核中发现的不合格项，由审核员开出“不合格项报告”并要求采取纠正措施。

在进行专项检查时发现的不合格由组织检查的部门提出纠正措施的要求，各相关责任部门组织实施。

各部门在实际工作中如遇到涉及其他部门的不合格项需采取纠正措施时，可填写“纠正/预防措施通知单”与相关部门进行沟通或上报管理者，由管理者根据情况组织或上报总经理组织实施纠正措施。

对未达到质量目标要求的情况，应立即采取纠正措施。

对客户的投诉，应立即采取纠正措施。

(2) 纠正措施需求的落实

所有的纠正措施在下达时应明确实施的责任部门和责任人，当需要多部门或多人员参与时，应明确相关的部门和人员。

(3) 不合格原因分析

由责任部门或责任人组织针对所提出的不合格现象，进行原因分析。

分析原因应以存在的问题为中心，找到问题发生的各种原因，并确定主要原因。

(4) 制订纠正措施方案

针对主要原因或其他原因,制订能够使原因消除及避免类似问题再次发生的纠正措施方案。纠正措施的方案一般应包括:

① 责任人;

② 消除已发生的不合格的措施;

③ 防止类似问题再发生的措施;

④ 所需资源(包括时间进度、资金、设施等);

⑤ 预期效果或目标等。

(5) 措施评审

纠正措施方案完成后由原提出部门或人员进行评审。

评审通过即签名批准实施方案。评审未通过,可继续进行原因分析或修改方案直至通过。

(6) 制订纠正措施方案

经批准的方案由责任部门或责任人负责组织实施,提出纠正措施要求的部门负责实施过程的跟踪,防止未按实施方案要求的进度和目标执行,同时随时协调解决实施过程中出现的问题。

(7) 纠正措施的验证

由发出"纠正/预防措施通知单"的部门组织有关人员对纠正措施的实施情况进行验证。验证的内容包括:

① 是否按已批准的方案组织实施;

② 是否按规定的期限完成;

③ 是否达到预期的目标或效果。

(8) 验证结果的处理

验证发现已按方案实施但没有达到预期目标或效果情况,应重新进行原因分析,再次制定新的措施并组织实施直至达到预期目标。

(9) 纠正措施的巩固

验证达到预期目标或效果的,由责任部门及时总结经验并采取巩固措施,如制定或修改相应的文件,对相关人员的培训等。

(10) 记录归档

各部门在完成纠正措施并经验证后,将有关记录和资料交由综合部负责收集和保管。

(11) 后续活动

收集纠正措施的有关信息,定期总结中心的各类纠正措施实施情况及效果,并将资料提交管理者评审。

二、投诉流程的持续改进

投诉流程需要进行持续的改进。每一宗投诉都可以看作是机会,让公司检讨和改善服务。针对每一个投诉,都要思考以下问题,以找出实质问题所在,然后做出改善。

1. 哪里出错

- 这类问题/投诉是否可以预见？
- 是否已有一套处理这类问题的规范和标准？
- 这套规范和标准是否如预期一般运作良好？如果不是，为什么这套方法不奏效？

2. 日后如何可以做得更好

- 这类问题/投诉是否有可能再次出现？
- 再次出现的可能性有多大？
- 有什么办法可以避免这类问题/投诉再次出现？
- 采用上述办法的后果是否比问题本身更坏？为避免再犯同样错误而采用的办法是否太昂贵或太复杂，以致造成反效果？

投诉流程管理体系的持续改进是否有效不是发现了多少问题，处理了多少客户投诉，而在于处理过的客户投诉能否不再重复出现，能否预防重大投诉的出现。只有进行持续的改进，投诉流程管理体系才能保持有效性。

第三部分

营 销 技 能

第七章 营销基础

本章要点：

- 电信行业营销管理
- 服务营销的7P组合
- 营销新理念

第一节 概 述

“互动营销中心”是客服中心发展的必然趋势。一些国际成功电信企业的电话营销中心收入占其总收入的五成以上，这一点表明了未来电话营销在电信运营企业中发展潜力巨大。通过呼叫通路实现营销、销售、服务、内部支持和渠道管理等多种功能有机整合。客服中心作为企业与客户的重要接触点将承担起企业营销策略的核心任务：电话销售、客户维系、营销渠道管理、网络营销管理等。

一、电信行业营销管理的性质

电信行业从属服务行业，因而我们必须从服务行业的特点出发，制订出符合行业特征的营销管理方案。这就决定了电信行业的营销管理具有如下性质。

1. 不可触摸性

服务是无形的。而购买者为减少这种不可触摸性所带来的不确定性，他们必然会寻求服务质量的标志或证据。他们将从看到的地方、人员、设备、沟通资料、象征和价格等方面，做出服务质量的判断。因此，服务提供者的任务是“经营证据”、“化无形为有形”。产品营销者受到的挑战是要求他们增加抽象观念，而服务营销者受到的挑战则是要求他们在其抽象供应上增加有形证据。

2. 不可分离性

服务的生产与消费，二者一般是同时进行的。这与有形物品的情况不同，后者是被制造出来的，先投入存储，随后销售，最后被消费。如果服务是由人提供的，那么这个人就是服务的一部分。因为当服务正在生产时客户也在场，提供者和客户相互作用，是服务营销的一个特征，提供者和客户两者对服务的结果都有影响。

3. 不可变动性

服务具有极大的可变性。因为服务取决于由谁来提供以及在何时、何地提供。对服务质量的控制可采取两个步骤：第一步，投资于挑选优秀的工作人员并进行培训。对服务提供者进行培训，使其对客户出现的各种情况都能做出适当反应，从而减少服务的可变性。第二步，通过客户建议和投诉系统，客户调查和对比购买，追踪了解客户的满意情况。这样，质量较差的服务便可被察觉出来并得以更正。

4. 不可消失性

服务不具有可储存性。不可能事先生产出服务留待以后消费。它的生产过程本身就是消费的过程，因而极易消失。由于服务性行业具有以上特点，因而服务性行业如果只用传统的市场营销方法来经营势必困难。因而服务性行业的营销不仅需要传统的市场营销，而且还要插入其他两种市场营销，即内部市场营销和交互作用的市场营销。内部市场营销，指服务公司必须对直接接待客户的人员以及所有辅助服务人员进行培养和激励，使其通力合作，以便使客户满意。

二、电信行业营销管理的策略

营销管理是营销最重要的内容，如果营销管理方针是错的，纵然有极高的工作效率，也难以达到理想的效果。

1. 整体性管理

营销的起点是消费者，终点也是消费者，电信消费者的消费意识不断增强，他们需要的不再仅仅是产品或者服务，而是包含了了解产品信息、购买过程、购买场地与人员服务、售后服务等一整套的客户服务体验。电信营销要从客户服务体验的每一个环节入手，整体全面地引导、销售、服务于消费者。

2. 合作性管理

电信服务主要是信息的传递，电信行业是基础性行业，与其他行业之间的业务交叉越来越频繁，电信运营商在开展营销时可以通过不同的方式与其他行业、企业进行合作营销。目前，电信与邮政、银行等行业的合作越来越多，与IT行业内的计算机厂商、增值业务服务商也展开了广泛的合作，呈现出良好的势头。

3. 博弈性管理

电信运营商之间的竞争异常激烈，但一味在存量市场展开排他性竞争的最终结果只能是两败俱伤。运营商之间的竞争应该在更高层次展开，更应该关注增量市场，这个增量市场不仅是新增用户，还包括新业务带来的市场。

4. 长期性管理

目前电信行业的营销策划多为短期策划，一项新业务只是在一段时间开展，更有甚者，消费者刚刚付费办理某项业务，一项更便宜的业务紧随而至，这种短视行为严重地影响了电信行业在消费者心目中的形象。这要求电信运营商在制定营销策划时注重长期性以及前后营销活动的连续性。

三、电信行业营销管理的原则

电信行业要想实现市场营销管理的成功，就必须坚持一些电信市场营销的基本原则。

1. 市场性原则

电信行业在进行市场营销工作时，应遵照市场经济的基本规律，电信产品要实行等价交换原则，即使在市场竞争最激烈时刻，也不能以低于成本进行“价格战”，那无异于“饮鸩止渴”。市场性还表现在电信行业产品的信誉原则，电信行业在营销工作中，一定要讲诚信，守信用，让消费者充分信任电信行业。

2. 技术性原则

电信技术是属于高技术系列的，“迅速、准确、安全、可靠”是对电信行业最基本的要求，如果电信网络质量不好，就实现不了信息的有效传递，难以让消费者享受通信产品，所以，电信行业在市场营销过程中，保证一支高素质的营销工程师队伍是十分必要的，其目的是让消费者放心使用电信产品。

3. 操作性原则

电信行业在市场营销过程中必须坚持“依法经营”，学会按照企业和消费者之间的“契约”办事，绝不能“失信于消费者”。同时在与客户协商“契约”时，必须讲究企业的实际操作性，兼顾电信行业的现状，不能超越企业的实际承受能力去盲目“承诺”，最后因兑现不了对客户的承诺而造成对企业的负面影响。

4. 合理性原则

电信行业在制订具体的营销策略时，要一切从企业、当地经济和消费者消费行为出发，出台的营销策略要对现阶段有适应度，否则就会“事倍功半”。同时，电信行业还必须认识到在我国大多数地方还处于“温饱”阶段，消费者非常注重电信产品的实用性，所以，电信行业产品质量应以实用性功能为第一原则。

第二节　服务营销组合

由于服务本身所具有的特点，原来传统市场营销意义下的 4P 营销（产品、价格、促销和渠道）已经不能完全反映服务营销的特点。因此，在 4P 的框架下又发展了 7P 营销组合。

7P 服务营销组合是服务企业依据其营销战略对营销过程中的 7 个要素变量进行配置和系统化管理的活动。服务营销组合的 7 个要素如表 7-1 所示。

表 7-1　7P 服务营销组合

序号	要素	内容
1	产品（Product）	领域、质量、水准、品牌名称、服务项目、保证、售后服务
2	定价（Price）	水准、折扣、付款条件、客户的认知价值、质量、定价、差异化
3	地点或渠道（Place）	所在地、可及性、分销渠道、分销领域
4	促销（Promotion）	广告、人员推销、销售促进、宣传、公关
5	人（People）	人力配备：训练、选用、投入、激励、外观、人际行为；态度；客户：行为、参与程度、客户/客户之接触度
6	有形展示（Physical evidence）	环境：装潢、色彩、陈设、噪声水准、装备实物、实体性线索
7	过程（Process）	政策、手续、器械化、员工裁量权、客户参与度、客户取向、活动流程

一、产品

在服务营销中，产品、服务与有形商品是有一定区别的概念。产品是一个整体概念，它是指能够为客户提供某种利益的客体或过程。而服务和有形产品则是产品概念下的两个概念。服务产品作为产品的一种，所考虑的不仅是提供服务的范围、服务质量和服务水准，同时还应包括品牌、保证以及售后服务等。图 7-1 说明了电信产品的整体概念。

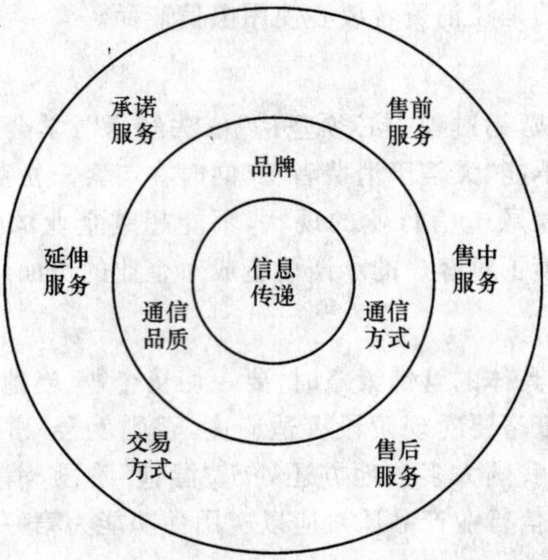

图 7-1　电信产品整体概念

服务的可变性要求企业根据目标市场的需求设计合适的服务产品。电信企业应根据不同客户的特点，划定细分市场，创立满足用户需求的通信产品品牌，针对不同品牌客户的不同需求，提供有区别的服务，进而提高企业竞争力。

案例

某运营商拥有不同的客户品牌。而客户服务中心也会针对不同的客户提供不同的服务。比如，有 VIP 坐席、普通坐席等区别。客服中心为 VIP 客户和大客户建立了快速服务通道，并选择经验丰富、业务熟练、服务优良的客户服务代表作为 VIP 服务专席人员，提供更为高效优质的服务。

二、定价

影响服务产品定价的因素主要有 3 个方面，即成本、需求和竞争。成本是服务产品价值的基础部分，它决定着产品价格的最低界限；市场需求影响客户对产品价值的认识，决定着产品价格的上限；市场竞争状况调节着价格在上限和下限之间不断波动的幅度，并最终确定产品的市场价格。

服务业最常用的定价方法有：成本导向定价法、竞争导向定价法和需求导向定价法。成本导向定价存在一些问题，如电信业的成本核算就一直是个难点。

服务业特征对服务产品的定价有着很大的影响。因此，制定服务产品的价格，除了考虑上面提到的 3 个基本因素之外，还必须考虑服务业的特征：服务的不可储存性及服务需求的不稳定性，产生了不同时期有差别的服务产品价格。当需求处于低谷时，服务企业往往需要通过使用优惠价或降价的方式，以充分利用剩余的生产能力；而服务的同质性（即服务的差异性小，用哪家的产品都差不多）使服务产品的价格战愈演愈烈。

电信企业在设立资费套餐时，利用电信服务闲时的网络资源，降低此时段的话费以开发用户需求，就是符合服务产品特点的一种价格策略。实际上，国内外很多运营商都在使用这种分时段的资费优惠政策。

三、渠道

服务渠道策略就是服务企业为目标客户提供服务时对所使用的位置和渠道所做的决策，它包括如何把服务交付给客户和应该在什么地方进行。在服务营销中，企业为了获得竞争优势，应该寻找并确定适宜的交付服务方法和地点，方便客户对服务产品的购买、享用和受益。

分销渠道是指服务产品从生产者移向消费者所涉及到的一系列公司和中间商。一般而言，服务销售以直销最普遍，而且渠道最短。在服务业渠道选择问题中，有关服务所在位置的选择是一个极为重要的方面。不论以什么渠道形态去获取客户，中介机构的位置，也就是服务业公司应设置在什么地方，都是很重要的。对于电信企业，要合理地设置营业厅的数量和地点，保证用户能够方便快捷地申请和办理电信业务。

不同的渠道某些功能相同，某些功能有所不同，用户可根据实际需要通过不同的渠道进行业务咨询和受理等。呼叫中心属于虚拟渠道中的电话营业厅。

案例

优势互补，开展渠道整合营销

广东省电信客服中心作为四大营销主渠道之一，既面向所有客户，也对其他渠道进行支撑。10000 号针对不同的产品，细分客户群，使营销服务渠道与社区经理、区域代表等其他营销渠道有机整合，发挥各自渠道的优势，取长补短，以统一的形象、最低的成本构建无缝隙、全覆盖、多角度、立体式的新型营销体系。如在 ADSL 营销时，采用 10000 号电话营销和社区经理上门进行渠道整合营销。对一些通过电话营销不成功的用户，在营销系统记录用户的反应信息，与用户预约，由社区经理上门演示，进行更有针对性、更深层次的“体验营销”。另外，配合小区会所的现场演示活动，10000 号在电话呼出营销时，有意识地引导客户去参加现场演示活动。在与用户沟通的过程中，他们从用户的角度出发，寻求产品的诉求与用户印象契合的交汇点，通过不同渠道和手段向用户传达产品信息。

四、促销

市场竞争越激烈，就越是需要采取有力的促销措施促使客户理解、接受服务企业的服务。促销能够提高销售业绩（尤其是在需求较弱的时期），加快新服务的引入，加速人们接受新服务的过程，使人们更快地对服务做出反应。促销不只限于对客户，也可以被用来激励雇员和刺激中间商。

服务营销的促销目标主要有：

- 建立对该服务产品及服务公司的认知和兴趣；
- 使服务内容和服务公司本身与竞争者产生差异；
- 沟通并描述所提供服务的种种利益；
- 建立并维持服务公司的整体形象和信誉；
- 说服客户购买或使用该项服务。

企业的促销活动是由一系列具体的活动所构成的，服务促销组合包括多种元素：广告、人员推销、营业推广、公共关系和口头传播等。各种促销手段一般同时存在，相互补充，企业营销人员必须把这些元素认真地整合成一个协调的促销组合。

如呼叫中心也有负责外呼营销的，负责重点客户的关系维护、业务推荐和销售。

针对目标市场对服务的特殊需求和偏好，服务企业往往需要采用不同的分销与促销策略。如商务人士和学生在对电信服务的评价上存在很大的差异：商务人士需要电信网络质量非常可靠；而学生则认为有丰富多彩的服务内容和较低的资费最重要。因此，电信企业的促销战略需要反映这种差异。

案例

中国移动重庆公司利用春节消费高峰的有利时机，以“千万回馈人人有礼”为主题，通过规模路演、整合促销等多种方式，开展了“心机大礼传心愿”、“手机无限送”、“新入网送好礼”等活动。春节期间，公司还以个人市场、农村市场、集团市场、返乡农民工市场为重点，以短信、彩信等业务为主力，以“过年卡”、“彩信贺卡”等产品为主打，对节日市场资源进行优化配置，加大了节日市场的服务力度。

五、人

在提供服务产品的过程中，人是一个不可或缺的因素。涉及服务产品提供和递送的人大致有 3 种类型：①本公司的人员，他们有的与消费者有所接触，有的则不接触，他们的态度、技能、知识和行为，分别对服务的形态、特色和性质有所影响，从而影响使用者从服务产品消费中所获得的满足水平。②为服务业公司工作的其他单位和人，包括一些“代言人”，如公关代理、中间人、志愿者以及其他相关人员，他们的行为当然也会影响到服务产品。③不可或缺的“消费群众”，包括过去、现在以及未来潜在的消费人群，由于他们在服务生产过程中均有参与，因此影响到过程，同时也会相互影响。客户是服务战略的根本，一项服务的好坏最终要由客户来评价。在设计服务时，应以客户需求为导向。

服务利润链描述服务行业生产和获利的过程，它提出了一系列相关因素之间的关系，如获利性、客户忠诚度、员工满意度、保留率和生产率。可以看到，人的因素在其中占有很重要的地位。服务利润链的结构如图 7-2 所示。

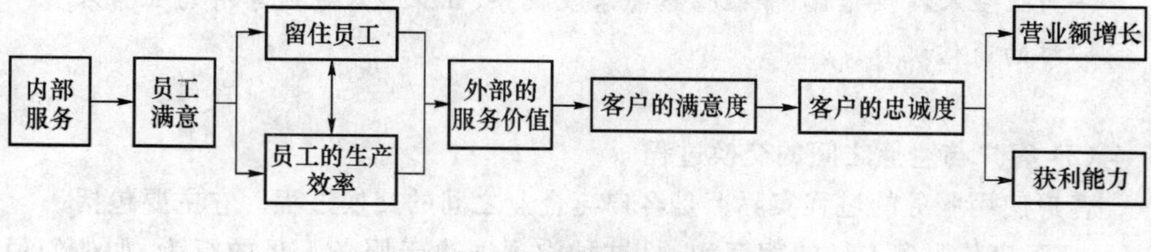

图 7-2　服务利润链

六、有形展示

在市场交易上没有有形展示的“纯服务业”极少，服务设施、服务人员、客户、市场信息资料、定价目标等都是有形的，这些有形物都可为无形的服务提供有形的展示。因此，一切可传达服务特色及优点的有形组成部分都被称作有形展示。服务产品中的有形展示会影响消费者和客户对于服务产品的评价。

七、过程

由于客户参与“过程”，服务的生产与消费同步，过程直接关系到客户对服务质量的评价及其满意度的高低，因而显得格外重要。从服务的基本特征来分析，服务过程包含 3 个要素：服务的易接近性、客户与企业之间的交换过程和客户参与，这些要素构成了服务的递送系统。

(1) 服务的易接近性

服务的易接近性是指客户能否较容易地接触、购买和使用服务。它取决于：

- 服务人员的数量和技术；
- 办公时间及其安排；
- 客户的数量与知识水平等。

如果呼叫中心的电话接线人员让客户等了很久才拿起话筒，或者她不能回答客户提出的有关问题，那么，该公司的服务就失去了可接近性，这将严重影响客户对其服务产品的感知。而对于用户来说，如果办理一项电信业务很困难的话，势必会影响其使用此业务的热情。因此，电信公司的营业厅应尽可能地做到合理分布，方便用户办理、使用电信服务。

案例

某运营分公司专门为聋哑人提供了个性化的便民服务：为每位套餐用户赠送如意邮箱(50M)，并可提供天气预报、来电宝(或秘书台)服务。其中，来电宝业务可以将来电方的语音信息转化为短信，发给聋哑人士，从而实现有声世界与无声世界之间的无障碍沟通。公司还将与公安等携手为聋哑人提供“110”等短信报警求救服务，让聋哑人也能享有与正常人一样的通信机会。

(2) 客户与企业之间的交换过程

客户使用服务的过程实际上是客户与企业之间的交换过程。它主要包括：

- 客户与服务人员的相互沟通，这种沟通取决于服务人员的行为，如他们说什么、做什么以及如何说、如何做等；
- 同一交换过程中，客户之间的相互作用。

如果客户认为这些过程过于烦琐和复杂，或者受到不友好的对待，则他们很难会给企业的服务质量以较高的评价。

(3) 客户参与

客户参与是服务递送系统的一项重要内容。由于服务产品的生产和消费是同时进行的，客户直接参与服务产品的生产过程，并影响到他们对服务产品的认知。比如，在服务过程中，客户通常会被要求填写一些表格，提供一些信息等，如果客户对此有充分的准备，或者愿意去做这些事情，则无疑会提高服务产品的质量。

例如，可让消费者参与到业务的设计之中，根据自己的消费习惯和水平自主选择资费和所需服务，摒除不需要的服务项目。对于集团与行业应用而言，引导集团和行业消费者积极参与应用设计及体验是十分必要的。通过定制，将行业或集团消费者的工作方式、业务流程融入业务的设计之中。企业也可通过与消费者的互动更深刻地了解消费者的个性化需求。例如，SKT 为特定消费人群定制的"手机钱包"、"手机工作证"等业务，可以用手机支付商场、餐厅的消费或购买车票，可以利用手机内的功能芯片代替工作证、会员卡等，使手机突破了一般意义上的通信工具的概念，极大地方便了消费者的工作、生活。

第三节　营销新理念

随着市场营销理论的发展，不断有的新市场营销理念出现。本节介绍 3 种营销理念：蓝海战略、长尾理论、绿色营销。

一、蓝海战略

蓝海战略，就是企业不把主要精力放在打败竞争对手上，而放在为买方与企业自身创造价值飞跃上，并由此开创新的"无人竞争"的市场空间，彻底摆脱竞争，拥有属于自己的一片蓝海。也就是说，蓝海战略考虑的是如何创造需求，突破竞争，是以创新为中心的战略，强调的是寻找或开创无人竞争的、全新的市场空间与商机，即通过开发新的思维来创造新的改变。

下面简要介绍一下寻找蓝海的 6 种方式。

1. 跨越他择产业

企业是在生产替代品(Substitues)还是他择品(Alternatives)？为达到某一目的/目标，有许多种方法可选，是走前人的路线还是自创一个？如同登山时，是沿他人走过的路还是另辟蹊径？当然，无论走哪条路，最终只要到达山顶就行，但这其中的乐趣异同，如未亲身体会又如何诉说呢？

2. 跨越战略集团

以往的经验着重于在高档与低档之间的决择，有没有一种战略可以充分利用高档的优势但又剔除其中高价却并不实用的，从而在这两者之间创造出新的蓝海。

很重要的一点，是市场调查在其中的作用。

3. 跨越买方链

许多行业的销售人员十分关注那些对本行业起决定性作用的人。就像漂亮的女推销员面对夫妻两人时并不向女士诉说很多，而是把目光投向男士，最终利用女士的某种嫉妒情绪促使其买下产品。挑战产业有关目标买方群体的常识成规，就可能引领我们发现新的蓝海。通过对谁应该成为目标买方的常规定义提出质疑，企业常常可以发现开启价值的根本性途径。

4. 跨越互补性产品和服务项目

互补性从表面来看有点儿像“搭便车”，如同网吧里卖饮料一样。这就像在网上搜索“鱼香肉丝”的做法，某一网站介绍十分详细，人们可据此做出可口的饭菜。如果该网站再兼卖菜谱书的话，自然会比较受欢迎了。

5. 跨越针对卖方的功能与情感导向

只有当企业愿意挑战产业现有的功能与情感导向时，他们往往能发现新的市场空间。事实上，今天的产品在功能上不相上下，卖得好的，或许就是充分利用人的情感因素。例如，把建房用的水泥定位于一种表达爱意的礼物，把红豆当成爱情的化身等。

6. 跨越时间

通过跨越时间看市场——将今天市场所提供的价值转移到明天的市场可能提供的价值。善于从现有猜测未来，利用时间之差来开拓市场，最终肯定可以开发一片新的处女地，赢得独属于自己的蓝海。当然这些未来的潮流倾向必须有决定性意义，它们是不可逆转的且有着清晰的轨迹。锁定了这种性质的潮流，就可以跨越时间看市场，问问自己，如果潮流按逻辑发展下去，市场将会变成什么样子？从适应未来市场的蓝海战略反向思考，就可以找到今天必须改变的地方，开启蓝海。

二、长尾理论

“二八原则”是19世纪末20世纪初意大利经济学家帕累托发现的。他发现：在任何一组事物中，最重要的只占其中一小部分，约20%，其余80%尽管是多数，却是次要的，这就是二八原则。流传最广的说法是：80%的收入来源于20%的客户。

1. 长尾的含义

长尾理论示意如图7-3所示。

长尾理论的核心，是在商品供给极大丰富化，同时交易成本得到良好控制的前提下，对用户个性化消费需求的提炼和重视。这代表着一种“去中心化”的理念，代表着“二八原则”在互联网时代的盲区（20%的商品创造80%的价值）。

长尾理论认为，由于用户需求存在明确的可培育性，当同一类别下的商品供给愈加丰富，也就愈发能刺激用户从中发掘出偏离于主流商品市场的个性化需求。

单个用户的非主流需求在过去被认为是无关轻重的，然而海量的、零散而无序的个性化需求就形成了一条长而细的尾巴，连接着一个坚硬的头部——即传统意义上的主流商品。这个依然主流的头部为用户提供了一个亲切而醒目的商场入口，继而在交易成本低廉的前提下，将主要的消费行为零零碎碎地释放在细长的尾部，以实现每一位用户个性化的满足，带来某种专属性的消费愉悦。

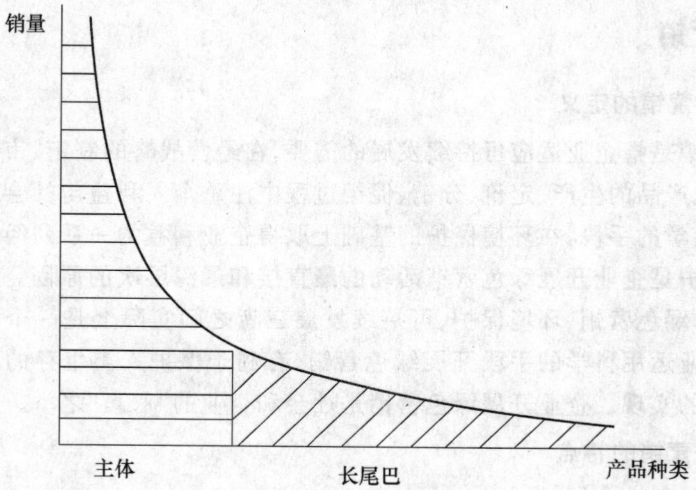

图 7-3　长尾理论示意图

2. 长尾的三种力量

3 种力量中的每一种都代表着新兴长尾市场中的一系列新的机会。

(1) 生产工具的普及

这方面，最好的例子就是个人计算机。计算机可以将印刷、电影制作、音乐创作和其他任何事情置于任何人的掌控之中，它的威力意味着"生产者"的队伍已经壮大了上千倍。现在，业余爱好者们能做到短短几年前还只有专业者会做的事，有数百万人有能力制作电影短片、音乐专辑或是将他们的想法发布到全世界——而且有相当多的人确实这么做了。正因如此，人们的选择空间正在以前所未有的速度膨胀。这会让长尾向右延伸，成倍扩大可选产品的阵营。

(2) 通过普及传播工具降低消费的成本

尽管每一个人都能参与创作，但如果创作出的内容无人欣赏，一切便毫无意义了。个人计算机把每一个人都变成了生产者或出版者，但把每一个人都变成传播者的是互联网。

互联网只是降低了接触更多人的成本，有效地提高了长尾市场的流动性。这种流动性继而带来了更多的消费，有效地抬高了销售曲线，扩大了曲线之下的面积。

(3) 联结供给与需求

将新产品介绍给消费者，推动需求沿曲线向右移动。这种作用的形式多种多样，可能是 Google 的"群体智慧"搜索引擎，可能是 iTunes 的好歌推荐，也可能是口头传播效应或消费者的博客。只要能更容易地找到价格和产品本身都让你满意的产品，你的搜索成本就降低了。

这些将消费者联结在一起的新技术推动需求从曲线的前端走向了长尾。换句话说，第三种力量进一步扩大了市场的需求，让曲线变得更加扁平，将它的重心从中部推向了右部。

三、绿色营销

1. 绿色营销的定义

绿色营销是指企业适应可持续发展的需要，在经营战略的制定、市场细分与目标市场选择、产品的生产、定价、分销、促销过程中注重个人利益与社会整体利益的统一，运用科学的手段，在环境保护的基础上取得企业利益的一系列经营活动。

环境保护是企业开展绿色营销活动的最直接和最深层次的原因。从市场营销的角度来看，绿色营销、环境保护、可持续发展三者之间实际上是一个协调统一的有机体。企业运用科学的手段开展绿色营销，有利于保护人类生存的环境和可持续发展战略的实现。企业开展绿色营销是社会和企业的“双赢”之举。

2. 绿色营销的特点

(1) 综合性

绿色营销观念是多种营销观念的综合，它要求企业在满足客户需要和保护生态环境的前提下取得利润，把三方利益协调起来，实现可持续发展。

(2) 统一性

绿色营销强调社会效益与企业经济效益统一在一起。企业在制定产品策略的实施战略决策时，既要考虑到产品的经济效益，同时又必须考虑社会公众的长远利益与身心健康。

(3) 无差别性

绿色标准及标志呈现世界无差别性。绿色产品的标准尽管世界各国不尽相同，但都是要求产品质量、产品生产及使用消费和处置等方面符合环境保护、对生态环境和人体健康无损害。

(4) 双向性

绿色营销不仅要求企业树立绿色观念、生产绿色产品、开发绿色产业，同时也要求广大消费者购买绿色产品，对有害产品进行自觉抵制，树立绿色观念。

第八章

营销方法

本章要点：

- 直复营销
- 顾问式营销
- 交叉营销
- 一对一营销
- 关系营销
- 体验营销

“工欲善其事，必先利其器”。营销方法有很多种，作为一种工具，与营销理论、与实际工作相结合时才能真正发挥效用。本章重点介绍了直复营销、顾问式营销、交叉营销、一对一营销、关系营销、体验营销等电信行业中比较常用的营销手段。

第一节　直复营销

一、概念

直复营销是以非个人的方式(如通过电话、目录)向消费者推销产品，买者和卖者之间没有推销员介入的一种营销方式。直复营销的基本精神是“双向交流信息”。“复”字恰好准确地表达了这种精神。

二、目的

直复营销的目的是为了企业在新的市场环境下更好地销售自己的产品，提升自己的市场份额。它所依赖的手段和技术主要是良好的客户消费资料（包括消费属性和购买记录）。这些资料可通过精良的数据库开发和管理技术、与客户沟通的途径等来实现。

三、特点

直复营销具有互联性、目标化、控制和连续性的特点。

1. 互联性

这是指电信企业的营销人员和电信消费者之间的互动关系，它包括两层含义：一是电信的营销人员怎样在目标市场上提供旨在引起消费者反应的刺激物，即对不同细分市场的客户群体推荐不同的企业产品。二是电信消费者怎样对此做出反应。与消费者的相互联系中，营销员可以获得能有效地进行目标化和控制的信息和怎样与消费者保持联系的信息。

2. 目标化

这是指电信营销人员选择产品或服务信息的接收人的过程，信息的接收人可以是已购买过产品或享受过服务的消费者，或极有可能成为主顾的潜在消费人群，或广大的潜在消费者。目标化的过程实际上是客户群体细分定位的过程，目前各大运营商都比较重视针对目标客户群体采取不同营销策略的市场区隔的做法，但对市场细分仍不够精细的情况依然存在，当然这也需要有一个循序渐进的过程。

3. 控制

这指的是对营销活动的管理，包括制订目标和计划，做出预算和评估结果。它是一个循环的过程，营销人员一般根据过去控制过程的结果来制订未来的计划。

4. 连续性

这是指存量市场的再营销，向他们销售其他产品和更高级的产品。在电信企业中，大家都非常清楚 ARPU 值的重要性，如何提升 ARPU 值是所有运营商都在思考的问题，因此连续性显得很重要。与客户的相互联系中获得的重要数据，能使营销人员更好地与客户进行沟通，及时获得他们的兴趣和偏好，了解他们对过去营销活动的看法。已有研究表明，向已购买过产品的消费者再次销售的成本只占吸引新客户的一小部分。

四、主要形式

1. 直接邮寄营销

把信函、样品或者广告直接寄给目标客户的营销活动。目标客户的名单可以租用、购买或者与无竞争关系的其他企业相互交换。

2. 目录营销

给目标客户邮寄目录，或者备有目录随时供客户索取。经营完整生产线的综合邮购商店较常使用这种方式。

3. 电话营销

通过电话向目标客户进行营销活动。电话的普及，尤其是 800 免费电话的开通使消费者更愿意接受这一形式。现在许多消费者通过电话询问有关产品或服务的信息，并进行购买活动。

4. 直接反应电视营销

通过在电视上介绍产品，或赞助某个推销商品的专题节目，开展营销活动。在我国，电视是最普及的媒体，电视频道也较多，许多企业已开始在电视上进行营销活动。

5. 直接反应印刷媒介

直接反应印刷媒介通常是指在杂志、报纸和其他印刷媒介上做直接反应广告，鼓励目标成员通过电话或回函订购，从而达到提高销售的目的，并为客户提供资讯等服务。

6. 直接反应广播

广播既可作为直接反应的主导媒体，也可以为其他媒体配合，使客户对广播进行反馈。随着广播行业的发展，广播电台的数量越来越多，专业性越来越强，有些电台甚至针对某个特别的或高度的细分小群体，为直复营销者寻求精确目标指向提供了机会。

7. 网络营销

通过互联网、传真等电子通信手段开展营销活动。目前，像书籍、计算机软硬件、旅游服务等已普遍在网上开始了其营销业务。除此之外，营销人员还利用报纸、杂志、广播电台等媒体进行营销活动。

案例

江西联通利用呼叫中心的平台采取了“体验式营销＋直复营销”的发展模式，建立客户数据库，提高营销的目标性，建立了在第一时间主动使用某项业务的客户数据库，分析客户消费行为，以便向客户推荐可能感兴趣的其他业务。由于增值业务产品涉入度较高，客户如不经尝试很难体会到是否是自己需要的产品，如在炫铃业务的推广上采取试用一个月后电话回访的方式，使开通率大幅提高。

为了更好地发挥呼叫中心功能，江西联通积极规范全省的电话营销工作,鼓励客服代表,多说一句话,多问一句话,加大电话营销的培训力度,打造电话营销渠道。专门组织人员就电话营销、市场调查、服务文化、人工辅助新业务、语音引擎5个方面进行了专题培训和交流。

第二节　顾问式营销

一、概念

顾问式营销是指具备相当专业知识的营销人员,不以赚钱为目的,站在客户的立场上,预见客户的未来需求,提出合理的建议实现营销,并在此过程中与客户建立友好的关系,形成营销人员的营销网络。

顾问式营销不同于传统的营销模式,它的直接任务不是完成产品营销任务,不是销售产品本身,而是从客户利益出发,考虑双方的共同利益,帮助客户发现机会,进行产品和服务的选择。这是一种完全的需求导向型的营销模式,它的出发点是客户的利益,所做的一切工作也是为了帮助客户发现和实现利益。

二、工作方式

(1) 发现客户的问题点;

(2) 使客户确认问题点;

(3) 解决客户的问题点。

顾问式营销是将客户的问题点和产品的特点结合,为客户找到最佳解决方案。在解决客户问题的同时,实现了销售。

三、营销环节

1. 满意阶段

对刚刚购买的产品或者服务感到非常满意的客户而言,希望客户购买新的产品是非常困难的,但是,随着时间的推移,客户会对购买的产品越来越不满。

2. 认知阶段

在这一阶段,客户对所使用的产品或者服务会有一些不满意,但是还在可以忍受的范围内,因而并不急于变化。因为这些不满意还只是小问题,并不是核心问题。但这一阶段是营销人员主动出击的时刻,把客户的不满意消灭在萌芽状态,有利于提高客户对产品或服务的忠诚度。

3. 决策阶段

随着客户对现有情况忍耐性削弱,或者客户所使用的产品或者服务越来越不能满足需要,小问题逐渐变成大问题、核心问题,客户会作出新的选择。

4. 制定标准

客户所存在的问题决定了客户的需求，问题越严重，客户的需求也就越强烈，而强烈的需求就会降低价格在选择产品过程中的地位。营销人员在营销过程中，如果能够帮助客户建立评价标准，显然可以获得更高的成功可能性。

5. 评价阶段

评价阶段也是客户从只有核心需求逐步明确到细致需求的过程。这一阶段营销人员对客户的影响力较大，具有高超营销技巧和丰富经验的营销人员有时候甚至可以影响客户对产品的评价，因为在大多数时候，客户并不是该产品领域的专家，而营销人员却在这个方面具有较大的发言权。

6. 调查阶段

较主动寻找经营同一个产品的不同经销商的客户处于调查阶段。经过前一阶段的需求评价，客户开始考察不同品牌同一类产品的差异性，同一品牌的同一产品在不同经销商处的差异。

7. 选择阶段

客户经过长时间的徘徊和反复，最终为交易做好了准备。在这个时候客户会表现得有些急躁和冲动，他们有时会表现出急于购买的意愿。

8. 再评价阶段

客户如愿以偿地购买了新的产品之后，会在使用的过程中重新评价所作出的选择。当然，可能存在着一定的落差现象，即客户购买的产品并未使客户感受到非常满意，这个阶段销售人员的工作还是非常重要的，营销人员的工作往往能够降低客户对选择不够满意的程度，认可经销商在整个销售过程中所扮演的角色。

案例

“顾问式服务”明显提高了新业务的办理成功率，向目标客户推荐的业务都经过结合用户消费习惯的精确分析，客户对顾问式服务过程中10086热线人员推荐的业务表示出“接受”或“感兴趣”的客户超过70%。该系统是服务和营销相结合领域的一个创新，不仅充分发挥了10086热线与客户接触频率高、接触面积大的优势，保证及时解决客户问题，更提供了超出客户预想的顾问式超值服务。同时，也将促进客服代表从普通服务人员向服务顾问专家的转型，保证“顾问式服务”常态化和持续性开展。

第三节 交叉营销

一、概念

交叉营销是指借助各种分析技术和经验判断，发现现有客户的多种相关需求，通过适当的渠道满足其需求而销售多种相关产品和服务的一种营销理念。

交叉营销是一种发现客户多种需求，并满足其多种需求，从横向角度开发产品市场的营销方式。交叉营销的核心是向客户销售多种相关的服务或产品。

以前传统营销中的家族品牌策略，大多属于这个范畴，但效果还不是很直接，而且主要是靠拉动消费者实现。如果从营销上更精确的界定，交叉营销就是对老客户销售其尚未使用过的相关的产品与业务。

二、优点

交叉营销给企业带来的利益主要有以下几个方面。

1. 成功率高

对企业来说，可借助已有的数据库，对客户的需求和个人特点进行充分的了解，针对客户的需求和问题制定相应的客户服务计划，从而增加了服务推销的成功率。

2. 销售成本低

交叉营销是对现有客户的推销，企业不用像对待新客户那样首先进行市场调查，然后统计分析，最后才确定目标客户，从而节约了收集信息的成本；另外，同现有客户已经有一定的关系基础，交叉营销也可以为企业节约关系投资的成本。

3. 增强客户忠诚度

有针对性的交叉销售可以大大增加用户的忠诚度，而忠诚客户会重复购买本公司的产品和服务。数据显示，购买两种产品的客户的流失率是55%，而购买4个或更多产品(服务)的客户的流失率几乎是零。交叉销售可以提高企业满足客户多种个性化需求的能力，增加客户向竞争对手转换的成本，因而可以提高客户的忠诚度，增加企业的利润率和客户的终身价值。

4. 增加利润

实践证明，将一种产品和服务推销给一个现有客户的成本远低于吸收一个新客户的成本。而对现有客户进行交叉销售，自然成为许多公司增加投资回报的捷径。

三、主要形式

电信运营企业可采用的交叉销售的方式有以下几种。

1. 按产品和业务交叉

按产品和业务交叉即按照不同客户的需求特点将固定电话、小灵通、手机、计算机等通信终端组合起来，或者将本地、传统长途、IP长途、宽带上网、来电显示、短信等基础业务或增值业务组合起来。例如，固定电话的通信业务与小灵通的通信业务组合、手机的话音业务与短信业务组合等。

电信运营企业所提供的每一种电信业务，都是为了满足某个细分市场的特殊需要而开发的，但从客户的角度，他们对通信的需求并不是单一的，而是一组相互联系的需求集合。捆绑销售是指电信运营企业根据用户的喜好将基础业务与增值业务进行"捆绑"营销，在方便用户选择的基础上，推出面向业务捆绑的细分价格，让使用"捆绑业务"的用户享受到比分别选择单项业务更多的价格优惠。

2. 按客户交叉

按客户交叉即将具有密切亲情关系和工作关系的客户组合起来，对这些客户之间的话务量给予话费优惠、话务量赠送、新电信产品优惠售卖或赠送、实物奖励、数量折扣等。例如，国内一些运营商使用的亲情卡、家庭计划等营销手段就属于此类交叉。

按客户交叉还有一种形式在实践中也较为常见，即在同类客户群体中使用业务的客户群体和未使用业务的客户群体进行交叉。

3. 按渠道和行业交叉

(1) 渠道交叉

渠道交叉中，产品的搭售和在同一渠道上不同企业联合进行促销，是两种很常见的方式。电信运营企业可以利用低利润产品建立销售渠道，再通过该渠道销售高利润产品实现电信运营企业的赢利。

(2) 行业交叉

电信运营企业与其他行业建立合作促销关系，可以实现跨行业交叉销售。由于合作各方的市场定位一致，合作各方就锁定了相同的目标客户群。基于此，电信运营企业通过与相关公司的合作，借助交叉销售使客户获得更好的打包服务。例如，电信运营企业可与航空公司、酒店宾馆之间组织联合促销活动，向客户提供打包服务。这种联合促销方案，可以充分利用现有资源，既能使各自的潜在客户数量明显增加，又不需要额外的营销费用。

4. 按价格交叉

(1) 主导与连带产品价格交叉

按价格交叉是一种最为常见的交叉销售方式，主要是对主导产品与连带产品之间实行不同价格互补策略，对相关产品进行交叉定价。需附带的产品也可称之为连带产品，是指必须与主导产品一起使用才能实现其功能的产品。对电信用户而言，电信终端设备(如电话、手机)就是一种必需产品，只有拥有或者能够获得这些设备的使用权，才可以使用一些电信服务(如打电话、发短信)。如果电信终端设备提供商，将电信终端设备的价格调低，无疑可以促进用户对电信服务的消费。固定电话的发展史证实了这一点，免费为用户安装电话机，有效地刺激了用户对固定电话服务的消费。

(2) 群体组合产品定价交叉

群体组合产品是指那些虽然在功能上并不连带，也无法搭配，但在使用时间或空间上比较接近，可以人为地把它们组合在一起销售的产品。现在，有些运营商开始了对电信业务捆绑销售的探讨。对运营商而言，可对那些促进后续业务使用的基础性产品制定较低的价格，以刺激客户需求，并通过后续业务的使用实现企业的利润。也即调整基础性业务和增值业务之间的价格比例，刺激消费者的需求，通过较低价格的基础性业务提高增值业务的使用量，并通过增值业务获取更多的利润。

5. 按时间交叉

按时间交叉即按照不同客户的需求特点分别将白天与夜晚、工作日与周末及节日、网络流量的高峰与低谷等因素组合起来，实行不同的价格标准或给予话务量赠送、新电信产品优惠售卖或赠送、实物奖励、数量折扣等。

案例

深圳电信客服中心在呼入交叉营销活动充分发挥客户代表“电话导购”作用，寓营销于服务中，以服务带动营销，以营销促进服务。客户代表在处理客户咨询、受理业务需求时，对客户系统资料、客户需求进行准确分析，抓住时机、有针对性地向用户推介各种主推业务。呼入交叉营销活动不仅扩展了服务内涵，更有效地调动了员工主动营销的积极性，将每一用户来电和来访都看做一次商机。

第四节　一对一营销

一、概念

一对一营销是指企业通过与每一位客户一对一的沟通，明确地把握每一位客户的需求，并为其提供方式不同的满足，以更好地实现企业利益的活动过程。其核心是以“客户份额”为中心，通过与每个客户的互动对话，与客户逐一建立持久、长远的“双赢”关系，为客户提供定制化的产品。

企业除了关注市场占有率，还应当思考增加每一位客户的购买额，也就是在一对一的基础上提升对每一位客户的占有。

二、实施步骤

1. 对企业客户的识别

在实施"一对一营销"之前,企业必须对客户资料深入、细致地调查、了解,目的是直接挖掘出一定数量的企业客户,且至少大部分是具有较高价值的企业客户,建立自己的"客户库",并与"客户库"中的每一位客户建立良好关系,以最大限度地提高每位客户的生涯价值。

(1) 掌握尽可能多的信息

除了客户的名字、住址、电话号码或银行账号,还必须掌握包括客户习惯、偏好在内的所有其他尽可能多的信息资料。企业可以将自己与客户发生的每一次联系都记录下来,例如,客户购买的数量、价格、采购的条件、特定的需要、业余爱好、家庭成员的名字和生日,等等。

(2) 尽可能地认识与了解特定客户

企业必须从每一个接触层面、每一条能利用的沟通渠道、每一个活动场所及公司每一个部门和非竞争性企业收集来的资料中去认识和了解每一位特定的客户。

2. 企业客户差别化

在充分掌握了企业客户的信息资料并考虑了客户价值的前提下,合理区分企业与客户之间的差别是"一对一营销"重要的工作内容。客户差别化对开展"一对一营销"的企业来说,一是可以使企业的"一对一营销"工作更有针对型,能集中有限的企业资源从最有价值的客户那里获得最大的收益。二是企业也可以根据现有的客户信息,重新设计生产行为,从而对客户的价值需求作出及时反应。三是企业对现有"客户库"进行一定程度和一定类型的差别化将有助于企业在特定的经营环境下制定合适的经营策略。在这一过程中,企业应完成下列任务:

选取几家准备明年与之有业务往来的客户,将他们的详细资料添入企业的"客户库"。

针对不同的客户以不同的访问频率和不同的通信方式来征询目标客户的意见。

根据评估客户终身购买本企业的产品和服务可使本企业获得的经济收益的价值将企业客户划分为 A、B、C 3 个等级,以便确定下一步双向沟通的具体对象。

企业的营销人员、技术人员、中层经理乃至高层领导都必须注重客户关系的维护。

3. "企业-客户"双向沟通

面对"一对一营销",人们熟悉的一些大众媒介已经不再能满足需要,这就要求企业寻找、开发、利用新的沟通手段。计算机产业以及信息技术的高速发展,为企业与客户提供了越来越多的"一对一营销"沟通选择。而沟通效率的提高取决于对相关信息作出反应的及时性和连续性。这里的相关信息指的是对客户需求变化的洞察和对客户价值的准确评估。作为"一对一营销"必需的"双向沟通"要求企业与客户之间的沟通保持互动的连续性而不受时空的限制，即企业与客户的联系上次在哪里结束，这次就应该从哪里开始。

4. 企业行为"定制"

具体操作如下：

(1) 将生产过程重新解剖，划分出相对独立的子过程，再进行重新组合，设计各种微型组件或微型程序，以较低的成本组装各种各样的产品以满足客户的需求。

(2) 根据客户的具体需求，确定如何利用自己的生产能力，满足客户的需求，即"一对一营销"最终实现的目标是为单个客户定制一件实体产品，或围绕这件产品提供某些方面的定制服务。比如开具发票的方式、产品的包装式样等不一而足。要实现这一步，企业可以从这几个方面展开：从节约客户的时间成本和公司的货币成本出发，可以考虑先将定制的产品图纸化；根据"客户库"的详细信息可以采取针对性的意见征询和广告策略；把重点放在抱怨声最大的客户上，运用技术收集他们对企业产品不满的信息，发现他们希望企业应该怎样改进产品。

案例

实施"一对一营销"的营销理念最有代表性的是戴尔公司，它的成功在于它致力推进了"直接关系、直接服务和直接销售"的"一对一营销"。它建立了一个复杂而庞大的全球信息、通信网络，完全按照客户的需要配置设备、安装各种软件、提供相应的服务。这样不仅使戴尔公司生产的计算机比竞争对手便宜15%，而且缩短了客户的待货时间。电信企业也应借鉴这一成功经验，通过"一对一"的有效沟通，了解和满足客户对电信的具体需求，推进定制营销和定制服务，巩固和优化企业与客户的供需、销购关系。

第五节　关系营销

一、概念

1. 目标

关系营销提倡不仅要将注意力集中于发展和维持与客户的关系，而且还要扩大营销的视野。它所涉及的关系包含企业与其所有利益相关者间所发生的所有关系。

2. 市场模型

关系营销的市场模型概括了关系营销的市场活动范围，它包含了6个子市场，一家企业必须处理好与供应商市场、内部市场、竞争者市场、分销商市场、客户市场、影响者市场这6个子市场的关系，这样才能建立有效的关系营销的市场模型。

二、梯度推进的层次

一般认为创造客户价值的关系营销层次有3层，即一级关系营销、二级关系营销和三级关系营销。

1. 一级关系营销

一级关系营销是最低层次的关系营销，它是利用价格刺激增加目标市场客户的财务利益来维持客户关系，在客户市场中常称做频繁市场营销或频率市场营销。

随着企业营销观念从交易导向转变为以发展客户关系为中心。一些促使客户重复购买并保持客户忠诚的战略计划应运而生，频繁市场营销计划就是典型的例子。频繁市场营销计划是指对那些频繁购买以及按稳定数量进行购买的客户给予财务奖励的营销计划。

2. 二级关系营销

二级关系营销是把人与人之间的营销和企业与人之间的营销结合起来。它的目的是既增加目标客户的财务利益，同时也增加他们的社会利益。

在这种情况下，营销在建立关系方面优于价格刺激。公司人员可以通过了解单个客户的需要和愿望，并使服务个性化和人格化，来增加公司与客户的社会联系。

3. 三级关系营销

这级的关系在于增加结构纽带，与此同时，附加财务利益和社会利益。良好的结构性关系将提高客户转向竞争者的机会成本，同时也将增加客户脱离竞争者而转向本企业的利益。结构性联系提供服务有以下特点：

(1) 它对关系客户有价值，但不能通过其他来源得到。这些服务通常以技术为基础，并被设计成一个传送系统，而不是仅仅依靠个人建立关系的行为，从而为客户提高效率和产出。

(2) 在产业市场上，由于产业服务通常是技术性组合，成本高、困难大，很难由客户自己解决，这些特点有利于建立关系双方的结构性合作。

(3) 当面临激烈的价格竞争时，结构性联系能为扩大现在的社会联系提供一个非价格动力，因为无论是财务性联系还是社会性联系，都只能支撑价格变动的小额涨幅。

(4) 当面对较大的价格差别时，交易双方难以维持低层次的销售关系，只有通过提供买方需求的技术服务和援助等深层次联系才能吸引客户。

三、实施步骤

1. 建立高效的客户管理机构

为了在组织上保证关系营销取得成效，需要建立高效的管理机构。该机构下设若干关系人，负责一个或若干个主要客户。集中客户的信息，协调好企业与客户的沟通。这个机构的职责是制订客户关系营销计划及沟通策略，落实企业向客户提供的各项利益，维护业务关系。

2. 实施频繁的营销规划

频繁营销规划是指规划和设计对经常购买或大量购买的客户提供奖励。奖励的形式可以有很多种。这样可以通过长期的、增加价值的关系，保持来自最佳客户的产出。

3. 进行俱乐部营销规划

俱乐部营销规划是指建立客户俱乐部，吸收购买一定数量产品或支付会费的客户成为会员，这样可以为企业建立强大的客户网。

4. 实行客户化营销

客户化营销是指企业根据每个客户的不同需求制造产品并开展相应的营销活动。这种营销活动可以通过提供特色服务满足客户需求，提高客户的忠诚度。采用这种客户化营销的企业需要十分重视科学研究、技术进步以及新产品的开发，需要完善客户档案，提高服务质量。

5. 数据库营销

数据库营销是指企业建立、维持和使用与客户有关的各种数据资料进行交流和交易。这种营销活动有很强的针对性，是借助现代的先进技术进行的一对一营销。数据库营销的关键是数据库的维护。数据库资料需要不断地更新和完善，以保证资料的有效性。

6. 退出管理

客户不再购买企业的产品和服务，终止与企业的业务关系称为退出。退出管理是指分析退出原因，以此来改进产品和服务，目的是为了减少客户退出。退出管理的重要步骤如下：

① 测定客户流失率；

② 分析客户流失的原因；

③ 测算流失对企业利益的损失；

④ 确定为了减低流失率所需的费用。

关系营销关注的是如何留住客户，而不是一次性交易。具体表现在：关系营销的核心就在于发展与客户的长期、稳定关系；高度重视客户服务，并借客户服务提高客户满意度，培育客户忠诚；关系营销有充分的客户承诺；交易营销认为产品质量应是生产部门所关心的，关系营销则认为所有部门都应关心质量问题而不仅仅是生产部门应关心的。

第六节 体验营销

一、概念

体验，简单地说是消费者对一定的刺激物所产生的心理感受。而体验营销，是指企业以向客户提供有价值、有意义的体验为主旨，以服务和商品为媒介，通过使消费者在心理和情感上得到满足而达到吸引、保留客户进而获取利润的目的。

体验营销的出现，说明了企业不仅要重视产品本身的使用价值，更要重视产品所延伸的内涵。只有这样才能更好地增加消费价值，满足消费者期望从某一特定产品或服务中获得包括经济、功能、心理等效益在内的一系列利益，从而促进产品的销售。

二、体验形式

一般而言，每个人的感性行为模式都是由以下 4 个环节构成的：

第一个环节是 SEE，就是看，也就是信息受众通过广告和公开场合的传播获得感受，主要的传播方式有两种：一种是直接传播，主要是通过实物传播，另一种是间接传播，即通过广告来传播。

第二个环节是 HEAR，就是听，也就是由别人之口介绍的信息，听到的比看到的往往更让人容易产生信任。

第三个环节是 USE，就是使用，包括他人使用和自己试用。

第四个环节是 PARTICI PATE，就是参与，包括情景设置和实物展示。

由于体验既复杂又多样化，所以《体验式营销》的作者伯恩德·H·施密特将不同的体验形式称之为战略体验模块，即把不同的体验根据其固有而又独特的结构和过程分成不同的形式。这些体验形式只有经过特定的体验媒介创造出来，才能达到有效的营销目的。体验营销的体验形式可分为以下 5 种。

1. 感官体验

感官体验即创造知觉体验的感觉，把体验营销应用在视觉、听觉、触觉、味觉与嗅觉上。感官体验可区分为公司与产品（识别）、引发消费者购买动机和增加产品的附加价值等。

2. 情感体验

情感体验即体现消费者内在的感情与情绪，使消费者在消费中，感受到各种情感，如亲情、友情和爱情等。它的范围可以是一个温和、柔情的正面心情；也可是欢乐、自豪甚至是强烈的激动情绪。情感体验了解什么刺激真正可以引起某种情绪，并使消费者自然地受到感染，并融入这种情景中来体验一种心情。

3. 思考体验

思考体验即以创意的方式引起消费者的惊奇、兴趣，对问题集中或分散的思考，为消费者创造认知和解决问题的体验。思考活动的方案是被普遍使用于高科技产品的营销中。思考体验还应用在其他产业中，如产品的设计、促销和与消费者的沟通等。

4. 行动体验

著名篮球运动员迈克尔·乔丹，升华身体运动的体验，使耐克运动鞋成为经典的行动体验活动。行动体验通过增加消费者的身体体验，指出他们做事的替代方法、替代的生活型态与互动，丰富消费者的生活，从而使消费者被激发或自发的改变生活形态。

5. 关联体验

关联体验即以自我改进个人渴望，使别人对自己产生好感的愿望。它使消费者和一个较广泛的社会系统产生关联，从而建立他对某种品牌的偏好。同时，还让使用该品牌的人们形成一个群体。可见，关联体验包含感官、情感、思考与行动营销等层面，它超越私人感情、人格、个性，加上“个人体验”，而且与个人对理想自我、他人或是文化产生关联。

三、实施模式

体验营销的目的在于促进产品销售，它是在研究了如何根据消费者的状况后，利用各民族传统文化、现代科技、艺术和大自然等手段来增大产品体验内涵，从而更好地满足人们的情感体验、审美体验、教育体验等多种体验，在给消费者心灵带来强烈的震撼时促成销售。体验营销主要有以下8种实施模式。

1. 以满足需求为基础的感情模式

感情模式通过寻找消费活动中导致消费者情感变化的因素。掌握消费态度形成规律以及如何在营销活动中采取有效的心理方法，激发消费者积极的情感，以及促进营销活动顺利进行。体验营销体现了情感是人的需要是否得到满足时所产生的一种对客观事物的态度和内心体验这一基本点。消费者选购使用产品是一种满足需要的活动，它通过产品的实体购买和使用来实现。在这个过程中，对于符合心意，满足实际需要的产品和服务消费者会产生积极的情绪和情感，它能增强消费者的购买欲望，促进购买行为发生。

2. 善于把握商机的节日模式

传统的观念对人们的消费行为起着无形的影响，每个民族都有自己的传统节日，而这些节日在丰富人们的精神生活，调节生活节奏的同时，还深刻地影响着消费行为的变化。随着我国的节假日不断增多，出现了新的消费现象——“假日消费”。企业如能把握好此时机便可大大增加产品的销售量。

3. 引领消费观的文化模式

利用一种传统文化或一种现代文化，使企业的产品及服务和消费者的消费心理形成一种社会文化气氛，从而有效地影响消费者的消费观念，进而导致消费者自觉地接近与文化相关的产品或服务，促进消费行为的发生，甚至形成一种消费习惯和传统。

4. 享受美感的美化模式

追求美的动机是人类动机的一种重要形式。由于每个消费者的生活环境与背景不同，对于美的要求也不同，这种不同的要求也反映在消费行为中。

人们在消费行为中求美的动机主要有两种表现：

① 产品能为消费者创造出美和美感来；

② 产品本身存在客观的美的价值。这类产品能给消费者带来美的享受和愉悦，购买到这类艺术品时，消费者体验到了美感，满足了对美的需要。如产品外包装漂亮精美，产品造型与质感具有美感等。

5. 富有创意的个性模式

为了满足消费者个性化需求，企业开辟出一条富有创意的双向沟通的销售渠道。在掌握消费者忠诚度之余，满足了消费大众参与的成就感，也同时增进了产品的销售。

6. 取得信任的服务模式

日本的矢野俊木曾指出，现代社会正由“出售实物”的时代转向出售实物、服务以及文化的时代。对现在的企业来说，优越的服务模式可以征服广大消费者的心，取得他们的信任，同样也可以使产品的销售量大增。

7. 令消费者舒服的环境模式

消费者在感觉良好的听、看、嗅的过程中，容易产生喜欢的特殊感觉。因此，良好的店堂环境，不但迎合了现代人文化消费的需求，提高了产品与服务的外在质量和主观质量，还使得产品与服务的形象更加完美。

8. 多种选择的多元化经营模式

案例

为增强客户对移动生活的美好感受，江苏移动建立了多处移动未来生活展示厅，以紧贴生活的情节为主线，以场景为分区，整合各项已有和未来的新业务，让客户在参观过程中亲身体验掌上电视、移动导航、移动办公、移动票务、身份认证、多媒体彩铃、视频彩信、家庭监控等业务在未来生活中的应用。这些贴近生活的移动新业务应用给数以万计的个人、集团客户留下了美好的憧憬和遐想。

为了帮助客户有效体验新业务，江苏移动还推出了新业务体验卡。每张体验卡中预充值了一定额度的新业务使用费，未使用过相关新业务的客户可以用体验卡免费对该业务进行体验，通过体验了解业务的使用和操作过程，真正做到了“无形业务有形展示”。

第九章 营销策划

本章要点：

- 营销策划的原理
- 策划的基本方法
- 市场预测报告
- 营销计划书
- 市场调查计划书
- 其他营销文案

第一节 概　　述

一、策划的定义

1. 概念

所谓策划，是指人们为了达到某种预期的目标，借助科学思维方法和系统分析方法，对策划对象的环境因素进行分析，对资源进行重新组合和优化配置以及围绕这些活动所进行的调查、分析、创意设计并制定行动方案的行为。

凡是有决策、计划的领域就有策划，只要有管理就存在策划活动。策划的科学和决策的成功是密不可分的。

2. 市场营销策划的特征

(1) 目标特征

策划的目标性是指策划所指向的对象和要解决的问题。策划首先要有正确的明确具体的策划目标,它是制订策划方案的依据。目标选定的准确与否也直接影响着策划的进行。

(2) 系统特征

市场营销策划是系统分析的学科,市场营销策划也是一项系统工程设计,其主要任务是帮助企业利用开放经济中丰富的各种资源,包括企业内部和外部资源、显性资源和隐性资源等,用系统的方法将其进行新的整合,使其在市场营销过程中产生整合效应。

市场营销策划是用科学、周密、有序的系统分析方法,对企业的市场营销活动进行分析、创意、设计和整合,系统地形成目标、手段、策略和行动高度统一的逻辑思维过程和行动方案。

(3) 程序特征

策划是对将来的活动和事件事先谋划的工作,具有超前性。怎样在事物发生发展变化之前把握事物的变化过程呢?策划是通过一定的程序进行来保证策划的正确性。从非程序性转向程序性是策划的历史必然趋势。

(4) 理论特征

市场营销策划是对企业未来的市场营销行为的筹划,对于未来市场行为趋势的把握,未来的状况必然受到许多现实因素的影响、制约。诸多因素变化都遵循各自规律,唯有理论能够予以明晰的揭示。因此,在策划时,虽然面对的是未来,但必须立足现实和理论去进行周密的谋划,而不能凭空设想。策划活动的全过程是策划者、主体目标、标的对象、策划方案相互作用的行为过程,也是以营销理论为依据,应用创造学、思维学理论和开发创造力的过程。

(5) 创新特征

策划的创造性是策划的必然特性。失去了创造性的策划活动就不能称之为策划,而只是固有行为模式的照搬,是一种简单的模仿。这样的策划不可能在市场竞争中取胜。

(6) 时机与环境特征

在瞬息万变的社会环境中,时间和环境是策划的重要因素。作战要讲究时机,策划也有一个时机问题,机不可失,时不再来,必须快速抓准。只有时机成熟,策划才会奏效。只有策划与环境相一致才能达到预期效果。这就要求策划者适应环境,因时而策,对不同的标的对象,因时而异,果断行动。策划者与偶然时机打交道时,更要把握时机,把握偶然事件中的必然规律,随机策划。

二、营销策划原理

营销策划原理是指营销策划活动中通过科学总结而形成的具有理性指导意义

和行为规律性的知识。营销策划原理应该具有客观性、稳定性、系统性。

1. 整体制胜原理

营销策划的整体制胜原理是营销基本原理中至关重要的一个组成部分。它要求营销策划方案能够高瞻远瞩，深谋远虑，能用系统论的联系观、层次观、结构观、进化观来分析事物的演变规律，正确地预测市场的动向，能够为决策从战略整体上把握和驾驭全局，为企业营销总目标的实现全面系统地制定战略方案、实施方法及战术安排。

2. 人本原理

人本原理是指营销策划以人力资源为本，通过发掘人的积极性和创造性作为企业进步的动力的理论系统。人本原理要求营销策划人在拟订策划方案时要兼顾两个方面：一方面要调动和激发企业人员的积极性和创造性，要有“以人为本”的理念；另一方面要体现“以消费者为中心，为消费者服务，令消费者满意”的内容，把企业行为紧密地与销售对象的利益联系在一起，使营销策划方案有利于培育忠诚的客户群。

3. 差异原理

差异原理是指在不同时期、对不同主体、视不同环境而作出不同选择的理论体系。营销策划的差异性是由策划文案的特色体现的。体现营销文案特色的因素很多，诸如企业的形象塑造、理念创新、产品特色、营销举措、价值取向、情感倾向、视觉设计、市场运营方式，等等。

4. 效益原理

效益原理是指营销策划活动中，以成本控制为核心，追求企业与策划行为本身双重的经济效益和社会效益为目的的理论体系。营销策划效益是策划主体和对象谋求的终极目的。

5. 智慧裂变原理

创意、创造力一直是现代营销活动存在和发展的动力。营销策划人员高素质、高智商经过裂变和骤变后，也就形成了显意识、潜意识、无意识意义上的“智能原子弹”、“意识原子弹”。反映出人类智慧的积聚、升华和实际运用，在营销策划中，“营销智能原子弹”、“营销意识原子弹”将指导并协助我们在设计、创意、执行等各步骤上取得鼓舞人心的成果。“营销智能原子弹”、“营销创意裂变性原理”为我们多样化、创新化的营销策划方案、策划措施、策划目标、策划轨迹、策划重点、策划手段的选择上提供了坚实的基础，为营销策划的具体实施提供了“智能”保证。

6. 高段位原理

营销策划的高段位原理是指策划者在进行营销策划时，能够使思维超越时间、空间的限制，把眼光放远一点，立足点站得高一点，视角调整得新一点。同时营销策划的内容本身也要求必须是高质量、高层次的，以高段位的智能去震慑、驾驭、控制事物发展的全面及运行状态。

7. 大整合原理

营销策划的整合原理是综合系统工程的一个基本原理，它把企业发展总目标与分目标、总体环境与个体环境、信息与创意、方法与步骤等主观因素极巧妙地整合在一起，产生了“原子裂变”般的效果，使营销目标超标准地得以实现。

8. 奇门作局原理

奇门作局是根据古代东方兵法的奇门遁甲和现代系统工程、自组织原理所独创而成，是适合大营销的特殊技术，简单地讲就是要从现有的诸要素形成的局面中，找出或整合出特别的创新出奇的奇局，以最少的投入获得最大的产出。

9. 客户为中心的原理

现代营销思想集中体现在一点，即满足消费者需求上，以客户为中心，生产出符合消费者要求的高质量、低成本、低价格的产品，提供舒适宽松的购物环境和良好的售后服务是市场对生产企业、销售商的基本要求。其中反映出营销理论由“生产中心论”到“销售中心论”再发展到以消费者的满足为企业宗旨的营销思想。只有为客户提供了物美价廉的商品和良好的服务，才能赢得客户，进而建立起客户对某一品牌、某一购物场所的忠诚，最终形成团结在企业周围较稳定的消费者群体，而且这种群体可以发挥其群体效应，通过公众传播的方式，影响到其他客户的消费行为和消费心态的转变。

10. 发展原理

营销策划的发展原理要求营销策划人员在策划时首先自己能通权达变，也要求所设计出的策划方案能够让执行者在执行时可以随机应变，因势而变，具有足够的变通、适应能力。

11. 抓纲办事的原理

在营销策划方案设计过程中，必须注意策划的方案应尽量简单易行。能迅速从千变万化的参变量找出主导变量——抓纲办事，纲举目张，简洁明了。

12. 创新出奇原理

创新出奇可谓是营销策划的第一大原理，“出奇方能制胜”，在你死我活的商战中，没有新意的营销策划只会使企业销声匿迹，而不会为其带来巨大成功，只有独辟蹊径，创新出奇才能使你事业兴旺。另外，创新出奇的营销策划方案必须有可操作性，否则只是一种妄想罢了。

三、策划的基本方法

策划没有固定的方式。构想、点子、创意、谋略、运筹、系统、操作等，都可视为策划的环节，也可视为策划中的基本方法。

1. 构想方法

(1)“拍脑袋”法

“拍脑袋”，拍出大市场。以前，“拍脑袋”是事到临头的一种巧妙变通，但是，今天“拍脑袋”仍不失为一种好的创意与策划的捷径。

(2) 点子法

营销策划的点子，是一种创造性思维，是苦思冥想后，集中智慧的精华生成的，它是人们在已有经验基础上，从某些事实中更深一步地找出新点子寻求新答案的思维。它新颖、独创，要突破习惯逻辑思维方式，而在很大程度上以直观、猜测和想象力为基础进行。

2. 创意方法

(1) 创意概念

“创意”是在市场调研前提下，以市场策略为依据，经过独特的心智训练后，有意识地运用新的方法组合旧的要素的过程，创意其实就是不断寻找各种事物与事物间存在的一般或不一般的关系(要素间的关系)，然后把这些关系重新组合、搭配，使其产生奇妙、变幻的创意。

(2) 列举属性的创意方法

所谓属性列举法，就是将事物的属性分解为不同的部分或方面，并全部列举出来，然后以某一部分或方面的属性为置换内容，提出对该问题的创新构思。

属性列举法是美国内布拉斯加大学克劳福德教授发明的一种提出问题和分析问题的方法，这一方法依据的原理是：任何事物，不论某种技术原理、设备、工艺、产品，还是某种组织管理形式都有其属性，而所谓创造，在一定意义上说，就是掌握呈现在自己眼前的事物属性，并将其放置到其他事物上，或者用其他形式来置换，从而实现对该事物的创新。

(3) 6W2H 创意方法

6W2H 方法代表了 8 种问题类型或 8 个方面分析问题的思路。在营销策划中，针对具体的对象，只要在每一模式中填入具体内容，就会产生 8 个不同的问题，如图 9-1 所示。

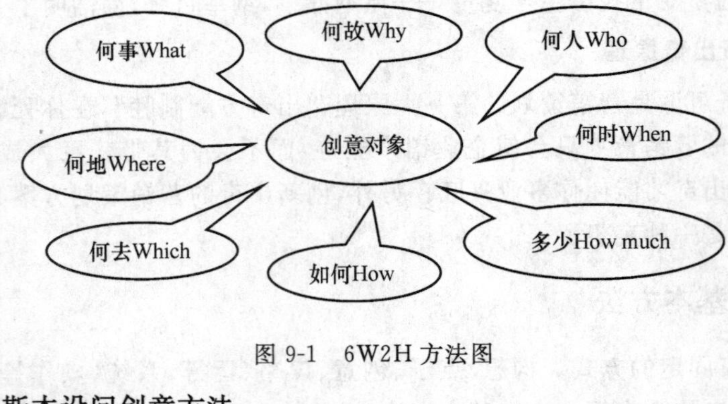

图 9-1　6W2H 方法图

(4) 奥斯本设问创意方法

奥斯本检核表法就是通过专门列表提问的办法，强制性地对自己已经熟悉的事物设定问题，然后再逐一检查核对，看是否找到了有价值的问题。如果找到了有价值的问题，则意味着找到了一个策划的新起点。奥斯本检核表如表 9-1 所示。

表 9-1　奥斯本检核表

序号	问题	创意
1	能否改变用途	是否还有其他用途、能否用于其他场所，能否改造后另做他用
2	能否模仿	能否引用别人的创意，能否引申出新的创意
3	能否改变	能否在原来基础上改变形态、颜色、声音、味道、制造方法
4	能否缩小或舍去	能否缩小体积、减轻重量、微型化
5	能否扩大或增加	能否增大体积、增加重量、延长寿命、增加功能、扩大面积
6	能否替代	能否材料替代、工艺替代、方法替代、动力替代
7	能否重组	能否改变结构、改变布局、改变成分、改变顺序
8	能否颠倒	颠倒方向、调换正负、里外翻转、时间倒计、上下颠倒
9	能否组合	将产品功能组合到其他产品上，将其他功能组台到该产品上

(5) 和田创意方法

① 反一反。从事物的正反、上下、左右、前后、横竖、运动方向等相反的方向来分析问题。

② 改一改。对原有的事物进行修改，消除缺点，使它更方便、更合理、更新颖。

③ 缩一缩。从减少、缩短、缩小等角度考虑。

④ 减一减。对原事物从删除、减少、减小拆散、去掉等角度考虑，使之发现新事物。

⑤ 代一代。用一事物(或材料、技术、零件、功能等)代替另一事物。

⑥ 加一加。从添加、增加、加长、加宽、附加、组合等角度考虑。

⑦ 搬一搬。把一个事物搬到别的地方，将新事物移到别的领域，从而产生新创意的办法。

⑧ 变一变。从改变形状、颜色、音响、包装、结构、层次、味道、顺序等角度考虑。

⑨ 联一联。寻找某个事物(事情)的结果跟它的起因的联系，从事物的联系中找到解决办法或提出新方案。

⑩ 学一学。学一学别人的，动物、植物的做法，模仿现有事物的形状、结构、原理等。

3. 运筹方法

古往今来，商战、兵战、政战中的策划，都有运筹学的应用。规划论(包括线性规划、非线性规划、整数规划和动态规划)、图论、决策论、对策论、排队论、存储论、可靠性理论是运筹学的具体内容。

4. 博弈论方法

博弈方法又称“决策论”，是研究策略博弈的数学理论。它以组合论、概率论和统计学等数学方法分析竞争(包括比赛、抗争)，使动态系统在复杂的情况下，选择最佳行为方式。

一般的博弈问题由 3 个要素所构成：即局中人，又称当事人、参与者、策略等的集合，策略集合以及每一对局中人所做的选择和赢得集合。其中所谓赢得是指如果一个特定的策略关系被选择，每一局中人所得到的效用。所有的博弈问题都会遇到这 3 个要素。

第二节 市场预测报告

一、含义

市场预测是指在对市场供需情况进行调查研究的基础上，对未来市场供求变化趋势所做的一种科学的分析、推测和判断。用书面形式反映市场预测的分析研究过程及成果和规律的报告，叫市场预测报告。

市场预测报告是在市场调查的基础上，综合调查的材料而对市场的未来趋势进行的预测。它实际上可以说是调查报告的一种特殊形式。

二、种类

1. 按时间分

① 短期性预测：一年以内，一般以季度、月旬为时限。

② 中期预测：一般以两三年(最多不超过五六年)为时限。

③ 长期预测：一般着眼于 6 年以后的时限。

2. 按空间分

按这种标准划分，可以分为国际市场预测和国内市场预测。国内市场预测又可分为全国性预测和某个行政区、某个经济区内的市场预测；还可分为城市市场预测和农村市场预测。

3. 按内容分

① 综合性预测。即对一个地区甚至全国范围市场总需求量及其发展趋势的预测。

② 同类性预测。即同一类商品，如电子产品、纺织品、食品、家电等的预测。

③ 单项性预测。即对某一产品或某一经济活动或现象的预测，如资源、资金、成本、投资方向、市场占有率、价格变动率、技术发展、新产品发展、产品寿命周期、社会需要等的预测。

4. 按方法分

① 定时预测。定时预测又分为数字预测和经济计量法，就是用数字的方法对大量数据或各种因素的制约关系进行分析研究，以统计数据表明产品发展的趋势。

② 定性预测。就是对影响市场供需量的各种因素(如质量、价格、用途、销售点、消费对象)分析判断中,发现起关键作用的一些因素。

5. 按范围分

① 宏观预测。就是对某一类产品或商品在国内外市场上总需求量的预测。

② 微观预测。就是对某种牌号产品或商品在国内外总需求量的预测。

上述各类划分,常常互相交叉、互相结合。如宏观预测和微观预测总是结合进行的;同类性和单项性预测,既可以作宏观预测,也可以作微观预测。只有相互结合起来,预测才可能更全面、更准确。

三、格式与写作要点

在写作上,市场预测报告的结构,一般包括标题、正文和结尾3部分。

1. 标题

一般有3种形式:

(1) 公文式。即由预测区域、时限、对象(相当于公文标题中的"事由")或文种组成。如《××市(预测区域)2005年(预测时限)技术市场(预测对象)预测(文中省略"报告"二字)》。

(2) 文章式。即在标题中点明报告的主要内容,如《全国服装市场预测》、《家用电脑的前景》。

(3) 新闻式。即在正题之外,再加上副题或眉题等。如《健美双全——2005年化妆品市场预测》。

2. 正文

(1) 前言。前言又叫引言,即公文中的开头。一般简要介绍对象时多着重说明其性质、特点和用途。有概括预测主要内容、观点或数据,以领起下文的;也有把两者结合在一起,作比较全面的介绍的。但也可以不要前言,而把其内容放在主体中去说明。

(2) 主体。主体分为情况、预测和建议3部分。

① 交代情况。主要是用确实、具体的材料说明市场的现状,必要时还须联系历史探寻其来龙去脉,以便更好地了解其发展的趋势。

② 预测未来。即根据上述各种现状,加以分析研究,从中发现其发展的趋势和规律,预见到未来可能出现的情况,以便据以作出自己产品以至整个事业的对策。为使叙述清楚、层次分明,这一部分常常分条款或分小节加以说明。

③ 提出建议。预测的目的就是要根据预测到的市场发展趋势,找到相应的对策。建议就是把找到的对策具体明确地提出来。同样,建议同预测一样,必须准确可靠,才能发挥其应有的作用;如果预测和建议都不正确,据以行事,企业就非失败不可。

第三节　营销计划书

一、概念

营销计划书是指企业从事营销活动的指导，它是企业如何在市场上营销其产品与服务的年度工作计划。在国内外企业中，编制详尽、完整、合理的营销计划是企业经营管理的必用方法和手段。营销计划书就是企业从市场分析、产品分析、营销分析中得到的各种资料和信息，最终形成的一份说明性文件。

二、作用

1. 书面计划的要求迫使人们进行有条不紊的思考。它还能保证不会遗忘已取得成功或招致失败的一些经验教训。

2. 企业各职能部门，像生产部门、财务部门和销售部门等，他们对计划的顺利完成起着至关重要的作用，一份书面计划可以成为沟通他们的桥梁。

3. 一份书面的市场营销计划确定了必须在预定日期之前达到目标的责任。

4. 当管理层发生变动时，一份书面计划可以保证企业经营的连续性，并能迅速地向新雇员介绍他的业务所面临的局势。

营销计划实际上是一个实施营销战略的路径图。通过制定营销计划，营销战略将变得切实可行，从中将学会如何、何时、何地花钱做营销。

三、具体内容

1. 环境分析

营销计划与总体环境、竞争者、客户、供应商、经销商及其他问题相关的趋势与要点，并指出主要的问题点及对策。

2. 营销目标

拟定未来年度的主要营销目标，并将之转换为可以衡量及能够达成的数量与金额。此销售配额（业绩责任额）应依业务人员的表现及地区销售潜力而制定。

3. 营销策略

拟定某一特定时间内用来指导营销战略的目标、政策及规则。包括营销费用水准、营销组合、营销分配3个层次。

4. 营销方案

拟订产品、价格、分销、促销等营销组合的时间、空间、人员的作战法。

5. 营销预算

拟订整个营销计划所需的经费支出及可能收入的估计数字。

四、格式与写作要点

市场营销计划书是企业营销运作的重要蓝本。它应该用清晰的结构、简明的语言。把企业的营销现状、市场状况、竞争情况以及市场战略的规则完整地表述出来。

1. 格式内容要求

可采用文字叙述式或表格式两种格式。不管采用何种格式，一般应包括推广战略、工作重心、传播手段、促销、广告、公关、销售策略、预算分配等内容。

2. 写作要点

编写营销计划书应该遵循以下步骤，依据营销计划的规律来安排营销活动的内容。

(1) 计划概要

营销计划书先要有一个内容提要，即对主要营销目标和措施进行简明概括的说明。

(2) 当前营销状况

在内容提要之后，营销计划的第一个主要内容是提供该产品当前营销状况的简要而明确的分析。

(3) 威胁与机会

营销计划中第二个主要内容是对市场营销中所面临的主要威胁和机会的分析。管理者应对威胁和机会进行评估。对环境威胁可从两方面进行评估：一是潜在的重要性，重要性的大小依威胁成为事实时公司的损失多少而定；二是发生的可能性，即威胁成为事实的可能性。

对营销机会也可以从两方面进行评估：一是潜在吸引力，即获利的能力；二是成功的可能性。

(4) 目标

管理部门已知道了问题，要做出与目标有关的一些基本决策。这些目标将指导随后的策略和行动方案的拟订。这里有两类目标要确立，即财务目标和市场营销目标。

(5) 市场营销策略

应列出主要的市场营销策略纲要，或者称为“精心策划的行动”。在制订市场营销策略时，还常常面对多种可能的选择。每一目标可用若干种方法去实现。通过对每一目标的深入探讨后，便可找出产品线所面临的主要策略。策略的制订则应在这些可选择的策略中作一基本的选择。

(6) 营销方案

营销策略还要转化成具体的活动程序，内容包括：要做些什么？何时开始？何时完成？由谁负责？需要多少成本？按上述问题把每项活动都列出详细的程序表，以便于执行和检查。

(7) 活动预算

营销计划中还要编制各项收支的预算。在收入一方,要说明预计销售量及平均单价;在支出一方,要说明生产成本、实体分配成本及营销费用。收支的差额为预计的利润(或亏损)。

(8) 营销监控

营销计划书的最后一部分,要写清计划执行过程的控制。典型的情况是将计划规定的目标和预算按月份或按季度分解,以便于企业的上层管理部门进行有效的监督检查,督促未完成任务的部门改进工作,以确保营销计划的完成。

案例

10000 电话营销方案

10000 电话营销是利用客户服务平台,以电话和网络为基础,采取多种形式为大客户、商业客户、公众客户提供业务咨询,做好业务受理,主动开展营销的模式,通过与现有及潜在客户进行更广泛、更经常的联系,宣传和推荐电信新产品和新业务,满足客户对电信服务的需求,以达到最大限度地保留老客户、低成本高效率赢得新客户、不断发现商机的目的,从而逐步建立和拓宽 10000 赢利服务项目,增加企业收入,将 10000 建设成为真正的利润中心。

(具体内容略)

一、客户细分及营销策略

(一) 大客户群体

(二) 商业客户群体

二、电话营销方法

(一) 内向型营销

(二) 外向型营销

(三) 内外结合型营销

三、电话营销渠道与相关营销渠道的关系及协调

(一) 与社区经理的关系及协调

(二) 与大客户的关系及协调

(三) 与农村统包代办人的关系及协调

(四) 与营业窗口的关系及协调

(五) 与其他渠道的关系及协调

四、电话营销组织与控制

五、主要问题及处理方法

第四节　市场调查计划书

一、定义

市场调查计划书是指设计市场调查方案时的书面材料。市场调查计划书是市场调研的重要环节,必须具备可操作性和系统性。

二、作用

市场调查计划书是描述执行和控制调查项目的计划。它不但起到总结调查项目的作用,还有以下一些功能:

(1) 它是调查项目委托人与承担者之间的合同或协议。由于主要的一些决定已明确写入报告,例如调查目的、范围、方法等,使得有关的各方面都能有一致的看法,有利于避免或减小后期出现误解的可能性。

(2) 在争取项目经费,或是在与其他调研机构竞争某个项目,或是在投标说服招标者时,计划书撰写质量的高低可能直接影响到项目能否被批准或能否中标。

三、格式与写作要点

市场调查计划书的格式主要包括调查名称、调查目的、调查内容、调查范围及对象、调查方法、调查过程以及调查预算等方面。市场调查计划书的写作要点有以下内容。

1. 明确调查目的

调查目的是与有关此次市场调查的问题的定义和研究目标直接相关的,其他调查步骤也都是围绕着它设计的,如果不明确调查目的,将会影响整个调查过程。

2. 选择调查方法

调查的方法因调查目的的不同而不同。根据调查目的,选择适合的方法,才不致使调查活动沦为浪费。调查方法大致可以分为观察法、调查法(访问法)、实验法、动机调查法等几种。一般说来,观察法最适宜于探测性研究,调查法最适宜于描述性研究,而实验法最适宜于因果关系研究。目前,在大多数市场调查中,往往会采用两种以上的调查方法收集市场信息。

3. 选择调查范围及调查对象

采用市场细分的理论,决定调查范围及调查对象,然后再从中抽出若干具有代表性的样本。抽样办法基本上要考虑实行上的简便与正确性,即在相同的财力下,选择最方便操作同时又不影响数据准确性的抽样方法。有关抽样的方法,大致分成随机抽样和非随机抽样两大类。

4. 拟订调查日程

在设计市场调查方案的过程中,需要制订整个调查工作完成的期限以及各阶段的进程，即必须有详细的调查日程进度计划，以便督促或检查各阶段的工作。

5. 调查预算

调查计划书有 3 个主体，即样本、经费、人员，而经费又可影响到样本和人员。因此，在进行调查预算安排时，要将可能需要的费用尽可能全面考虑，以免将来出现一些不必要的麻烦而影响调查的操作。

四、注意事项

市场调查计划书编写应注意的事项：

(1) 考虑读者对象。

(2) 力求简明扼要，删除一切不必要的词句。

(3) 行文流畅，通俗易懂。

(4) 明确调查计划各方面、各环节。

(5) 可选用不同类型的图表，具体说明和突出计划的重点内容。

(6) 打印成文，字迹清楚，外观正规而专业化。

第五节　其他营销文案

一、促销计划书

1. 概念

促销计划书是指为促使目前既有客户及潜在客户的购买而制定的一种计划文案。它有如下几个特性：第一，它是一种理性的程序；第二，它是将各种有关活动予以系统化整理的工作；第三，它是一种经营哲学的表现；第四，它具有阶段性。

2. 作用

(1) 让所有人都能思考现在及未来的地位，有助于未来机会的把握。

(2) 提供正确的目标与方向，有助于命令的执行及化解内部的冲突。

(3) 由于促销方法的改进，扩大产品的销售量，增强企业发展后劲。

3. 编写原则

(1) 目标明确且易于为员工理解。

(2) 切合实际而有完成的可能。

(3) 兼顾企业、客户、员工与社会的利益。

(4) 所有表格应注重操作性与实用性。

(5) 计划正文叙述要简洁。

(6) 长期计划只列方向、构想蓝图即可。

(7) 短期计划宜详细。

4. 编写要点

如何提示广告目标：

① 应在计划书的某一部分提升广告对销售策略的功用。

② 假若广告效果可利用计算方法预测，则应将广告目标予以数字化。

③ 在无法以计量方法确定预测广告效果时，可运用以往经验大略预测，但也应将广告目标予以数字化。

④ 在无法以计量方法预测广告效果时，则可利用文字将广告目的加以叙述。

二、网络营销计划书

1. 概念

所谓网络营销计划书是指通过互联网创建友好的信息，丰富并能全面反映企业营销活动内容的网页。

一个好的网页能够更好地展示商品，即通过图片、数据、文字等将商品的特点、性能、规格、技术指标、价格、售后服务及质量承诺等信息传递给消费者，帮助消费者成为该商品的内行。

2. 应考虑的问题

(1) 网络营销与公司营销管理的其他内容在形象、口径和信息上是否一致，是否保持连贯性。

(2) 支持网络上的营销信息需要哪些材料、售货单、客户测试、其他报表。

(3) 怎样才能实现网络营销的互动性。

(4) 客户为什么要从网上购物而不从其他渠道购物。

(5) 由谁来管理具体的操作。

(6) 网页内容是否需要更新及更新周期、由谁负责等。

(7) 网络营销在多大程度上能帮助企业完成任务，实现目标。

(8) 对消费者提问答复的详细程度如何。

(9) 网页内容是否生动、有吸引力、能否刺激消费欲望。它们是否充分利用网络互动性、多媒体技术。

(10) 将采用哪些不过火的促销方法。记住强行推销不符合网络营销哲学。

3. 编写的3个阶段

(1) 确定目标优势。网络营销是否可以促进企业的市场增长和收入增加，同时分析是否能通过改进目标营销策略和营销措施降低营销成本。

(2) 分析、计算网络营销的成本和收益，须注意的是计算收益时要考虑战略性需要和未来收益。

(3) 综合评价网络营销战略计划，主要考虑以下3个方面：

① 成本-效益问题，成本应小于预期收益。

② 能带来抵达新的市场机会。

③ 考虑公司的组织、文化和管理能否适应采取网络营销战略后的变化。

三、市场开拓计划书

1. 概念

市场开拓计划书是指产品进入市场的具体实施方案，是关于市场定位、产品定位、广告定位的具体描述。

2. 内容要点

撰写产品开拓计划书时应侧重于市场推广大的方向，而不注重促销。市场定位、产品定位、广告定位应准确，操作流程应简洁。常见的错误是将“计划书”写成促销文案。产品市场开拓计划书一般包括：

(1) 产品目标；

(2) 市场定位；

(3) 广告宣传；

(4) 营销操作。

四、促销策划书

1. 概述

促销策划书是企业在进行产品或服务的销售之前，为使销售达到预期目标而进行的各种促销活动的整体性策划文书。撰写促销策划书时，必须对市场进行分析和预测，而在这一部分写作中，不能只谈市场的优势而忽略劣势方面的考虑与分析。

2. 内容要点

(1) 前言；

(2) 市场分析与预测；

(3) 促销内容；

(4) 促销主题；

(5) 促销定位；

(6) 促销活动策略；

(7) 促销执行策略；

(8) 广告策划策略；

(9) 公共关系活动策略；

(10) 促销预算方案；

(11) 促销效果展望。

第十章 电话营销技能

本章要点：

- 电话营销的步骤
- 撰写营销脚本

第一节 概 述

一、电话营销的特点

1. 及时性

电话能够在短时间内直接听到客户的意见，是非常重要的商务工具。通过双向沟通，企业可以了解客户的需求、意见，从而提供有针对性的服务，并为今后的新业务开发提供参考。

2. 普遍性

由客户服务中心实施的呼出营销适合社会各个阶层，具有一定的普遍性。一方面可进行广播式营销，进行大面积覆盖，尤其适合新业务的推广；另一方面在客户数据分析的基础上，进行针对性的个性化服务。

3. 经济性

经济性是电话营销的突出特点，具有营销成本低廉，交互性好，操作简便等优势。话务员可直接根据客户的语气，把握营销沟通的进度和方法，并最终达成营销目的。

4. 双向性

电话营销其实就是一种沟通的过程，最好的过程是话务员说三分之一的时间，而让客户说三分之二的时间，如此就可以维持良好的双向沟通模式。一般情况在初次沟通中营销员总会说得多一些，而随着与客户沟通的深入，客户参与的程度就会愈来愈高。

5. 快捷性

与对方快速沟通、尽早联系、尽快使营销项目成交，电话谈判是达到这一目标、取得谈判成功的捷径。

二、电话营销的作用

1. 降低营销成本

传统的销售是进行社会调查，然后便对某一地区进行全面销售攻势。例如，电视、报纸、报刊等的广告宣传，这种单一的销售方式有很大的盲目性，浪费资源。电话营销是交互式的销售，针对性很强，也能够做零碎的市场，减少资源浪费。

2. 增加公司收益

电话营销可以扩大企业营业额。如果积极主动给客户打电话，向客户推荐新业务、新套餐，就有可能取得更多的市场份额，从而增加收益。又因为电话营销是一种交互式的沟通，在接客户电话时，不仅仅局限于满足客户的预约要求，同时也可以考虑进行一些交叉销售（推销要求以外的相关产品）和增值销售（推销更高价位的产品）。这样可以扩大营业额，增加企业效益。

3. 促进客户关系

通过电话营销可以建立并维持客户关系营销体系。但在建立客户关系时，不能急于立刻见效，应有长期的构想，制订严谨的计划，不断追求客户服务水平的提高。比如在回访客户时，应细心注意客户对已使用业务、已获服务的意见，对话务员的反应，以及购买产品时的反应。记下这些数据，会为将来的电话营销提供各种各样的帮助。

案例

无锡电信10000号通过优化员工队伍结构，调整外呼营销班建制，下设营销策划组、资深外呼组和普通外呼组3个团队。由外呼营销班班长牵头协同业务支撑人员构成的营销策划组，专门负责与各业务需求部门接口，进行外呼策略的策划、脚本编写和外呼结果评估；资深外呼组侧重市场调查，并通过试呼判定某项业务外呼优先级；普通外呼组主要是按照指定脚本完成普遍外呼营销任务，并结合企业经营发展阶段性重点推进外呼营销工作。

第二节　电话营销的步骤

电话是人们日常生活当中常用的一种通信工具，但是事实上它的使用技巧却极少为人们所了解，电话可以帮助人们跟远距离的朋友非常轻松地进行交流，它既节省了人们的时间，同时最重要的也是节省了人们的金钱。而且从调查中显示，90%的业务都是从电话开始的，所以电话营销的技巧显得尤其重要。

现在就通过以下的步骤来学习电话营销的过程以及每一个过程当中的具体技巧。

一、准备工作

目标：融入客户的世界，对营销工作胸有成竹

要求：调整心态，准备工作资料和客户资料

1. 做好态度准备

对于任何成功的电话营销者来说，第一步是树立积极的、热情的态度，这在电话营销中特别重要。一个积极的人总是想方设法去做他的能力或潜能所能达到的一些事情，所以就增加了他的创造力和他迎接困难的勇气，在生活中用不同的态度对待人和事就会得到不同的结果，所以人们常说：态度决定一切。那么如何做好态度准备呢？

(1) 良好的自我形象

打电话时即使没人看见你，也要表现出自信的样子——电话那端的人虽然不能看到我们的面部表情、身体语言，但却可以感受到你的态度。你的自我形象越好，你就越有可能显示出营销所需要的信心。

(2) 体现“我能做”的态度

具有“不能做”态度的人，他们的思维非常消极、感觉非常无力。而具有“我能做”态度的人，思维积极，时刻准备接受挑战。

如果做错了事情，不要不断责怪自己，而要及时转变为积极的想法：我犯错了，但是我能从中吸取教训。这次我没做好，下次应该做好一点；下次应该怎么做可以扭转这次的错误。

经常想一想你能做什么，而不是把原因都推给别人或者是认为客观条件不允许而导致的。

(3) 带上你的笑容

打电话的时候对方不能看到我们的微笑吗？当你微笑着说话，你的自信、你的热情、你的友好就会自然而然地体现在你的话音中。

2. 确立目标

确定一个目标，不但是确定你的一个方向，更重要的是你知道目前离你的方向有多远，你知道你目前所在的位置与你的方向有没有偏离，这就是确定方向的重要性。

有目标的人，当他完成了自己的目标他就有成就感，人只有在感觉好的时候才会把事情做得最好。

3. 安排好工作环境

整洁、明亮、温馨的工作环境能给自己带来愉悦的心境，提高工作效率。

- 排除工作环境附近的噪音干扰；
- 训练自己在工作时间内可拨打多少个电话；
- 有一个放在显眼处的钟表，这样就可以控制自己的时间；
- 备好用品以有效地记录打电话时所获得的信息；
- 备好必要的产品或服务的信息，以便回答问题时使用；
- 准备各种相关的设施使工作变得更容易。

案例

上海移动 10086 的每个话务台席上都有一个袖珍的小盆景和活泼可爱的卡通玩具，为小小的台席平添了几分温馨和轻松。别看这不起眼的两样东西，这可是中心为话务员刻意营造的“坐席文化”。工作现场，绿色植物郁郁葱葱，给这个年轻而充满活力的群体标注了生命的色彩。

4. 掌握产品知识

话务员要知道熟练掌握本公司产品知识、知道在营销的过程当中其他相关的知识，以帮助自己更好的判断客户需求。

作为提供服务的运营商，掌握产品知识，就是掌握本公司的业务，从技术层面和提供的服务等各方面分析公司业务的优势和劣势，掌握竞争对手的相似业务给客户做对比鉴别，等等。

5. 了解客户

在推荐的过程当中要想取得客户的好感、满足客户的需求，就必须掌握客户资料，充分利用公司客户关系管理（CRM）系统、业务操作支撑（BOSS）系统，了解客户消费特点。主要有:通过已有的资料了解客户,该客户曾经使用哪些业务;分析休眠客户及流失客户的信息;如果能找到客户流失的原因,并且满足其需求,就有可能再成为忠诚客户。

6. 准备要传递的信息

在电话呼出时,一定要明确自己要传达给客户什么信息,想收到怎么样的结果。

- 首先需要介绍一下自己。
- 确认对方是不是自己要找的人。
- 介绍产品或服务的特征和利益,并且判断这些特征利益是否符合客户需求,这时再展开介绍,如果客户不需要就不用介绍很多,浪费时间,还引起别人的反感。
- 准备好应对异议。有所准备,才能对客户提出来的问题予以有效解答。
- 懂得何时设法结束谈话,谈到什么时候你可以及时地结束,这样既能够吸引住他,同时又能够使客户使用公司业务,有些时候谈得久不是好事情,有些时候又一定要有足够时间去推荐产品,所以要把握好时间,保证"说话"不离题;注意相关信息的逻辑性。

7. 拨打电话时间的掌握

时间是非常宝贵的,但在电话业务中,应仔细针对每个客户的情况选择适当的时间拨打电话,这样就会事半功倍。

(1) 以一星期为标准

时　间	客户状况	适合动作	说　明
星期一	忙碌	避开营销或选择下午	一般公司都在星期一开商务会议或布置这一周的工作,所以大多会很忙碌
星期二	正常	适合营销	这是业绩好坏的关键所在,应该充分利用好这三天
星期三			
星期四			
星期五	不在状态	做一些调查或预约的工作	一周的工作结尾,如果这时打过去电话,多半得到的答复是"等下个星期我们再联系吧!"

(2) 以一天为标准

8:00—10:00。这段时间大多客户会紧张地做事,这时接到业务电话也无暇顾及,所以这时,话务员不妨先为自己做一些准备工作。

10:00—11:00。这时客户大多不是很忙碌,一些事情也会处理完毕,这段时间应该是电话营销的最佳时段。

11:30—14:00。午饭及休息时间,除非有急事否则不要轻易打电话。

14:00—15:00。这段时间人会感觉到烦躁,尤其是夏天,所以不要去和客户谈生意。

15:00—18:00。努力地打电话吧,这段时间是创造佳绩的最好时间。

另外,对于那些晚上仍在忙碌工作的客户,若是比较熟悉的,或是和客户预约好的,也可以在晚上打电话,但要注意,时间不宜过长。

二、开场白

目标:引起客户的注意和兴趣

要求:自信,有亲和力

开场白也叫问候语,就是在跟客户接触的时候前30秒钟要讲的话。

很多的营销过程中,在营销伊始,由于不太了解客户真正的需求,或是由于客户对于我们本人或者对我们的业务和服务不是很了解,很容易在中途或者开场的时候产生抵触情绪。但慢慢地我们会发现,如果有足够的热情去影响客户,从客户的需求出发,分析我们能给他带来什么好处,客户就很容易被我们的热情和活力所感染,最后他也会积极的配合你。

1. 声音语言的把握

(1) **使用热情亲切的声音**:热情亲切的声音能够表达出我们是热爱工作的。热爱自己的工作,同时才能得到别人的认可。营销的工作本身就是一个先营销自己的过程。令客户先接受我们,然后才会接受我们的产品和服务。

(2) **把握语速**:适当的语速能够帮助我们更清晰地表达内容与情绪,还可以令对方感到舒适。

(3) **控制音量**:说话时声音应该适中。

(4) **注意说话语气**:很多时候,同样的语言,用不同的语气表达,对方感受到的效果是不同的。

(5) **控制语调**:谈话过程当中,语调变化也可以帮你表达你不同的意思。

(6) **使用妥帖的语言**:

① **简练**:电话沟通的时间有限,简洁是非常重要的原则。应在不影响内容的原则下尽量使用简练而精确的语言。

② **专业**:专业性并不表现在使用了多少专业语言,而是表现在我们讲话是不是有礼貌、有逻辑性;所表达的内容是否切合对方的需要,在通话过程中是否自信,是否对产品和公司有足够的了解。

③ **自信**:要想影响别人,首先必须自己表现得很自信。

作为话务员,首先对自己、对公司的业务要有足够的信心,客户问:"你们的业务真的可以达到这样的效果吗?"不能回答说"可能","有些可以","有些人不可以",一定要很肯定的告诉他"是的",但你必须讲真话。

④ **条理性**:想象一下自己接到一个毫无条理,没有中心思想,啰啰嗦嗦,没完没了的电话,你最想做的是什么呢?赶快挂断电话,别浪费我的时间。所以条理性非常重要。

2. 设计开场白语言

- 礼貌的问候,进行自我介绍,赢取对方的好感;

- 介绍打电话的目的，突出产品或服务的价值，以吸引对方的注意力；
- 转向聆听需要，通常一两个问题结束。

案例

“您好，中国电信 10000 号为您服务。请问您需要什么帮助?”

“您好，我是中国移动的话务员 6341 号，您现在接听的电话是免费的。”

3. 引起客户的兴趣

(1) 陈述价值

陈述价值就是介绍有关产品的一些性能、特点。在一开始的时候让客户知道，他听你讲和采取你希望他采取的行动对他来讲有什么好处。只有有好处，才会有行动。

- 陈述企业的与众不同之处；
- 我们产品的独特利益或者价值；
- 与别的企业产品的共同利益或价值。

(2) 谈及刚服务过客户的同行公司

从这个角度来讲，话务员是通过客户来说服客户，因为客户是站在同一个立场上的，比话务员说一百句还管用，如果你很有信心的话，你可以谈及你刚服务过的客户，让他们去比较。

(3) 谈及客户熟悉的话题

谈论客户熟悉也引以为傲的话题，这样，在一开始他就会和你建立起很融洽的关系。

(4) 学会赞美对方

在与人沟通当中，赞美是非常非常重要的一种技巧，要善于观察和洞察对方身上真诚具体的优点，在通话过程中，有意识地去赞美对方。但要注意，一定要是真诚具体的，不然反而会起反作用。

三、推介产品

目标：让客户了解产品

要求：理性诉求为主

产品介绍阶段应该以理性诉求为主，就是清楚说明你的产品可以让客户获得实质利益，而这些利益必须具体、明确，最好有数字说明，或利用比拟方式将产品特性转化为客户的利益。客户要买的不是“产品特性”，而是获得“利益”。

1. FABE 法

FABE 法是产品展示说明的常用方法，即将销售的产品先按特征来分类，并把这些特征所具有的优势找出来，判断究竟产品的哪些优势可以和客户的利益相结合，并拿出证据证明其符合客户的利益，或者实际让客户使用中加以印证。

F(Features)：**特征**。指本项产品的特质、特性等方面的功能，以及它是如何用来满足客户的通信需要。话务员需要发掘产品的潜质，努力寻找竞争对手和其他人忽略的、没想到的特性，即所谓独特的卖点。

A(Advantages)：**优势**。即产品特征究竟发挥了什么功能？对使用者能提供什么好处？推介新产品较其他产品的优势所在，推介产品较同行业类似产品的优势所在。

B(Benefits)：**利益**。即产品是否能真正带给客户利益。利益推销已成为推销的主流理念，因此要一切以客户利益为中心，通过强调客户得到利益、好处激发客户的购买欲望。另外，要学会锁定独特价值。也就是说，对客户所能获得的利益再进一步的进行强调和阐述。

E(Evidence)：**证据**。指所有可以用来证明你所推介产品的特性、优势、利益等方面真实性的东西。证据具有足够的客观性、权威性、可靠性和可见证性，如证明书、样品、产品展示说明、各种介质的宣传广告。

2. 数字化

应用数字化的技巧，是非常重要的一个方法。将产品利益数字化，或是特别强调数字(利益)，会使话务员对产品的说明更清楚、明确且更具吸引力。

3. 对比化推介法

在推介产品的时候，客户一定会提出一些异议，有很多时候他会拿产品跟其他企业类似产品相比较。这种情况下要学会通过比较把自己公司产品的优势自然地显示出来。

4. 巧言妙语沟通法

行为实质是一样的，但是由于不同的说话方式，其取得的效果便会不一样，有时候，只要你把说法换一下，内容是一样的，结果却会截然不同。

5. 比拟描绘法

因为电话营销有时候没有办法直接令对方看到产品或是产品使用后的效果，要能描绘出对方使用业务后的愿景或情况，来令对方产生幻想，达到满足。诉诸人的感觉要比诉诸人的理智会使对方更相信你的话。

6. 基本的情感触发器

情感触发器其实也就是人在选择购买的活动当中，体现出来的几种特性。只有体会客户的心理，才能触动客户的购买欲望。

占有欲——人们都喜欢把自己喜爱的东西占为己有。

同伴的压力——每个人都拥有赶上别人的愿望。

声望和地位——每个人都想与众不同，想显示他们作为成功者的身份。

案例

"能和您这样的成功人士通话是我的荣幸。"

"××先生，非常荣幸能和您这样的成功人士交流，希望下次还有机会和您交流，谢谢您，再见！"

不愿错失机会——好事谁也不想错过。

案例

"彩铃现在是开放初期，所以只收您五块钱一个月，现在还免费赠送您一首钢琴名曲《致爱丽丝》……"

虚荣心——人人都喜欢赞扬，所以对方要购买你的产品的时候，你要学会赞扬他。

案例

"××先生，跟您通话真的学到了很多东西，希望下次还能与您通话！"

"××先生，我觉得您非常随和。"

保障——保障可以让人放心，令对方心里踏实。

小便宜——如一些赠品，虽然客户并不一定因为赠品才使用业务，但可以帮助客户下决定。

案例

"您好！我是移动公司的话务员，我们现在有一个免费送手机的特别优惠活动……您是否有兴趣听我向您介绍一下？"

四、鉴别需求

目标：鉴别客户是否具有使用需求和购买能力

要求：可正面或侧面提问，要避免引起客户反感

为客户介绍业务之后，必须分析以下几个问题：

(1) 客户是否有需求愿望？

如果一个客户对话务员所提供的产品或服务毫无兴趣，那么和他的接触就毫无意义。如老年人一般对移动数据业务兴趣较低，高端客户不会去办理低端套餐等。

案例

客户查询话费，告知客户话费情况后。

话务员："您的短信费用有70多元，我想请问您的短信有没有参加包月？"

客户："什么包月？"

话务员："短信可以包月，您不参加包月的话，按条计费网内的0.10元/条，网外短信需要0.15元/条，参加包月会比以前按条计费优惠30%。"

(2) 客户是否有购买能力？

除了购买欲望之外，客户还必须有足够的购买能力。个人必须要有充足的收入，公司必须要有较好的支付信誉。向只能买得起小帆船的人销售豪华游艇纯属浪费时间。

(3) 客户是否有购买决定权？

当话务员向企业客户销售产品时，有时不一定清楚谁有最后的购买决定权。生产主管、工程师或采购主管通常要负责购买机器设备，一个购买决策通常要涉及很多人，如果不确定谁有购买决策权，就需要主动询问。在很多销售活动中，弄清丈夫还是妻子在购买中起决定作用还是两人共同起作用是十分重要的。

(4) 客户是否有资格购买？

在一些情况下，一些客户并不具备购买资格。如身体欠佳的人不具备购买人寿保险的资格。如果公司只与批发商交易的话，那么有支付能力和购买欲望的零售商也不具备购买资格。

五、提出建议

目标：细分客户需求，提高客户的购买兴趣

要求：提出有针对性的建议

介绍产品并分析客户的实际需求之后，结合客户的需求来提出针对性的建议，从而更能得到客户的认可。

案例1

话务员："请问您经常上网吗？是否有接收邮件的习惯？(切入点)"

客户："是的。"

话务员："现在移动推出的手机邮箱，以前您如果没有开通过，您现在可以免费试用一个月，它是以您的手机号为您的邮箱账号，而且别人给您发送邮件后有短信到达通知，邮箱的容量比较大，有500M，并且可以发送100M的附件，还具备网络U盘的功能，可以下载铃声，定制账单。您愿意试用一下吗？(发现用户的需求后，向用户介绍)"

案例2

客户："我的短信比较多。"

话务员："那我们还有一种适合您的套餐，每月只需20元，就可以发400条短信呢！"

六、战胜异议

目标：解除客户疑虑，激发购买欲望

要求：面对拒绝要有正确的心态，处理完异议后适时地尝试促成

当你把产品介绍给了客户之后，不外乎能得到两种答案，一种是客户购买与认同；另一种是客户会提出一些异议或是问题，每一种可能性都是非常正常的。很多人在听到异议的时候，由于经验不够，经常会手忙脚乱，因为他觉得对方在拒绝他。而事实上，在听到某种产品介绍的时候，如果你是客户，你会不会也有一些问题要问呢？有的时候，有疑问正代表了客户对此感兴趣。接下来学习一下如何战胜异议。

1. 异议产生的原因

异议产生的原因可以分为3个方面。

(1) 原因在于客户

- 拒绝改变；
- 无法满足客户的需要；
- 客户预算不足；
- 客户抱有隐藏式的异议。

(2) 原因在于话务员本身

- 无法赢得客户的好感；

- 做了夸大不实的陈述；
- 使用过多的专业术语；
- 事实调查不正确；
- 不当的沟通；
- 姿态过高，处处让客户词穷。

（3）原因在于产品本身

- 产品的质量本身不能满足客户的需求；
- 销售信誉不佳。

2. 处理异议的原则

（1）事前做好准备

不打无准备的仗，这是营销的一个基本的原则。开始营销之前必须有所准备，客户可能会提哪些异议。通常情况下客户的异议都是有规律的，我们的业务有哪些特点以及利益，那么在向客户推荐的时候客户可能会想到一些相反方面、坏的方面。有了准备，你就可以处事不惊、从容不迫。

（2）要选择恰当的时机

洞察客户可能提出的异议：俗话说，防患于未然。当觉察到客户会提出某种异议，最好在客户提出之前，就主动提出来并给予解释，这样可争取主动，先发制人，从而避免因纠正客户看法，或反驳客户的意见而引起的不快。

立即回答客户提出的异议：绝大多数客户提出的对于我们产品或者服务的异议都应该立即回答。这样既可以促使客户购买，又是对客户的尊重。在当时就把客户的疑虑解决掉，可以令他觉得他的异议得到重视。

（3）争辩是第一大忌

永远不要跟客户争辩。争辩绝对不是解决问题的好方法。有的时候如果真的遇到了双方的争辩，或者遇到对方想要跟你争辩的时候，你也不妨采取一些幽默的方式，让这个场合顺其自然地过去。

（4）接受、认同甚至赞美客户的意见

每个人心里都有一个思维定势，就是希望别人赞同自己，而不是处处为难、对抗自己。正确的方式是，凡是客户说完，一定是先“接受”或是“认同”甚至于“赞美”他的话。这样可以避免客户对你产生反感，从而认同你，并愿意继续和你交谈。

如果你内心不认同客户的论点，请用“接受”的方式反应，不能对客户的意见表示轻视。如果客户的论调还不错就请用“认同”或“赞美”。但千万别为了赞美而赞美，以免让人觉得肉麻、虚伪，反而产生反效果。

3. 处理异议的技巧

（1）化反对问题为“卖点”

当客户提出某些不购买的异议时，立即将客户的反对意见，直接转换成他为什么必须购买的理由。

客户的反对问题有两种：一种是客户的拒绝借口，另一种是客户真正的困难。

不管是哪一种,只要你有办法将反对问题转化为销售卖点,就能化危机为转机,进而变成“商机”。

案例

客户:“别再打我电话了,浪费我的手机费用。”

话务员:“对不起,我打给您的电话是免费的。但我想这正是您应该听我给您介绍新套餐的原因啊,我给您介绍的新套餐正是为了给您节约更多的钱。”

(2) 善用客户的观点

在电话营销的过程中,必须养成敏锐的洞察力,对客户的每一句话,都应该有所判断,都能读出它的真意才对。应该记住客户曾经表达过的观点,并且在适当的时候应用出来,转化成说服客户的有利论点。

(3) FFF 法则

价格异议的时候,可以用 F:feel(感觉)、F:felt(感受)、F:fine(发现)这三个词去跟客户沟通,让对方觉得我们是站在他的角度,然后让他觉得我们的产品和服务经得起推敲、值得信赖,对价格上的异议表示理解,然后更加让客户肯定我们的产品和服务是值得购买的。

(4) “是的,如果……”法

不要跟客户直接站在对立面,在肯定客户的基础上,不是直接否定客户,而是提出另外的可能性。尽量避免使用“但是”、“可是”否决客户。

案例

客户:“我的号码不能换。”

话务员:“是的,号码换掉的话的确会给您的工作生活带来不便,如果您换了号码之后使用改号通知就没有这个问题了,而且这项业务可以免费使用长达 6 个月。”

(5) 引用法

善用与你的产品有关的分析数字、研究报告、新闻报道来说服客户。但要注意,要运用真凭实据,否则,引用起来会心虚,也可能因为客户的常识丰富而拆穿。

(6) 以退为进

当你尝试促成被拒之后,与其勉强且直接反驳客户的问题,不如先转移当时的话题,让客户认为你不会再继续说服他购买,当气氛稍有改变之后,你再继续尝试促成。如果在应用本技巧时，加上百折不挠、屡败屡战的精神，相信会产生许多令你满意的结果。

七、促成交易

目标：促成客户作出决定，采取行动

要求：要有提出成交的勇气，运用有效的技巧

进行销售就是为了赢取最后的成交，但在调查中发现，只有3%的客户会主动提出购买，其余97%的客户是需要推动一把，由我们来提出成交的。所以具备开口要求客户下决心购买的勇气非常重要，被形象地称之为“临门一脚”。

1. 成交法则

(1) 保持自信的态度

不要由于怀疑客户不会购买而放过所有的成交机会，干脆就当每一个人都是会购买的，这样反而能够抓住所有的成交机会。

(2) 考虑客户的特点

在成交的时候，客户有各种各样的特点，成交也有各种技巧，但是我们必须考虑到，不同的客户他们需要不同的技巧。

(3) 保留一定的成交余地

最开始的时候不要把利润全部都让给了客户，一定要保留一定的成交余地。当你最后不能够令客户对你的服务或产品完全满意的时候，你还是有底牌可以争取客户的态度。

(4) 保留一个强有力的问句

在跟客户讲一些关键的有关产品的、有关决定性的语言时，尽量要提一些能够让客户说“是”的问题。客户不停回答“是”，到最后客户就容易被引导，从而赞同我们的介绍。

(5) 不可轻言放弃

永远都不要轻言放弃，不要被“不”字干扰，客户这一次没有购买，不代表下一次他也不会购买。

2. 有效的成交技巧

我们了解了这些成交的法则、成交时要注意的事项之后，来看一些有效的成交技巧。

(1) 直接请求成交法

客户发出明显的购买信号时就应该立即主动提出成交意向，提出成交要求时应该注意语气不应过于紧张、兴奋，发现客户心理压力过大时应采取措施适当缓解，不给客户造成心理压力。

案例

话务员:“为了使您尽快可以享受,我现在就帮您办理,可以吗?”

(2) **替客户作决定**

人在面临抉择的时候会害怕决定,更害怕做错决定。这时,他需要有人告诉他这个决定是正确的,是没有风险的。

(3) **假定成交法**

假定成交法是话务员在假定客户已经同意购买的基础上,通过讨论一些具体的问题而促成交易的方法。

(4) **二选一法**

不要问“要不要?”“好不好?”,而应该在假设客户同意的情况下,提供选择:“您选择 A 套餐还是 B 套餐?”

案例

话务员:“您选择动感地带自由人套餐还是龙卷风套餐?”

(5) **压力成交法**

压力成交法适合已经动心的客户和准备购买,但又有些犹豫不决的客户。告诉客户如果再不下决定就会错过某些优惠等,往往可以促使客户决定购买。当然,使用压力成交法一定要诚实,不能欺骗客户。

案例

话务员:“您现在如果入网,并预存 480 元话费,即可获赠摩托罗拉 c139 手机一部,这项活动还有 3 天就结束了。”

(6) **可靠性成交法**

可靠性成交法就是引用一些令客户觉得可靠、可以信赖的例子,使客户想要购买我们的产品。但是案例一定要选好,因为如果没有选好案例,反而会让客户觉得不值得信赖。

八、结束通话

目标:确认客户没有其他问题,营销结束

要求:让客户先挂断电话

无论是哪种类型的电话业务,在结束谈话时都应遵循这样一条原则:即把要讲的话先想好,一旦目的达到,就立即结束谈话。但要记住,一定要等对方先放下话筒后再放下电话。

案例1

"在使用过程中如果有什么问题,欢迎您随时拨打我们的客户服务热线10086,谢谢,再见。"

"跟您交流很愉快,希望您下次有机会到我们公司来,再次感谢您。"

"请问还有其他可以帮您的地方吗?"

"感谢您的来电,再见。"

案例2

客户:"我的电话怎么老是接不到?"

话务员:"您所说的电话接不到是怎样的情况呢?"

客户:"信号不好,接不着电话。"

话务员:"这样的情况是经常出现的吗?"

客户:"是的。"

话务员:"您所处的位置在什么地方?(在听取用户的反映后做了相应的解释)……如果您经常出现这样的问题,建议您可以开通我们移动秘书台的功能,我们秘书台的功能主要是在您关机或没有信号时,移动秘书台会以短信的方式通知您未接的电话,使您不会遗漏任何一个电话。"

客户:"哦,这么好吗?费用多少?那怎样开通的呢?"

话务员:"每月只需5元,就可以享受专门的小秘书服务了。您可以拨打12580开通或者我这里帮助您开通。"

评析:本例属于主动性较好的营销成功案例,话务员能够充分发挥主动性,从客户的角度考虑,既帮助客户缓解了实际出现的问题,使客户感到了企业对客户的关怀,又成功的营销了自己的业务。切入点抓得较好,客户目前需要的是解决信号不好的问题,介绍秘书台可以减少给客户带来的不便,减少客户对网络的不信任感。发现需求直接介绍相关业务,适当时机促成营销成功。

第三节　撰写营销脚本

由于外呼是一种“主动进攻”式的服务，因此，营销脚本的设计对外呼的成功率起着非常重要的作用。在设计营销脚本时，应注意以下几个方面。

一、营销导语的设计

1. 自我介绍

营销导语设计的好与坏，直接关系到客户对外呼电话的认同度。在开场白中，第一个必不可少的内容就是“自报家门”，即让客户明确电话的来源。此时营销员可能用到的语言是：“您好，我是中国电信的客户经理×××。”

2. 针对不同的用户情况做相应的营销导语设计

如果拨叫的是对方的手机号码，那么在设计语言脚本时就应该考虑被访者的接听心理。手机尚未完全实现单向收费，因此被访者在接听电话时，会顾虑自己的通话费用，若脚本设计人员，此时没有在开场白中将类似“您所接听的电话是免费的，请您放心接听”等这种关于话费如何收取的内容设计进来，那么外呼时被拒访的比率就可能会增高。如果拨叫的是对方的固定电话，则不必考虑这方面的内容。

3. 针对不同类型的用户设计不同的语言

(1) 首次接受呼出访问的客户

呼出语言脚本的内容中就应该将呼出的原因详细地告知被访者，让被访者从思想上认同并接受此次的通话，最终获得被访者良好的配合。例如：“您使用我公司的产品已经有好几年了，作为我们的老客户，我们想对您作一个电话的回访。”会让客户放松紧张的心情，积极的配合营销员完成整个外呼过程。

(2) 不久前曾接受过呼出访问的客户

所使用的语言就应该和首次接受电话呼出访问的用户有所不同，此时就应该将一些亲情化的语言增加进来，如“××先生/女士、小姐您好，很高兴能够再次为您服务”，“××先生/女士、小姐您好，很高兴又听到您的声音”，然后再向被访者说明来电的目的。

4. 征询语的设计

如果呼出的电话不是事先与客户约定好的话，那么征询语的设计对整个呼出过程是否成功或效果的好坏起着重要的作用。只有当被访者表示出愿意配合的意愿时，被访者才会将他最真实的信息传递过来，呼出才可能成功。如若不然，即使有些客户因为礼貌而没有挂机，但也难免会出现敷衍了事的现象。在进行征询语的设计时，还有一点值得注意的是，最好能够将本次通话大致所需要的时间告知被访者，让被访者判断是否有时间配合话务员的电话访问，话务员也应该严格遵守事先约定好的时间，尽量不要出现超时的现象，除非是被访者愿意增加时间。常用的征询语如："这次的电话访问大约需要3分钟的时间，请问您方便接听吗？"

二、访问语的设计

呼出项目多种多样，如客户回访、客户满意度调查、客户需求调查、产品使用情况调查、业务推广等，因此，在进行呼出语言脚本的设计时要针对不同的项目内容，设计不同的访问语。但在设计时必须要注意以下几点。

1. 问题简单明了

避免设计让客户不理解或无法确定回答内容的问题。如果设计出的问题太大，范围太广，让客户不知该如何回答，影响呼出的效果。

2. 设计人员要具有"角色转换"的意识

设计脚本的人应首先站在客户的角度，去理解和体会客户的想法与需求，并结合企业的运营特点，设计贴近客户的访问语，保证呼出的有效性。

3. 减少"专业术语"和"生僻词"的使用

多用让被访者明白的词语，保持与客户的亲近感。比如话务员在了解被访者使用增值业务的相关信息时，就不能说："请问您是否经常使用SP业务？"

三、特殊情况处理时的语言设计

呼出时，话务员对客户的状态是不可知的，因此可能会遇到被访者因开会、用餐、开车、休息、生病等各种不适宜进行呼出的状况。那么，在进行呼出语言脚本的设计时，不仅要有供话务员在常规状态下使用的语言脚本，同时还要能够为话务员设计出一套遇特殊情况时所使用的语言脚本。

1. 被访者在参加会议

话务员就不能够按照平常所使用的语言脚本对被访者进行电话访问，此时，话务员应能够使用简短的语言迅速结束通话，以避免打扰被访者的工作。此时，语言脚本中就应该设计出这样的语句："对不起，本来想对您作一个电话回访，您现在在开会，我就不打扰您了，再见。"

2. 被访者在用餐

用餐时可能不方便接听呼出的电话，那么语言脚本中就应该包括这样的语句："对不起，本来想对您作一个电话回访，您现在在用餐，我就不打扰您了，祝您用餐愉快，再见。"

3. 被访者在开车

话务员应使用简短的语言迅速结束通话，以避免分散被访者的注意力。"对不起，本来想对您作一个电话回访，您现在在路上，我就不打扰您了，祝您一路平安，再见。"

4. 被访者若生病了

语言脚本中就应该加入一些关心的语言，以体现话务员服务的人性化与亲情化。此时可能用到的语言有："对不起，本来是想对您作一个电话访问，您现在身体不舒服，我不打扰您了，看过医生了吗？有什么需要我可以帮助您吗？""对不起，本来想对您作一个电话访问，您现在身体不舒服，我就不打扰您了，祝您早日康复，再见。"

四、结束语的设计

恰当的结束语的设计不仅能留住客户和使客户满意，同时还能为下一次成功的进行客户访问奠定基础。对于第一次接听呼出电话的被访者来讲，在结束语的设计中就应该将"愿与客户建立长期呼出服务"的信息传递给他，此时可用到的语言有："非常感谢您的支持与配合，今后公司推出了新的业务，我们会使用免费电话在最快的时间通知您，祝您工作愉快，再见。"

呼出服务比呼入服务来讲具有更大的挑战性，切实好用的营销脚本能更好地指导话务员的工作。

第四部分

运营与管理技能

第十一章 现场管理

本章要点：

- 工作环境
- 业务流程
- 话务预测与排班管理
- 电话监听
- 突发事件处理
- 现场管理制度与规范

企业客服中心工作水平要想提升，需要建立起完善的制度、流程和管理体系，更要强化内部各项管理工作。现场管理是客服中心运营管理中最为重要的一部分。推行现场管理，不但能及时发现问题、解决问题，更重要的是可以为员工提供解决问题的方法，同时可以通过现场管理，对客服中心各工作的执行情况进行跟踪，确保各项工作的有效进行。

本章将对呼叫中心工作环境、现场管理中业务流程、话务预测与排班管理、电话监听、突发事件的应对措施、现场管理的制度与规范等内容进行介绍。

第一节 工作环境

一、环境的重要性

一家呼叫中心拥有良好的环境会带来以下收益：

- 减少人员流失；
- 提高生产力；
- 更愉快的工作氛围。

布置环境不仅仅是指挑选新涂料、新办公桌或新灯具。它是一个整体，包含了一家公司的各方面。

一家设计良好的呼叫中心这样表示：

- 我们是一家关心员工福利的公司；
- 我们不会为眼前利益而妥协；
- 我们是值得信任的；
- 我们是成功的。

一个构思良好的环境能够使空间的利用达到最大化，由此，同样的空间可以容纳更多人，而同时不需要牺牲人的舒适。

一家公司可能花费好几千元来培训和辅导一个话务员以达到它的期望水平，然而却会仅仅因为别家公司提供了更好的工作环境而失去这个人。

二、工作环境的布置

任何一家公司在决定其工作环境设计时都必须考虑它的主要工作需要什么样的环境。从员工聘用的角度来看，呼叫中心的工作环境对于公司的员工投资回报是至关重要的。这可以当做早期的团队建设活动。让你的坐席代表感觉被重视，感觉他们每天的舒适很重要，这是建立员工忠诚的最快、最直接的方法。

1. 应考虑的关键问题

- 工作关系密切的团队之间是否需要易于相互往来的通道？
- 将需要多少辅助性的设施，例如培训室、会议室？
- 哪些团队需要这些场所的最方便通道？
- 员工对于团队工作的参与程度如何？（这决定了需要多少投影设备和是否有必要为特别的会议准备相应的空间）
- 如何在工作需要和建筑与技术的局限之间找到最佳平衡点？

一个成功的呼叫中心是为人而设计的。为了获得坐席代表的反馈，一定要考虑把将要安装的坐席实物模型放置在实际将要安装的位置，并使其尽早进行得到体验，这样可以使模型发挥最大的价值。

2. 设计规则

(1) 坐席布局与分配

坐席分布格局能提升一家公司给人的印象，而且能反映环境是否人性化。图11-1描绘了几种可能的呼叫中心办公桌布局。图A和图C最受呼叫中心员工欢迎，而图B和图D最普遍。

确保坐席反映出的工作程序和坐席代表履行的职能，以保证办公桌的尺寸适当。

工作间分配是呼叫中心的基本事项，充足的个人物品储存设备是至关重要的。

这不仅仅是从安全的观点出发，它们同时也对保持呼叫中心的整洁有很大的帮助。

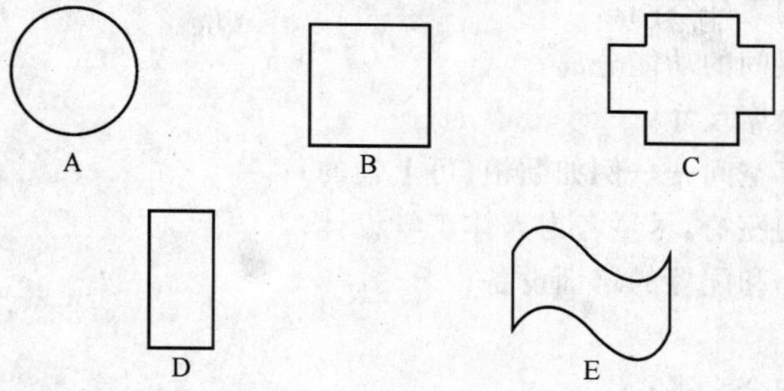

图 11-1　几种可能的呼叫中心办公桌布局

(2) **桌面**

为坐席代表购买液晶显示器和小型计算机通常是有经济价值的。它们会占用远小于以前的桌面空间，为安装更多的席位铺路。此外，液晶显示器更省电，可以更多地节省长期运行费用。

(3) **座位**

坐席代表将会坐什么？呼叫中心比任何其他类型的公司更难指定座椅，因为同一座位可能经常会被不同团队的人或不同班次的人使用。然而，背部疾病将会导致工作无法正常进行，这是对生产力的极大消耗。无论如何，保持员工的舒适和健康也确实是一项值得做出的投资。

(4) **色彩**

色彩是一种最直接的让情绪得到改变的东西，也是为特定环境设计特定情绪的最有效方法。例如，深色且消沉的墙面色彩被证明会使情绪低落，而明亮愉快的色彩可以引发积极的情绪。

(5) **照明**

照明对于人情绪的影响与色彩的影响极为相似。在昏暗、阴沉的气氛下工作也会令人非常压抑。安装优质的漫射照明是强力推荐的。彩色照明在墙上和天花板上的效果常常极具冲击力，作为兴趣吸引点使室内更有活力。它还可以是一种有效而便宜的方式，用以标示机构内不同区域的过渡。

(6) **休息区**

对于呼叫中心来说，拥有专用的休息区是不可或缺的，在这里，员工可以暂时从他们的办公桌上解脱出来稍加休息，并且能够满足休息时间的调整需要。可以采用休息室、休息区或小卖部的形式。

休息室也是一样。它们并不会占用太大的空间，其装备费用也比坐席区域的平均水平低得多。一些公司购买一些娱乐设备，还有一些公司提供电视或联网电脑让员工在休息的时候可以查阅电子邮件。员工们一致感觉到他们的压力得到释放，这些看似庞大的费用实际上为他们带来了更好的长期效果。

3. 设计要点

为了收到最好的效果，第一点要尽量了解工作准则和公司理念，第二点是员工参与。第三点设计要围绕特殊需要以及建筑物自身的优势或是劣势而展开。

此外，还有一些细节建议如下：

- 尽量使用无柱空间；
- 避免楼层间的功能分离；
- 合适的坐席尺寸；
- 个人储存空间——例如橱柜(可上锁的)；
- 高质量的座椅，尽量考虑人体工学设计；
- 合适大小和配置的培训设备；
- 休息区；
- 适当的安全水平；
- 良好的空气调节/空气流动装置；
- 天花板——尽量高；
- 照明——不要让眩目光模糊屏幕，使用漫射照明；
- 让呼叫中心符合未来的需要。

三、通信设施

呼叫中心是通信密集型的部门，它们对通信的需求往往是传统办公室的两倍或者三倍之多。

呼叫中心需要高效地转接大量的电话、电子邮件或视频给坐席代表。转接时要根据谁有空接听的原则，或者是根据特定的条件，例如，金卡用户优先。也有可能是根据技能来决定，如法语或西班牙语的流利程度，或者对苹果计算机的知识，这种方式被称为是基于技能组的转接。这些转接是通过自动电话分配系统(ACD, Automatic Call Distribution)来完成的，系统将客户的联络进行排队，然后转给坐席代表。ACD的功能是连接到网络控制或装有网络路由器的电信中央控制室或中央交换机、呼叫中心拥有的电脑或基于电脑的分组专用交换机，或者是自己拥有并建立的网络语音和数据路由器上。

此外，为了得到节约劳动力成本、提高生产率的好处，呼叫中心还需要投资以下一些主要工具。

1. 交互式语音应答系统

交互式语音应答可以通过按键或者语音识别来实现。交互式语音应答系统通过以下方式自动处理呼入电话：

- 自动值班员(“如果您知道分机号码，请您现在直接输入……”)。
- 通过按键或语音应答进行菜单选择，到达不同的地方。
- 辨别身份，把客户电话转到专门接听他们电话的坐席代表处。例如，按产品或服务类别和打电话的人特定的要求转接。
- 接收数据，如姓名、住址、账户号或者信用卡号，并将信息转给人工坐席代表，以便节省时间和金钱，并避免让客户接收重复信息。

2. 电子邮件模板

电子邮件模板是提高人工坐席代表处理收到的电子邮件的工具，它会找出邮件的关键词并据此找出预设好的答案，而坐席代表只需要在发出回复前快速地检查一遍。这种方法跟书写没有模板的个性化答复比起来，可以节省时间，并且给同样的问题提供统一的答复。

3. 预拨号系统

预拨号系统就是先进的计算机从数据库里找到号码并拨打，如果有人接听就将电话连接到人工坐席代表的一种工具。这比直接拨打电话，或者将号码显示在坐席代表的计算机屏幕上以便拨打要快得多。预拨号系统也能确认电话的另一端是否为答录机，如果是就不会连接电话，这也就节约了时间和金钱。

4. 计算机电话集成系统

计算机电话集成(CTI)是指一种软件系统，它会记下来电人的信息，并将其与所拥有的这个客户或潜在客户的记录进行比对，然后传输给坐席代表。CTI可以让坐席代表避免在计算机系统中查询客户资料时让客户在电话里等待。

5. 客户关系管理软件

客户关系管理软件最基本的功能是记录与客户的交流信息，不论是通过何种渠道的沟通。这些信息会被用来建立客户档案，确定他们的个人价值，并找出向他们销售的目标产品和服务。CRM系统收集的数据可以让你根据销售额和客户的目前及将来的价值提供不同水平的客户服务(如是直接转到人工坐席代表那里，还是要先进入IVR系统)以达到短期和长期利润最大化。

6. 管理工具

呼叫中心也使用管理工具，包括电话监听和录音系统、脚本制作、电话登录和报表系统，以及信息显示系统，如排队电话的数量。一项重要的技术是人力管理软件，它可以让你预测并对坐席代表进行排班，以达到服务需求，当有人不能准时上班时可以进行调整。

7. 培训技术

呼叫中心也大量应用称为技术型的培训(TBT)或网络学习工具，为坐席代表提供初期培训或复习培训。

另外，呼叫中心收发大量的数据必须要被可靠地收发，这就要求有一些宽带通信线路接入办公大楼，而且要有多余的备份线路，以防万一这条线路被切断，如被挖土机挖断。总之，呼叫中心需要大量线路将交换机和路由器与坐席代表的工作站进行连接，不论是电脑电话还是单独的电话机，而它们都带有耳机插孔和耳机。如果使用了网络电话，所用的线能减少，但绝不可能一根线也不用。

第二节　现场管理与指导

一、现场管理概述

现场管理是管理人员根据事先设定的质量标准或工作要求，在服务现场或通过多媒体数字监控手段对执行服务的人员、设备、工作流程、环境等进行实时的监控和管理，发现存在的问题和预测潜在的问题，并及时制订解决方案，改善服务方法、作业流程、思维方式、工作环境，进而提升服务质量的管理过程。

客服中心的现场管理是客服中心服务质量管理的一个重要环节，是一个动态的管理过程，需要管理人员根据现场发现和发生的实际情况，及时对问题进行分析预测，采取必要的措施解决现有的问题并避免潜在问题的发生。运营主管、话务主办、服务质量主管、质量主办等人员均会参与客服中心现场管理，但他们在现场管理中工作的侧重点有所差异，分别从客户服务过程中的资源保障、质量标准制定、质量监督、统计预测、现场指导等不同要点保障客户服务现场工作的质量。

表 11-1 反映了不同职务的人员在现场管理中的作用及参与现场管理的参考频度。

表 11-1　各级人员在现场管理中的角色

职务名称	现场中的作用	参考频度
运营主管	客户服务过程中的资源保障者和关系协调员	每周不少于 2 小时
服务质量主管	客户服务过程中质量标准的制订者	每周不少于 5 小时
话务主办	客户服务过程中最主要的问题采集者、经验传递者和工作监督者	每天对话务员的督导不少于 2 小时，每天亲自参加与服务的时间不少于 2 小时
质量主办	客户服务过程中质量监督和统计预测者	每天不少于 2 小时

二、业务流程

业务流程是一个客户服务运营机构的生命线。客服中心的业务流程不但重要，而且相对比较复杂，它可被分解成相关的 9 个步骤，如图 11-2 所示。

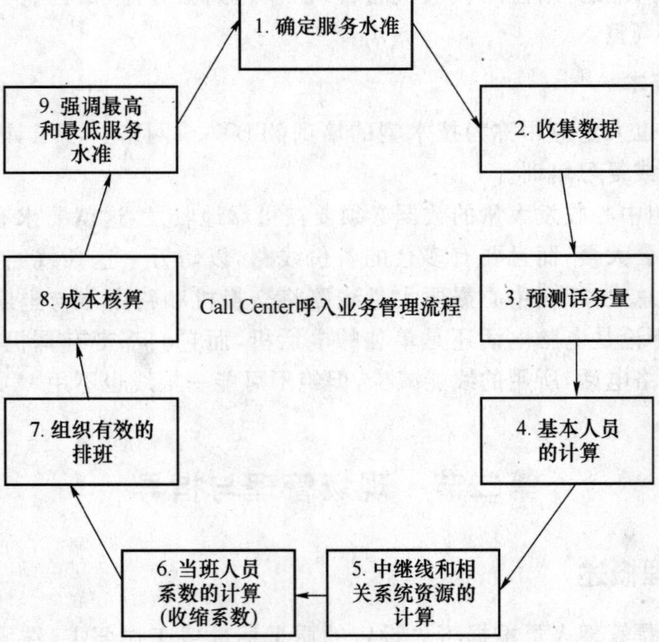

图 11-2　客服中心业务流程示意图

1. 确定服务水准

服务水准是一个客户服务机构的服务目标。它可以衡量客服人员的水平以及帮助处理下列的问题：如何轻松使用 Call Center？需要多少人员？怎样看待市场活动？员工会有多忙？如何分配成本？等等。服务水准的制定受到设备成本、劳动力成本、通信费用和客户容忍度等几个因素的影响。

2. 收集数据

客服中心的管理数据纷繁复杂，主要的数据来源包含：ACD、数据库、市话网、长话网、传真服务器、电子邮件服务器等。客服中心需要建立一个数据收集的流程以指明：需要的信息以何种形式安排它们，从哪里获得它们，它们是由谁或什么生成的，它们在何时和需要怎样与计划流程相适应。

3. 预测话务量

预测话务量的主要目的是为了计算满足话务员的服务水准所需的最基本员工数，计算所需的系统和中继线。尽量降低放弃率并减少异常中断电话量，优化组织结构以建立实用的时间表。预测将来的员工和网络成本，满足客户期望值，建立能够提供质量服务的环境等。

4. 基本工作人员的计算

根据项目周期预测出的日平均处理话务量除以话务员处理一个电话的平均工作时间得到日平均工作人员基数，同时用预测出的话务量高峰值和低谷值除以话务员处理一个电话的平均工作时间，可以计算出服务项目某时段最多需要准备的人员数量和最少投入的人员数量，为科学排班工作做好准备。

5. 中继线和相关系统资源的计算

预测在可预知的时间内最忙的半小时所要处理的话务量，可计算出为达到话务员的服务水准目标的话务量所需的话务员使用的计算机的数量。根据话务员要处理的话务量和话务员实际能达到的服务水准，决定中继线的负载；运用恰当的公式计算出处理中继线负载所需的中继线数量。同时，需要把出现占线情况的概率考虑在内。

6. 当班人员系数的计算

通常，采用人员排班压缩系数计算法，其计算基本步骤为：首先计算出半小时所需的基本人员，然后找出使话务员无人职守的原因；把半小时内的必要人员数和可能离开话务员的话务员的数量加起来；计算压缩系数，并在今后的时间安排里使用这个压缩系数。

7. 组织有效的排班

采用弹性的排班制度以适应每一时段的人力资源需要是很重要的，它不但直接影响服务水准的指标，同时也是客服中心服务成本的重要控制手段。排班通常要考虑时段话务量、员工人数、历史话务量轨迹等因素。

8. 成本核算

客服中心的运营管理成本是一个非常关键的管理指标。一方面是因为通信线路成本和人员,工资所占的比例非常高,通过成本核算可以有效地进行控制;另一方面需要考虑到客服中心的预期增长,增长仍然是 Call Center 行业所面临的最大的挑战之一。

9. 重申最高服务水准和最低服务水准

前面已经提到,正确的服务水准应做到:满足客户的需求和期望,把放弃率保持在可接受的标准内,争取最少的开支以取得最大的收益,与高级管理人员保持一致并得到他们的支持。

因此,客服中心需要重申最高和最低服务水准,以在最高和最低服务水准范围内恰当地定义和调整客户期望值,并确定如何使用尽可能少的资源达到和超越客户的期望。

三、话务预测与排班管理

排班管理是现场管理的重要内容。而话务预测是排班管理的前提。客服中心通过对历史呼叫量规律的分析,对可预知的呼叫量影响因素提前做出反应,并做出科学的话务预测,以提早进行班次调整与人员配备,保障服务水平指标。

(注:各客服中心的话务预测和排班管理会有所差异,在执行中,具体遵照各客服中心实际进行预测与管理。这里介绍的是一般性的方法,涉及的具体数据均为参考数据)

1. 话务预测

根据历史情况分析,客服话务量增加和减少的原因分析如下:

(1) 当话务量呈现增加趋势的时候,增加的原因可能主要有:

- 现有客户数量增加;
- 公司推出新服务,以及处于新服务和特色服务的推广期间;
- 公司推出的新技术较为复杂和超前;
- 客服中心服务范围的扩展;
- 媒体宣传攻势使得客服中心知名度攀升;
- 公司业务变化引起的;
- 客户对服务期望的提高,服务要求的增加;
- 公司减少客户服务培训,引起一次性问题解决率降低,导致员工流失率增加的时候;
- 如果公司产品质量滑坡,投诉和询问的话务量就会成倍增加;
- 其他原因。

从以上几种原因的角度可以分析出客服中心来话量变化曲线变化的起因,以及各种原因所占比例。

(2) 当话务量呈现减少趋势的时候,可能的原因主要有:

- 通过媒体宣传、客户手册等客户教育手段,或者随着时间推移,广大客户对公司新服务认识普及率越来越高,客户知识度的整体提高带动话务量的降低;
- 客户无须咨询,就能自己解决常见问题;
- 公司系统日趋稳定,故障和问题率降低;
- 公司采取积极及时的故障排除措施;
- 如果公司各项服务和产品质量提高,客户需要客服的机会就小了,话务量自然减少;
- 客服减少服务范围;
- 如果客服 ACD 以及系统接入发生故障,会产生错误数据,接入的话务量可能减少。

如果要正确地估计出各种变化因素,就必须充分利用历史资料的数据,比如缺勤率,对于 24 小时服务的客服中心来说,倒班的话务员最可能请假的时候,也就是相对于他们自己那一班来说的休息日的前一天和休息日后的第一天了。

根据客服中心产业的统计,绝大多数的呼入型客服中心里,余量额度值在 1.1 到 1.4 之间。虽然如此巨大的余量额度给人感觉是效率低下和成本高昂,但是保持余量却是保持服务水平的有效前提。

案例

每半小时话务量计算方法

1. 计算每月所占全年话务量的比例(见表 11-2):

表 11-2 每月所占全年话务量的比例

月份	话务量	所占比例
1月	33 900	6.78%
2月	30 200	6.04%
3月	38 293	7.66%
4月	37 344	7.47%
5月	37 873	7.57%
6月	40 243	8.05%
7月	49 435	9.89%
8月	49 343	9.87%
9月	49 245	9.85%
10月	50 879	10.18%
11月	50 344	10.07%
12月	32 901	6.58%
合计	500 000	100%

2. 计算每天占全月话务量的比例(以 1 月份为例，见表 11-3)：

表 11-3 每天占全月话务量的比例

日期	话务量	所占比例
1	1 721	5.08%
2	1 698	5.01%
3	1 678	4.95%
4	1 703	5.02%
5	1 700	5.01%
6	1 699	5.01%
7	1 567	4.62%
8	1 556	4.59%
9	1 528	4.51%
10	1 534	4.53%
⋮	⋮	⋮
合计	33 900	100%

3. 计算每半小时占全天话务量的比例(见表 11-4)：

表 11-4 每半小时占全天话务量的比例

半小时	date		date		date		date		平均
	CALLS	%	CALLS	%	CALLS	%	CALLS	%	
08：00—08：30	24	1.39%	20	1.18%	13	0.77%	27	1.59%	1.24%
08：30—09：00	35	2.03%	32	1.88%	24	1.43%	35	2.06%	1.85%
09：00—09：30	101	5.87%	87	5.12%	67	3.99%	85	4.99%	5%
09：30—10：00	104	6.04%	89	5.24%	87	5.18%	100	5.87%	5.59%
10：00—10：30	96	5.58%	92	5.42%	93	5.54%	94	5.52%	5.51%
10：30—11：00	123	7.15%	112	6.60%	120	7.15%	116	6.81%	6.92%
11：00—11：30	126	7.32%	129	7.60%	126	7.5%	115	6.75%	7.29%
⋮	⋮		⋮		⋮		⋮		⋮
合计	1 721	100%	1 698	100%	1 678	100%	1 703	100%	100%

4. 计算每半小时话务量：

500 000	目前一年的话务量
× 1.1	预测有 10%的增长
550 000	下一年的话务量
× 0.68	1 月份所占全年的比例
37 400	1 月份的话务量
× 0.050 8	1 日占月话务量的比例
1 900	l 日的话务量
× 0.055	10：00—10：30 占每日话务量的比例
105	10：00—10：30 的话务量

2. 排班管理

前面案例已经介绍了如何计算半小时话务量，那么，根据所学方法，首先计算出每半小时话务量，然后根据设定的平均通话时长、话后整理时长和服务水平指标，通过 Erlang C 计算公式则可计算出每半小时所需要的话务员人数。

列出每半个小时工作时间内安排应当在岗和实际能出勤在岗的人员数量对比表，如表 11-5 所示。

表 11-5　应当在岗和实际能出勤在岗的人员数量对比表

	所需人员				排班表上规定	排班表余
	基数	缺勤	休息	培训	本班工作人数	量额度值
8：00—8：30	28	1	0	4	33	1.18
8：30—9：00	30	1	0	4	35	1.17
9：00—9：30	27	1	2	4	44	1.19

其中排班表余量额度值 ＝ 排班表上规定的本班工作人数/实际正在处理话务的人数。

为确定每一工作时段应排班人数，应根据以下步骤决定：

(1) 将服务时间按每半小时为单位划分，确定每一时段所需要的工作人员基数。实际上人员基数是由分组方式所决定的。

(2) 按照客服中心实际情况，将不能按排班表行事的各种原因，如病事假缺勤、调休休假、接受培训、处理行政工作、开展调研、调到呼出业务组、开会、从事别的项目等一一列出来，分得越细，预测结果越准确且实用。

(3) 以半小时为单位，把安排班的所需人员基数与无法安排班要求处理话务的人数加起来放入上表排班表上规定的本班人数。

(4) 用排班表上规定的本班工作人数/实际正在处理话务的人数，所得出的就是在预测中可以使用的排班余量额度。

案例

排班实例

1. 原则

一是确保服务质量的原则；二是充分利用人力资源的原则。

2. 服务水平目标

某品牌客户服务水平为 75%的电话在 20 秒内接听。

3. 排班依据

(1) 人工业务话务量与自动业务话务量比例 2：8。

(2) 话务员坐席出勤数量以日话务量变化为依据。

(3) 忙时人工接通率要达到指标的最少坐席数量。

(4) 以历史各技能组话务量为依据,划分各技能组话务员人员数量。

(5) 技能坐席数量的实时调配,依据技能话务接通率随时调整。

(6) 突发事件要有足够的话务员补充或加班。

(7) 话务员平均工作时长不超过 40 小时/周。

4. 排班举例

(1) 排班方式

业务主办、话务员按技能组分别排班。

最多分成 7 种班次,忙时最大班不能超过 6 小时,以保障忙时接通率和话务员良好工作状态。

话务员在班外用餐,即用餐时换班,保障用餐时人工接通率。

(2) 排班班次

a 班:07∶30—12∶00。

b 班:08∶30—13∶00

c 班:12∶00—18∶00

d 班:13∶00—19∶00

e 班:18∶00—22∶00

f 班:19∶00—23∶00

g 班:22∶00—次日 07∶30

(3) 排班举例(见表 11-6)

表 11-6 排班表

	1组	2组	3组	4组	5组	6组	7组	8组	9组	10组	11组	12组	13组
1日	a	b+e	c	c	b+e	休	f	f	d	d	a+g	休	休
2日	b+e	c	c	b+e	休	f	f	d	d	a+g	休	休	a
3日	c	c	b+e	休	f	f	d	d	a+g	休	休	a	b+e
4日	c	b+e	休	f	f	d	d	a+g	休	休	a	b+e	c
5日	b+e	休	f	f	d	d	a+g	休	休	a	b+e	c	c
6日	休	f	f	d	d	a+g	休	休	a	b+e	c	c	b+e
7日	f	f	d	d	a+g	休	休	a	b+e	c	c	b+e	休
8日	f	d	d	a+g	休	休	a	b+e	c	c	b+e	休	f
9日	d	d	a+g	休	休	a	b+e	c	c	b+e	休	f	f
10日	d	a+g	休	休	a	b+e	c	c	b+e	休	f	f	d
11日	a+g	休	休	a	b+e	c	c	b+e	休	f	f	d	d
12日	休	休	a	b+e	c	c	b+e	休	f	f	d	d	a+g
13日	休	a	b+e	C	c	b+e	休	f	f	d	d	a+g	休
14日	a	b+e	c	C	b+e	休	f	f	d	d	a+g	休	休
15日	b+e	c	c	b+e	休	f	f	d	d	a+g	休	休	a

续表

	1组	2组	3组	4组	5组	6组	7组	8组	9组	10组	11组	12组	13组
16日	c	c	b+e	休	f	f	d	d	a+g	休	休	a	b+e
17日	c	b+e	休	f	f	d	d	a+g	休	休	a	b+e	c
18日	b+e	休	f	f	d	d	a+g	休	休	a	b+e	c	c
19日	休	f	f	d	d	a+g	休	休	a	b+e	c	c	b+e
20日	f	f	d	d	a+g	休	休	a	b+e	c	c	b+e	休
21日	f	d	d	a+g	休	休	a	b+e	c	c	b+e	休	f
22日	d	d	a+g	休	休	a	b+e	c	c	b+e	休	f	f
23日	d	a+g	休	休	a	b+e	c	c	b+e	休	f	f	d
24日	a+g	休	休	a	b+e	c	c	b+e	休	f	f	d	d
25日	休	休	a	b+e	c	c	b+e	休	f	f	d	d	a+g
26日	休	a	b+e	c	c	b+e	休	f	f	d	d	a+g	休
27日	a	b+e	c	c	b+e	休	f	f	d	d	a+g	休	休
28日	b+e	c	c	b+e	休	f	f	d	d	a+g	休	休	a
29日	c	c	b+e	休	f	f	d	d	a+g	休	休	a	b+e
30日	c	b+e	休	f	f	d	d	a+g	休	休	a	b+e	c

说明：

话务员人员数量:13 组×6 人=78 人

后台支持人员数量:78 人×10%=8 人

业务主办人员数量:78 人×6%=5 人

以上话务预测和排班方法相对简单,易于实施。然而,随着呼叫中心的迅速发展,有些企业科学地根据一些数学模型,推出了其他话务预测与排班方法。具体到各企业,应结合企业实际灵活进行。

案例

推出话务预测、梯次排班法，安徽移动1860话务处理能力显著提高

面对迅速增长的服务需求,安徽移动围绕"合理控制人员增量、持续提高 1860 人工来话受理能力"这一课题,推出"话务预测、梯次排班法"这一提高人员利用率和劳动生产率的管理创新项目。在话务一线管理实践中,该项目取得明显成效。

过去,由于 1860 来话量在各个时段分布的不均匀性(忙时来话超过闲时来话数量约 4 至 10 倍),"三班制"和"四班三运转"等传统的作业组

织方法,造成了"话务高峰人手不足,话务闲时人员冗余"等问题。安徽移动在广泛调研和测算的基础上,核定了1860话务人员的劳动定额,根据"话务代表劳动定额"建立"来话强度预测排班法"的数学模型,通过公式使各变量之间的函数关系直观化、明确化,再利用公式测算出符合成本效率原则的各时段最佳人员的配置需求,制订了相应人员配备和调度方案,并在此基础上对排班的具体细节进行优化,实现忙时增员、闲时减员。最终形成"话务预测、梯次排班法"模型,测算出符合成本效率原则的各时段人员配置需求。

在"话务预测、梯次排班法"的作用下,1860客服中心实现了"人力配置与来话强度相适应"。使该中心话务高峰期处理能力及人员利用效率得到显著提高。截止到6月底,1860人工来话忙时(09:00～22:30)人工接通率已稳定在90%以上,客户感知得到明显提升。

四、电话监听的应用

电话监听是客服中心服务质量管理的一个重要手段。通过电话监听,可以实时掌握座席的工作状态(空闲、忙于外线或内线、正在振铃、免打扰、限制时间、报警和退出等),同时对话务员的人际交往能力、语言表达能力、专业知识、服务技能、应变技巧、呼叫控制和责任心等方面进行监控,促进话务员更好地与客户进行交流,有助于提升整个客服中心的服务品质。

电话监听工作一般在客服中心系统内部进行,通常可分为随机监听(Silent monitoring)、电话录音监听(Recorded calls)和现场指导(Side-by-side observations)3种形式。

- 随机监听,即监听者远程或是在客服中心内部监听话务员与客户的通话,有些客服中心在监听的同时还能够捕捉到话务员的桌面当前状态。
- 电话录音监听,即通过电话录音系统对话务员和客户的通话进行全程或选择录音,并对录音数据进行存储管理,监听者随机选取部分录音监听来评判话务员的服务质量。
- 现场指导,即监督者就坐在话务员旁边,用同一电话机(通常有监听插口)对话务员与客户的通话监听,并在现场给予话务员及时的指导和帮助。

不同的电话监听方式,其特点参见表11-7。

电话监听作为提高客服中心服务品质的一种手段的同时,我们也应看到话务员对任何一种电话监听方式,都可能存在着误解、反感,甚至是恐惧。

一旦出现这种情况,电话监听就会增加话务员的心理压力,对话务员积极性和工作表现产生消极影响,最终导致话务员的缺勤率与离职率增加。反之,被话务员认可的电话监听可以提高话务员对工作的满意度、积极性和工作效率。因此,关注话务员的感受,采取适当的措施帮助话务员克服这种恐惧心理是非常必要的。

表 11-7　电话监听方式优缺点比较

监听方式	优　点	缺　点	系统要求
随机监听	(1) 因为是多样本随机选择,样本比较具有普遍性 (2) 通常话务员并不知道是否正在被监听,其表现就会更自然些,监听效果更真实 (3) 监听者不必受时间或空间的限制,可以采用远程方式进行监听	(1) 随机监听后需要很及时的反馈,否则被监听者无法记清谈话的内容 (2) 由于不能确定客户电话何时呼入,监听者有时不得不为了等待电话呼入而造成时间利用率降低 (3) 无法对话务员电话品质作出全面、客观、有效的评估	(1) 系统要能够保证监听者在本地或远程进行实时监听 (2) 系统能够让监听者了解话务员电话状态,以保证监听有效的电话,提高监听者的工作效率 (3) 具备屏幕捕获功能,使监听者能够全面了解客户信息服务员的工作状态
电话录音	(1) 为话务员服务质量评估提供依据 (2) 话务员自己也可以听电话录音,以帮助话务员判别自己需要改进的地方 (3) 监听者可以灵活选择监听工作时间 (4) 对于集中抽查质量也很有帮助	(1) 由于不是实时监听,对坐席代表的反馈效果往往会打折扣。比如,由于监督人员工作繁忙,往往听到的是较早的电话录音,对话务员通话中的问题不能够及时反馈 (2) 过分依赖电话录音系统,有可能放松实时监控的力度	(1) 提供放音、查询、数据存储、报警功能 (2) 提供系统监控管理、统计分析报表功能 (3) 提供质检考评功能,可以动态地对考评指标进行调整,满足业务变化需要
现场指导	(1) 这种监听保证双方都能及时地交流沟通,监听者能够及时给话务员信息反馈,可以直接回答话务员提出的问题,传达工作标准以及及时发现哪些话务员需要哪些方面的培训,话务员能够在监听者的指导之下及时掌握新的服务内容和技巧 (2) 监听者能够看到话务员使用的参考资料和其他工作站资源 (3) 对新招聘进来的话务员有很大的帮助,高度交互式的交流为话务员提供了一个令人鼓舞的支持性的环境 (4) 有利于话务员和监听者建立起良好的关系,增进彼此的信任感	(1) 话务员可能会由于监听者就在自己身边而感到羞怯或是恐惧,因此,不能够表现其正常工作状态 (2) 话务员的表现由于和当时的环境和话务员的状态有很大关系,例如,有的话务员可能会因为监听者在旁边而表现比平时对客户更友好,使得监听者在一旁观察到的结果失真 (3) 话务员可能会因为监听者在身边而产生依赖心理	(1) 系统提供电话会议功能,使得监听者和话务员可以同时接听同一来电 (2) 有支持两个人同时工作的场地、监听电话听筒、插座、记事本等设施

表 11-8 列出了客服中心话务员对不同形式电话监听的心理反应,以及质量人

员应采取的应对措施。

表 11-8 话务员不同形式电话监听的心理反应

电话监听	话务员心理反应	质量人员应采取的应对措施
随机监听	“是谁、将在什么时间监听我们的录音？需要多长时间反馈结果？监听人能看到我们的整个场景和个人界面操作吗？”	(1) 应以诚实、公正、守信的原则保证监听结果的公正性、全面性和客观性 (2) 告知话务员会把监听的整个过程及结果及时地反馈给他们。例如，监控制度中写入“每次随机监听结果将在每天或每小时予以公布” (3) 不仅要“听”，还要“看”，通过屏幕捕获能够看到客户信息服务员桌面操作过程，全面掌握话务员工作状态
电话录音	“那难道就是我的声音吗？我不喜欢自己的声音听起来是这样。”“是谁来听这些录音呢？”	(1) 刚开始几次直接把这些录音交给话务员，告诉他们录音还没有人听过，让他们自己先听一下，给予话务员一段适应期。这样，在正式监听电话录音之前有一段熟悉适应的时间，就能大大消除这种畏惧心理 (2) 经过一段时间后再来监听电话录音效果更好一些，同时客户信息服务员也会把它和以前的录音作比较为自己的进步感到高兴 (3) 经常抽出一点时间，可以单独，也可以几个人在一起听录音。针对某个录音(质量人员精心挑选出来)，让大家评判，征询大家的意见
现场指导	“这样太让人难为情了，我感到很紧张，无法达到最佳状态。”	(1) 克服这种恐惧心理的一个比较好的办法就是首先让监管者以客户信息服务员的身份拨打或接听客户电话，由话务员来反馈意见。这种方式不仅能够大大缓解话务员紧张的心理，而且也是一次生动的培训过程 (2) 应注意在线指导的时机、长度把握，通过在线指导，使客户信息服务员达到最佳表现 (3) 要注意自己的角色，是辅助、指导人员的角色，而不是与客户信息服务员敌对的监工 (4) 要与话务员加强沟通，通过单独面谈形式让客户信息服务员感到他们的工作表现对企业的重要意义

除了以上应对措施外，质量人员要表现出人性化，应当坦诚地向话务员介绍电话监听方式、途径，并向话务员说明监听的目的是为客户信息服务员创造一个更加公平、有效的工作环境，从而减少话务员对此的恐惧与排斥心理。同时也要尊重员工的隐私。例如，只监听话务员与客户的通话，指定部分不受监听的电话供话务员私人使用。另外，质量人员还应当在评估完成之后尽快开始反馈工作，制订电话监听综合报告，提出改进意见，采取个别谈话的方式，尽快与话务员进行一对一的沟通，保证最佳的促进效果。

然而，监听者经常面临话务员对反馈信息的反应很消极，依次表现为：话务员收到了反馈信息，但不认可。话务员意识到了问题，但消极对待，不愿改进；本身积极性就不高。相应地，监听者或管理者可以采用下面的方法帮助话务员克服消极心理。

- 不认可——监听者应该认真倾听话务员的不同意见，找到话务员为何不同意反馈意见的根源。如果话务员认为监听者所说的情况是不存在的，那么，监听者就应该为话务员提供这个问题出现的事实根据，以证明情况的确如此，这样的问题的确发生了。当监听者提供了这样的事实证据后，话务员可能会认为即便是那样，这也不是个问题，可能会给出很多理由，认为没有必要改进，在这种情况下，监听者需要为话务员指出如果这种情况持续下去会出现的负面影响和严重后果，以帮助话务员认识到问题的严重性并积极改进。
- 不愿改进——帮助话务员进行"换位思考"。多数话务员不愿意改变是因为更多地考虑了变化给其带来的不利影响，监听者可以帮助其"换位思考"，更多地考虑变化给其带来的有利的一面，而不变将会给其带来的不利的一面。
- 积极性不高——通过表扬、奖励、赋予新的责任可能会起到短期的激励效果，但应该创造一个持续激励的环境。

客服中心的主管经常会有一个疑问：哪一种监听方式最好？事实上随着客服中心的不断发展，没有哪一种监听方式会永远适用于不断发展变化的客服中心话务员及其运营管理。在实际运营中，往往这 3 种监听方式相互交织，共同发挥作用。

对于任何一个客服中心而言，服务质量管理都是持续改进的过程，管理者应该抱有"没有最好，只有更好"的决心，保持对客服中心服务品质的管理。尽管电话监听需要投入一定的时间、人力和费用，但如果应用得当，对服务品质提升所起到的效果是意想不到的。

1. 随机监听的应用

由于随机监听可在不事先告知被监听人的前提下实施多样本随机选择，与其他两种监听方式相比，更具有普遍性和客观性的优点，因此，随机监听是进行服务质量管理时最常用的方法。管理者在采用这种方式时需要特别遵守以下原则。

(1) 随机性原则

随机监听是抽样调查的一种应用，它是为了尽量降低监听成本，同时保证监听效果而采取的一种方式。这就意味着并非对所有的话务员的通话进行监听，而是随机地抽取一定数量的样本。

(2) 客观性原则

为了降低监听者的主观色彩对监听效果造成的影响，随机监听需要遵照一套事先制订的评估标准实施。标准的制订应该是明确客观的，避免模糊和主观色彩的描述出现。如对于"话务员在与客户通话中态度是否友好"这一项评估标准而言，客观的评估标准应该是：

- 话务员使用了正确、礼貌的问候语（包括：时间问候、表示愿意提供服务的意愿等）。
- 话务员在与客户沟通过程中使用了客户姓名称呼对方（如："王先生，非常感谢您为我们提供了一条宝贵的意见"）。
- 话务员在与客户沟通过程中使用了更为积极的语言（包括体现理解、尊重、信任、激励色彩的语言，如："我很愿意为您查询一下"，而不是"我给您查一下"）。

（3）持续性原则

既不要等到发现了问题才进行监听，也不要仅在一个新的项目开始的前一阶段进行监听，而逐步地忽略。在客服中心，任何错误都是要付出成本的，因此与检查相比，预防显得更为重要。持续的监听可以弥补因为单次的随机监听产生的遗漏，将每一次的随机结果穿成线、织成网，每一个话务员的监听记录就是组成这张网的信息点，通过监听后对采集的新信息及历史信息的分析，管理者很容易发现个性和共性的问题，结合电话录音以及现场指导的手段，可以使服务质量管理的重心由"事后检查"转为"事前预防"，从而实现提高服务品质同时节约成本的目标。

（4）交互性原则

在随机监听过程中要特别重视信息反馈的作用。一方面，随机监听的结果具有实教性，在监听者发现被监听的客户信息员有不符合规范的言语或操作行为时，需要及时予以纠正，避免话务员养成不良习惯或由于时间过长而忘记当时的情景，否认或起不到很好的纠正效果，而对于有突出表现的话务员，通过交互，给予及时的表扬和肯定，可以增强他们的工作主动性和信心；另一方面，有些时候，监听者是在话务员与客户沟通中途进入监听的，在不了解事先情况下作出的判断容易出现主观色彩，因此，必要的沟通可以澄清事实，从而建立起监听者与被监听者之间的信任。虽然随机监听需要与被监听者进行及时沟通，但监听者也要把握好交互的频度和尺度，避免过分干扰话务员的正常工作。

2. 电话录音的应用

在服务质量管理中，电话录音是随机监听的有效补充形式。电话录音可以视客服中心录音资源的配备状况有选择性的实施或在服务的全过程实施。

从应用上讲，随机监听是服务质量管理"面"上的工作，重点在全局，而电话录音和现场指导是"点"上的工作，重点在局部。电话录音具有以下几个方面的主要功能。

（1）工作分析的客观依据

电话录音为管理者和质量人员进行工作分析提供了客观的依据。有了电话录音，管理者和质量人员可以对某一阶段的工作或某一种工作行为进行横向或纵向的比较，通过发现个性和共性的问题，制订服务改进策略和提出新的工作目标。话务员也可以通过对自己或他人的录音进行分析和比较，发现自身在工作中的优点和不足，以便取长补短，为自己制订进一步的改进计划和新的工作目标。

(2) **为处理服务纠纷和棘手问题提供了有效证据**

客户层次的多样化和客户需求的多元化特点为客户服务工作增加了难度。在客户服务工作中，最优秀的服务中心也难免会出现客户投诉或棘手的问题。优秀的话务员可以在很大程度上满足客户的基本需求（即被理解、被尊重和安全感），但对于一些超出服务范围或难度较大的特殊需求就需要经过组织研究后去解决。电话录音为组织研究这些需求提供了更真实有效的信息，同时在处理与客户的纠纷中，录音往往成为最有效的证据。

(3) **培训工作的案例资源**

培训是保证服务团队高绩效运作的有效途径。在培训中，以服务录音作为案例会使培训工作更有针对性，是情境教学最常用的手段之一。但需要注意的是，由于录音来自于真实的工作中，如果对于有问题录音的分析应用不当，会伤害员工的自尊心和工作积极性，给员工造成工作压力。培训师和管理者在使用录音时，应该遵循在团队面前"多鼓励、少批评"、"对事不对人"的原则。分析每一个录音前，应先分析好的地方，再分析不足之处，应该积极引导学员养成"把录音当做一种教学工具，从录音本身反映出的问题出发思考，而不要在意是谁的录音"的学习习惯。

(4) **绩效评估的参考信息**

绩效评估是总结过去，提出未来的发展目标的过程，为了使绩效评估工作客观科学，可以随机抽取几个阶段的录音作为评估的参考信息。

3. 现场指导的应用

在客服中心现场管理过程中，除必须进行随机监听和电话录音工作外，现场指导也是不可缺少的部分。现场指导的目的是使管理者对话务员的工作状态有一个全面的了解，在了解的基础上，实现在现场一对一的培训和指导，因为最好的培训就是实地去做。

在客服中心运营过程中，存在着通过电话监听或电话录音无法及时发现的问题。例如，现场工作情绪、工作压力、处理程序和速度、设备的操作方法、协调性等。这些问题往往对服务品质的影响是巨大的。尤其对于新上岗的员工而言，经验和熟练度的欠缺会给他们造成很大的心理压力，这很容易造成处理呼叫时手忙脚乱或产生恐惧心理。如果有经验的管理者可以在旁边进行现场指导，一方面可以给话务员一定的心理安慰，这包括肢体安抚及语言安抚两个方面；另一方面可以在话务员遇到困难的时候给予一些必要的指导和鼓励，如提供一些提示，把培训信息及时地融合到现场问题中，更易于新员工吸取经验。在一个呼叫结束后，管理者再进行有针对性的分析和总结，可以帮助客户服务信息员深入地发现自身存在的问题以及应该改进的办法，并在下一个呼叫中进行状态调节，这样经过几个反复后，客户服务员可以培养起服务的自信心和一定驾驭问题的能力。

五、电话监听质量评估

客服中心服务品质的提高，除了依托质检部门卓有成效的工作外，更重要的工作是对电话监听质量效果进行公正、客观、高效的评估。随着技术的进步和观念的更新，新的电话监听质量评估方式逐渐浮出水面，为更加准确、全面、客观、有效地进行质量评估奠定了基础。

1. 电话监听质量评估方式

电话监听质量评估方式如图 11-3 所示。

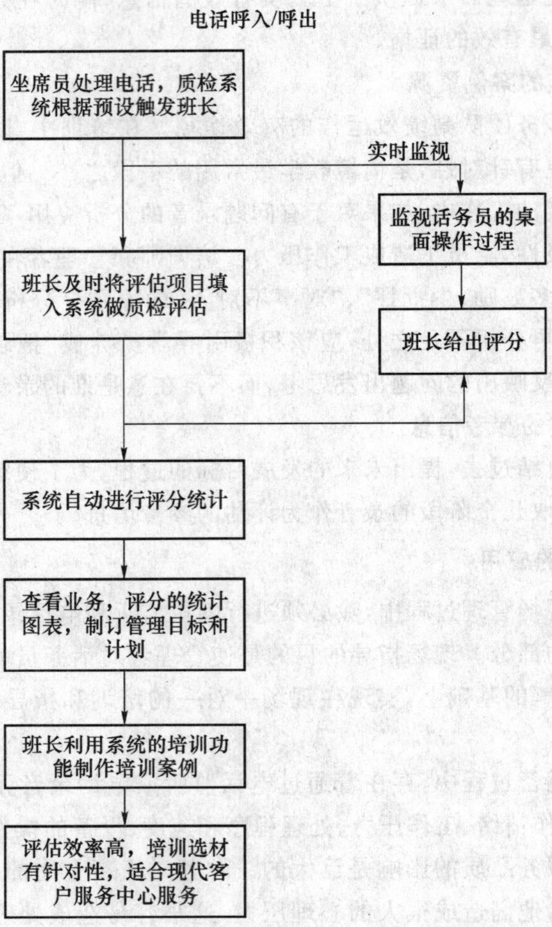

图 11-3　电话监听质量评估方式示意图

2. 检验电话监听质量效果的五大要素

(1) 电话监听质量评估标准是否具有客观性

多数客服中心的电话监听质量评估标准主观色彩太浓。例如，有些客服中心电话监听质量评估标准中对于“话务员在与客户通话中态度是否友好”这一项评估标准直接就是“话务员很友好”，这个标准过于模糊和主观色彩太浓，一方面，评估者很难把握“话务员很友好”这个标准的限定范围，会根据个人的理解来评判；另一方面，评估结果与当时是由谁来监听和监听者个人情绪等诸多主观因素有关，造成不同的监听者对同一话务员的评估结果出入很大，或者是同一监听者在不同的时刻对同一话务员的评估结果出入很大,等等。

因此我们要尽量保证电话监听质量评估标准的客观性。

(2) 样本的选取是否具有普遍性、全面性

大多数监听都采取抽样调查方式,因此,选取什么样的样本来正确地反映话务员服务质量就很重要。由于监听要花费大量的时间和精力,因此,通常客服中心监听者都会在自己和话务员工作都不是很忙的情况下才进行监听,然而事实上,话务员在不忙的情况下的服务质量相比有大量的电话排队等候的情况下的服务质量要好得多,而当话务量很多的时候,话务员感到的压力更大,往往服务质量就会下降,此时则更能考验话务员的服务质量,所以适当地安排在话务员很忙的时候进行电话监听,能够保证样本选取更具有普遍性。

再者一般情况下,只有当某个话务员出现了一个很严重的问题后,如为客户提供了错误的信息,才会引起监督者的注意,对其进行电话监听指导,而对于平时表现良好的话务员则监听次数较少,甚至不进行电话监听。其实,即便是最好的话务员也需要电话监听来帮助其不断地提高自己,如果优秀的话务员长时间不予安排电话监听,得不到及时的指导,一方面滋生了其自身骄傲的情绪,引发其他话务员的不满情绪,也会逐渐降低了优秀话务员工作积极性,导致服务质量的下降,暴露出新的毛病。因此,要注意选取监听样本的全面性,对于表现很优秀的话务员,也要定期监听并给与其指导。

(3) 是否进行了数据统计分析及整合

客服中心对电话监听的反馈信息多数倾向于集中在话务员个人,即如果监听到的是这个话务员的问题,则坐席主管或经理仅仅是对这个话务员提出反馈信息:"你做得很好,但还有几点要注意……"由于电话监听并非对每一个话务员的每一次与客户通话都要进行监听,而是随机地选取样本,如果只采取一对一的反馈信息的方式就会出现同一个问题要反馈给不同的话务员,坐席主管的工作效率就会大大降低,也就无暇去更全面地监听更多的电话,可能漏掉了更重要的问题。因此,在检验电话监听质量效果时,应注意数据统计分析和整合,一个话务员在某个时期或某种情况下出现的问题有可能在整个团队里都很普遍,要对监听结果数据及时分析,根据监听结果记录中同一问题或相似的问题发生的频率由高到低来评定等级。对于出现频率较高的问题,要与话务员共同讨论,分析原因,在征求意见建议的基础之上,给予全体话务员针对性的培训指导;对于个别话务员出现的问题,给予个别指导。

(4) 监听者和被监听者对电话监听评估标准是否认可

监听者和被监听者对电话监听评估标准的认可是检验电话监听质量效果的重要指标。话务员对电话监听评估标准接受程度越高,积极性就会越高,服务质量就会越好。相反,如果话务员对电话监听的评估标准存在着不认可或是不理解,那么,就会挫伤其工作的积极性,降低其服务质量。同样地,如果坐席主管或经理对电话监听的评估标准也存在着异议,则电话监听工作对她来说就会有很大的压力,降低了对电话监听的兴趣,也就谈不上对话务员给予及时的指导了。因此,在制订电话监听评估标准时要充分考虑多种因素，广泛征求坐席主管、经理和话务员的意见和建议，并根据情况的变化及时更新，更正已经过时或是不合理的评估标准，提高对电话监听评估标准的认可度。

(5) **评估标准是否具有连续性**

每个话务员在不同的时期可能表现都会不同。例如调查显示，话务员在其上岗的前4个月的被监听结果分数在不断提高，4个月以后则变成下降趋势。如果只是在其前4个月监听感觉效果很好就放弃或是减少了以后的监听，就会出现话务员服务质量不断下降的趋势。还有的话务员可能平时表现都很好，在被监听的时候恰好遇到当时因为某种原因情绪极为低落，与客户发生了争吵。如果评估是随意的，没有连续性，那么很可能就会造成"一次论英雄"，降低了评估结果的真实性。因此对于评估电话监听质量效果要设立一个目标，即每个话务员在固定时段最少被监听的次数，无论是表现不好的话务员，还是表现优秀的话务员，在任何情况下都要坚持监听最低次数。国外许多成功的客服中心对每个话务员每个月都有5次监听，无论这些话务员很繁忙或是清闲。

六、突发事件处理

现场管理还要对突发事件进行紧急处理。突发事件主要包括：话务异动、一般设备故障、程序、网络、系统等内部故障以及断电、警报、火灾、个人事故等外部故障。下面逐一介绍相应的处理措施。

（注：这里涉及的具体时间数据均为参考数据，各客服中心的处理方式和要求会有所不同，具体处理措施遵照各客服中心规定执行）

1. 话务异动处理

话务异动是指未预料到的拨入电话流量增高。其起因可能是促销或广告引起的市场反应、事故影响、账单出错、媒体效应等。

来话量超常增多时，常见的处理措施如下。

(1) **一级支持**

所有客服中心运营部门的班长、后台管理人员应在班长的指示下投入电话的应答工作。

(2) **二级支持**

在一级支持提供后，话务量仍未能控制并持续30分钟，班长应联络客服中心在册候补人员（候补人员应于30分钟内报到）投入电话的应答工作。

(3) **三级支持**

在二级支持提供后，话务量仍未能控制并继续持续30分钟，班长应于15分钟内联系职能部门受过相关培训人员（工作时间内）投入电话的应答工作。

(4) **高级支持**

如三级支持后突发事件仍未能控制，客服中心经理或其委派人员应调查此事件，必要时修正项目实施计划。

2. 内部故障处理

(1) 一般设备故障

如发现PC设备故障,话务员应向班长报告。班长安排话务员调换至其他工作台,话务员换至状态正常的工作台后,应在5分钟内重新登录到电话上。班长应记下故障情况,并在24小时内通知指定的系统工程师,以保证设备良好的使用率。如出现问题的PC无法在3个工作日内修复或无法进一步确认,班长应将此事告知上一级主管给予进一步跟踪。

(2) 程序、网络、ACD系统故障

话务员如发现设备或系统出现问题,应向其班长或更高级主管汇报。班长应立即通知系统工程师。一旦系统被修复,班长应立即安排话务员进行电话处理,以免出现流量拥挤。话务员应通过有关的文件资料尽量解决客户的咨询等问题。不允许未经班长或更高级主管的批准退出电话系统。如需进行手工操作,话务员应详细记下有关电话的信息。如需在系统修复后与客户联系,话务员应记下客户联系方式,并在系统恢复后跟踪。话务员应使用后台支撑人员制定的标准用语进行解释。班长应同时记录下此故障有关的客户投诉。

如应用程序出错后无法于规定时间内修复,班长应通知更高级主管,客服中心主管应与系统经理一起进行修复,如故障在相应规定时间内仍未解决,客服中心主管应与系统经理启动紧急预案。

3. 外部故障处理

(1) 断电

为安全起见,根据客服中心的大小,至少需要有5个以上应急灯或电筒备有充足的电池供紧急时使用。如有断电情况发生,不间断电源和柴油发电机会供应交换机和系统设备以及客服中心运作的一部分电力,空调和照明灯会受到影响。话务员应关闭所有的PC和电器,以免突然来电后出现异常情况。

如断电情况持续30分钟,班长应通知客服中心主管,客服中心主管应与系统经理一起进行修复工作,并负责控制员工情绪直到电力全部恢复。

(2) 空调故障

如出现空调故障,班长应立即通知管理办公室,在任何情况下,客服中心都应根据其空间大小准备至少五套风扇以确保空气流通。

(3) 警报及火灾

班长应随时检查以确保所有警报安全系统的正常状态。出现误报情况,班长应解除警报并通知有关方进行修理。

如有火警警报发生,班长应检查相关场地及设施确认是否警报出错或试验,如一经确认火情,应立即遵照火警疏散流程行动。

对于客服中心内部小的火情,话务员应尽量使用泡沫灭火器(具体执行应视燃烧物而定)。如火情处于失控状态,应拉响警报。班长应指挥所有话务员遵照火警疏散流程行动。对于客服中心外部火情,话务员应遵从班长的指挥,不带走任何个人物品，必要时带上电筒和湿毛巾，请勿乘坐电梯，因为随时可能会断电。

（4）个人事故

客服中心应储备有简单药物、绷带等一些援助所需物品。任何严重事故应立即向班长报告，由班长决定是否将话务员送至医院。班长应对所发生事故做出报告。

（5）恶劣天气

天气恶劣时，员工的安排应遵照政府法律法规和规章制度执行。

第三节　现场管理制度与规范

现场管理需要建立一套完善的现场管理制度，作为进行现场管理的支持性文档，结合人性化管理方法，确保整个客服代表团队积极、认真、规范地开展每一项工作，保证客服中心实现高绩效运营。现场管理制度主要包括以下几部分内容。

一、客服中心的现场工作制度

在客服中心的工作现场，多是开放式的办公区域，电话呼入或呼出几乎在任何时间都不间断地进行着，为了避免在工作区域内部干扰，更好地保持现场的工作秩序，客服中心的管理者必须考虑制订一套严格且全面的现场工作制度，对所有进入客服中心的工作人员的工作行为进行有效的制约和管理。通常，客服中心现场管理制度的每一条要求都是十分明确。

案例

某客服中心现场管理制度规定

（1）所有工作人员进入工作区域后需将手机、呼机设置成为无声或振动状态。

（2）工作区域内需保持安静，禁止喧哗、打闹、吃东西、做与工作无关的事情。

（3）客户信息服务员必须使用自己的工号进行登录。

（4）工作时间内客户信息服务员需服从班长/主管的安排管理。

（5）工作中保持良好的坐姿，受理业务时要精力集中，情绪饱满。

（6）客户信息服务员严禁在坐席上接听和拨打私人电话。

（7）工作时间内离开坐席，需将系统正确置忙。

（8）爱护一切公共设施，正确使用计算机、电话、耳机、桌椅等设施。

（9）保持工作区域环境卫生，坐席物品摆放整齐。

（10）带领外部人员进入工作区域，必须进行来访登记，客服中心主管允许后方可进入。

(11) 严格遵守作息时间,严格执行交接班制度,下班离席必须确认正常退出系统。

二、客服中心的例会制度

客服中心的工作多为轮班制,这样在信息传递方面会带来一定的困难。为了能够使每一个班次的工作人员都能够及时地掌握客服中心最新的变化,使管理者掌握更全面的运营信息,更有效地开展下一阶段的工作,客服中心有必要建立一套适合客服中心内部运行的例会制度。通常的例会主要包括:班前会、班后会、周例会、月例会和紧急会议等。

1. 班前会

客户信息服务员轮换排班,对传达信息带来一定的难度。为了保证所有的轮班人员都了解客服中心的最新运营情况,减少因信息传达缓慢而造成的一些不必要的问题,各班组每天在上岗前(通常 10～15 分钟),由当班班长招集所有班组成员参加班前会议,当班班长需在班前会召开之前和上一班组的班长进行交接,确认客服中心内部的信息更新情况。班前会的主要内容是由当班班长宣讲公司及部门的各项通知、业务变化和新规定,以及当前业务量和处理情况,并布置当天工作内容。

2. 班后会

各班组成员在下班后由当班班长组织召开班后会。会议内容主要是对当天的工作情况进行简要总结。将客户信息服务员当天工作中遇到的不能得出准确答案的问题或疑难案例进行收集汇总,提交至当班班长,由班长负责联系相关人员或向上提交寻找正确的解决方案。

3. 周例会

为及时了解客服中心的运作情况,由客服中心的经理或主管组织各层管理人员(班线长、质量监控专员、培训主管等)每周定期召开例会。例会的主要内容为:与会人员分别汇报一周工作情况、疑难问题所需支持和下周工作计划等几部分内容。个人工作汇报完毕后,与会人员一起就项目中存在的问题进行讨论剖析,得出改进措施后布置实施。并在下一周例会上由该问题的相关负责人汇报解决进展或结果。月例会的进行方式和主要内容与周例会大致相同,可以根据项目的实际情况作调整。

4. 月例会

月例会是由客服中心的最高领导组织召开的,会议的主要内容是听取客服中心的各层管理人员的工作汇报。同时对过去一个月的运营情况进行总结和分析。检验上一个月的运营执行情况是否能够达到既定的标准。结合实际情况,对运营标准进行调整。制订出下一个月的目标。

5. 紧急会议

当项目中出现意外情况或重大事件时，客服中心的经理或主管可视问题的严重程度适时组织相关人员召开紧急会议，对各职能部门人员进行工作协调，收集员工意见，传达管理信息。以便尽早解决问题，减少为客服中心正常工作带来的影响。

三、客服中心的服务规范

在客服中心制订服务规范是为了规范客服中心的工作行为，使员工形成良好的工作习惯，确保能够向客户提供快捷的、专业化的服务，从而提高客户的满意度和忠诚度。

客服中心的服务规范主要由行为规范和语言规范两部分组成。客服中心内部的行为规范与学校或企业内部的行为规范大致相同。常见的内容有：

(1) 接听电话态度亲切、语言温和；

(2) 充分了解客户需求，多站在客户的角度上思考问题；

(3) 处理客户电话要专业、自信；

(4) 解决客户的问题要迅速，回答要明确，不要随意拖延和敷衍了事；

(5) 在服务政策允许的范围内为客户提供最满意的服务；

(6) 对客户作出的承诺必须严格执行；

(7) 严禁泄露公司及客户信息；

(8) 通话结束时，等待客户先挂断电话。

除了行为上的规范要求，客户服务工作更加强调使用积极、礼貌的服务用语。管理者需要考虑到客服中心有机会受理的各种业务类型，从客户的角度出发，设计出一套全面又具体的服务规范用语。规范用语包含在受理电话业务中的每一个步骤。例如：

(1) 问候客户；

(2) 感谢客户；

(3) 在客户表示感谢时回应客户；

(4) 感谢客户的配合、对于客户的等候表示谢意；

(5) 询问客户的个人信息；

(6) 接听到无声或有杂音的电话。

相对地，有了规范的服务用语，更要明确服务禁用语。如果说规范服务用语是为了让客户信息服务员形成良好的习惯，那么，服务禁用语就是客服中心的法律法则，是硬性规定，必须遵守，是需要每一位客户工作人员铭记的。例如：

“喂！”

“你听见没有？”

“我不是已经跟你说过了！”

“投不投诉随便你！”

“我管不着!”

四、客服中心的流程规范

客服中心要为客户提供最佳的服务体验,其中必须要设计一套完整的服务及管理的流程。为了确保客服中心在不同的时间里由不同的客户信息服务员就相同问题的回答内容相对一致,管理流程要求连续性与可重复性,使每一位成员在工作中都能够做到有章可循。

流程的改进是在流程建立之后的一个周而复始的过程。客服中心的工作流程不仅要让客户感到非常高效、透明,同时更需要让客户信息服务员感到流程越来越清晰,工作执行越来越有条理性。有下列几点需要注意:

(1) 明确制订该流程的目的;

(2) 流程中所有涉及到的岗位要进行明确的工作职责描述;

(3) 对流程中每一个操作步骤要有相应的详细说明;

(4) 流程尽可能地容纳所有有可能发生的现象;

(5) 流程的修改与优化需要更多地站在客户的角度上去考虑;

(6) 流程的每一次修改要详细记录,包括修改内容、修改目的和新流程的生效时间等;

(7) 流程每次修改后都要同样以正式的方式下发并确保所有人员明确了解;

(8) 流程的执行情况需要进行审核。

第十二章 统计分析

本章要点：

- 图表制作
- 统计分析
- 问卷设计
- SPSS 分析

目前，呼叫中心常需要对客户需要、服务质量和员工满意度等做出调查，并对调查结果进行统计分析，以作为改进运营及质量管理的依据。这就要求技师话务员会设计调查问卷，熟悉呼叫中心常用的统计分析工具，并能用 Excel 和 SPSS 制作图表和进行统计分析。

第一节 图表制作与统计分析

一、图表制作

Excel 为用户绘制统计图表提供了一整套的便利的制作技术。下面是常见统计图表的制作要点。Excel 功能强大，更详细的图表制作介绍和更多的图表制作方法可参考 Excel 帮助文档或其他 Excel 书籍。

1. 创建统计图表的一般步骤

(1) 将统计资料输入到 Excel 中，并选择准备作图的数据区域，注意要包含标题行和名称列。

(2) 单击【插入】菜单中【图表】命令，或者单击工具栏上的图表向导按钮，弹出图表类型对话框。

(3) 在【标准类型】选项卡中，选择【图表类型】和【子图表类型】。

(4) 在【数据区域】选项卡的【数据区域】中输入信息，然后单击数据区域对话框右边的按钮即可返回。在【系列产生在】那里选择【行】，然后单击【系列】选项卡，出现图表源数据的画面以填写或修改信息。

(5) 单击【标题】选项卡，在【图表标题】、【分类(X)轴(C)】、【数值(Y)轴(V)】框中分别填入相应信息。其他选项卡的作用分别是:【坐标轴】选项卡，可选择输入坐标轴格式;【网格线】选项卡，可选择是否显示网格线;【图例】选项卡，可选择是否显示图例;【数据标志】选项卡，可选择采用什么样的数据标识;【数据表】选项卡，可选择是否显示数据表。本例保持这些选项的默认设置。

(6) 单击【下一步】按钮，弹出图表位置对话框。对话框中有两个选项，选择【作为新工作表插入】则意味着将图表作为一个对象放在一个独立的工作表中;选择【作为其中的对象插入】则是将图表作为一个对象放在工作表中，然后单击【完成】按钮，即可生成所需图表。

生成图表后，图表工具栏会出现在屏幕上，利用它可以修改图表类型、图表区格式等;或者选中图表后，右击弹出的快捷菜单也可以修改图表类型、图表区格式等内容。

2. 条形图

条形图(Bar chart)是用宽度相等的条形的高低或长短来表示数值大小的图形。条形图可以横置(基线为垂直线)，也可以纵置(基线为水平线)，纵置时也称为柱形图。

完成步骤如下:

(1) 首先，在某工作簿的"条形图"工作表上，利用"条件计数函数"进行分组统计。

(2) 用鼠标选中相应区域，单击【插入】菜单中【图表】命令，或单击常用工具栏中的图表向导按钮，进入"图表向导"的第 1 步。

(3) 此时可以按照作图要求，在图表类型与子图表类型中选择图形种类，单击【下一步】，进入"图表向导"第 2 步。

(4) 此时可以根据需要进一步指定绘图所用数据的位置以及图例说明等内容，无须指定时直接单击【下一步】，进入"图表向导"之第 3 步。

(5) 单击【标题】选项卡，在【图表标题】框中输入图形标题;在【分类(X)轴】、【数值(Y)轴】框中输入相应标题。单击【图例】选项卡，取消【显示图例】前的选中标记。单击【下一步】，进入"图表向导"之第 4 步。

(6) 这时可以指定生成的图形置于当前工作表或工作簿现有的其他工作表(选中“作为其中的对象插入”),也可以由 Excel 创建一个专门放置图形的工作表(选中“作为新工作表插入”),最后单击【完成】按钮。

单击工作表上建立好的图形,图形被选中,此时图形边框四角及边线中央会出现小黑色方块,称为图形控点,用鼠标拖动控点,可以改变图形尺寸。

当鼠标标识进入图形区,显示为空心箭头时,可以用鼠标拖动图形,改变其在工作表中的位置。

提示:若要快速生成条形图,并把它置于新创建的工作表上,可以用鼠标先选中绘图数据区域,然后按 F11 功能键。

3. 饼图

饼图(Pie chart)也称圆形图,是用圆内扇形面积的大小来表示数值的大小,它主要用来直观地表示总体的构成情况,即总体的各部分所占比例(百分比)。

完成步骤如下:

(1) 首先,在某工作簿的“饼图”工作表上,利用“条件计数函数”进行分组统计。然后用鼠标选中相应区域,单击【插入】菜单中【图表】命令,或用鼠标左键单击常用工具栏中的图表向导按钮,进入“图表向导”的第 1 步,选中图形类型。

(2) 单击【下一步】按钮,进入“图表向导”的第 2 步。

(3) 直接单击【下一步】按钮,进入“图表向导”的第 3 步,单击【标题】选项卡,在【图表标题】框中输入图形标题;单击【数据标志】选项卡,选中【百分比】选项。

(4) 单击【完成】按钮。

4. 直方图

直方图(histogram)是根据数据整理后的频数分布,以横轴表示分组,以纵轴表示各组频数(次数)。由横轴上一系列对应各组频数决定其高低的条形组成。

直方图的特点是用各组条形的面积表示各组频数。某一条形面积表明该组的频数,所有条形面积之和表明总频数,某一条形面积与总面积之比,表明该组数据所占的比重(百分比)。因此直方图中条形的高低,表明变量值(数据)分布密度的高低。

绘制直方图需要按照一定的分组标识对原始数据进行分组,根据分组后的数据完成绘制。

完成步骤如下:

(1) 首先,在工作表中对原始数据进行分组。

(2) 用鼠标选中相应区域,单击【插入】菜单中【图表】命令,或左击常用工具栏中的图表向导按钮,进入“网表向导”的第 1 步。

(3) 单击【下一步】按钮,进入“图表向导”的第 2 步:选中【系列】选项卡,单击【分类(X)轴标志】选项框右端按钮图。用鼠标选中相应区域,单击按钮图,选择【下一步】,进入“图表向导”的第 3 步。

(4) 单击【标题】选项卡,在【图表标题】框中输入图形标题;单击【图例】选项卡,取消【显示图例】选项的选中标记。单击【完成】按钮,返回一个图形。

但此时的图形还不能称为直方图，至少要作一项修饰，方法是：右击图形中任一条形，弹出修饰图形的快捷菜单。选择【数据系列格式】，单击【选项】选项卡，把【间距宽度】改为“0”后单击【确定】按钮，才算作好一个直方图。

二、统计方法

统计方法比较多，但与客服中心相关的常用的统计分析方法有：因果图、排列图、分层法、检查表、散布图、控制图、关系图法、系统图法、矩阵图法。在真正应用时，要注意根据实际情况，选择适当的统计分析方法，以实际效果为准，不要盲目追求统计方法的复杂和难度。

1. 因果图

一个质量问题的发生往往不是由于一个单纯的原因，而常常是多种原因综合作用的结果。要从多种错综复杂的因素中理出头绪，抓住关键因素，就要利用因果图法。

因果图也叫作鱼刺图，是从其形状而得名的，图 12-1 是质量管理中常使用的统计方法示意图。该方法基于结果先总结出几大要因，然后再将每个要因分解为第一层原因，将第一层原因再分解成第二层原因，将第二层原因分解为第三层原因，依次类推……将问题层层细分，完全穷尽，没有遗漏，从而将问题成因理出思路和头绪。

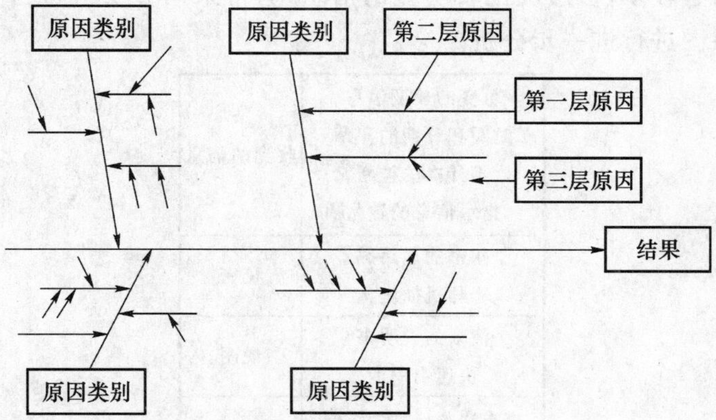

图 12-1　因果示意图

2. 排列图

排列图是意大利经济学家巴雷托设计出的一种统计图。这种统计图能够反映出“少数是关键，多数为次要”的客观规律，也称巴雷托图。通过找出关键的少数问题，可以用最少的努力获得最大的效果。要寻找关键问题时，通常使用排列图。

图 12-2 是表示电话故障报告的排列图示例。图中表明，噪声和串线问题合起来占据了电话故障的 72%，其余的信号器、无反应、不响等问题加起来只占了电话故障的 28%。只要消除了噪声和串线，就可以解决大部分的电话故障问题，这就是要集中力量首先要解决的问题。排列图通常考虑累计 80%以下的几个关键因素。

找到了关键因素，通常结合因果图进行进一步的原因分析。

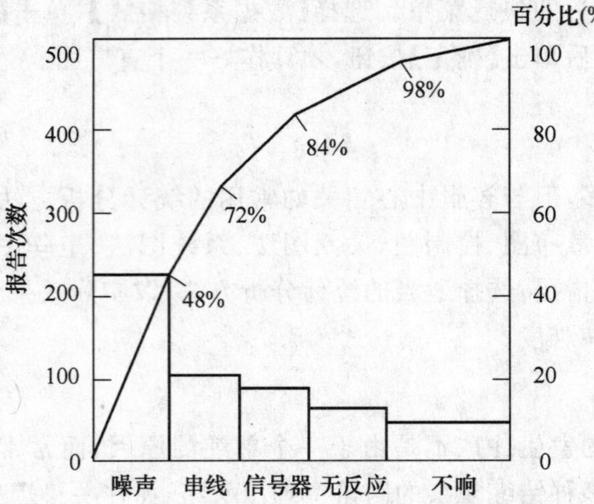

图 12-2　电话故障报告排列图

3. 分层法

分层法是根据数据、意见和观点的特征归类划分为若干组的方法。然后再对分组后的各层因素进行进一步的研究分析。从统计角度看，分层可以减少或消除不同总体混合在一起的情况，从而能够更清楚地看出各组的主要问题，如图 12-3 所示。对于内容较多，但层次比较明显的信息，通常采用分层法进行归类，再结合排列图和因果图进行进一步分析。

可变的长度信息 时间和日期的印章 不计次的挂断 指示信息的数量	收到的信息
秘密的通路码 耳机插座	秘密
清晰的说明书 快速引用卡	说明
带有清晰标志的控制 易于使用 通过遥控话筒操作	控制
易于消除 消除"选择的"信号	消除

图 12-3　对电话问询机要求的分层图

4. 检查表

为了进行质量监控，必须要经常性地搜集有关质量的信息，就需首先设计检查的表格，以便各个工作环节执行。检查表要简捷适用、包含所需内容、突出关键因素、易于操作。针对不同行业、不同企业、不同岗位，相应的检查表也就不同，需要根据具体情况、需要和目的，设计不同内容和风格的检查表。没有普遍适用的模式。

质量监控常使用检查表。检查表的结果常结合排列图和因果图进行进一步的原因分析。

表 12-1 为一个关于产品不合格项目的检查表，仅供参考。

表 12-1　不合格项目检查表

名称	拨叉	项目数	16	日期	1992 年 8 月
代号	66—31	不合格件数	139	检查者	×××
工序名称		检查数	1000	制表者	×××
	不合格项目	频数记录		小计	
	表面疵病	# # # # # # # # #		32	
	砂眼	# # # # # # # # #		23	
	形状不良	# # # # # # # #		19	
	加工超差	# # # # # # # # # # #…		48	
	变 形	# # # # # # # #		9	
	其 他	# # # #		8	
	总计			139	

5. 散布图

散布图通常是一个二维图，是描述成对出现的两类相关数据之间关系的简单适用的图示技术。这两类数据，一类为自变量，另一类为因变量，通常分别用 x 和 y 表示。对应的一组 x 和 y，就在散布图中形成一个点。很多点就形成散布图中的点子云，如图 12-4 所示。相关数据之间的关系可以从点子云的表状进行推断。当 x 值增加，y 值也增加时，x 和 y 之间的关系为正相关。当 x 值增加，y 值反而减少时，x 和 y 之间的关系为负相关。x 和 y 之间的关系还可细分为强正相关、强负相关、弱正相关、弱负相关和不相关等。从散布图还可进一步分析得出 x 和 y 之间的函数关系式。

散布图常用于考察两组数据是否有关系以及关系的强弱，比如考察节假日和呼入电话多少的关系等。

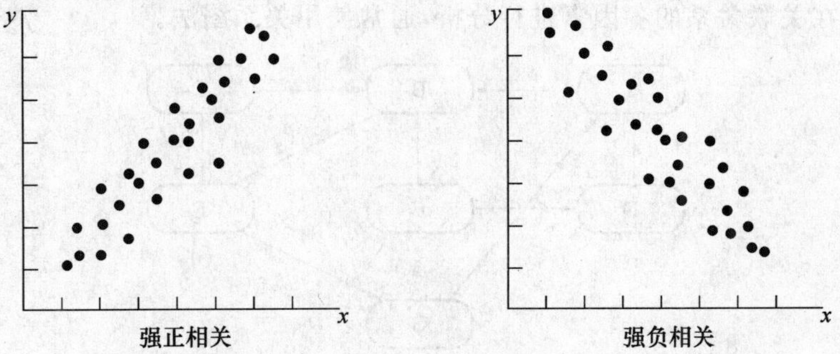

图 12-4　散布图

6. 控制图

控制图是对生产过程或服务过程的质量加以测定、记录并从而进行控制管理的一种用科学方法设计的图,又称质量控制图,如图 12-5 所示。

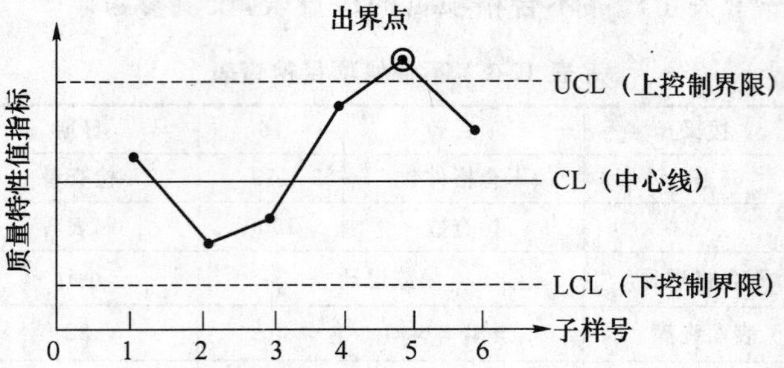

图 12-5 质量控制图

控制图上有中心线和上、下控制界限,并有按顺序抽取的各样本统计量的数值。它是于 1924 年由美国休哈特(W. A. Shewhart)为在生产过程中贯彻预防为主的原则,首创的一种图。休哈特控制图的实质是区分偶然因素与异常因素。图中的控制线是根据统计学原理,并考虑经济因素确定的。应用时从生产过程中定期抽样、测量并在图中标点。若点出界或点的排列不随机,则判断生产异常,这时应尽快找出异常因素,采取措施,防止再次出现异常,从而起到预防为主,保证产品质量的作用。

控制图的一个很大的优点就是只需对产品质量进行抽查,就可对生产过程进行控制,这是十分经济的。

7. 关系图法

关系图法也称关联图法,它是表示事物之间相互关系的一种连线图,如图 12-6 所示。图中各种因素 A、B、C、D、E、F、G 之间有一定的因果或相互关联的关系。例如,其中因素 B 受到因素 A、C、E 的影响,它本身又对因素 F 产生影响,而因素 F 又影响着 C 和 G,等等。这样,找出影响质量的各种因素及其它们之间的关系(如因果关系或目的手段关系等),就能够统观全局,分析研究以及拟定解决问题的措施和计划。

对存在关联关系的各因素进行分析,通常使用关系图法。

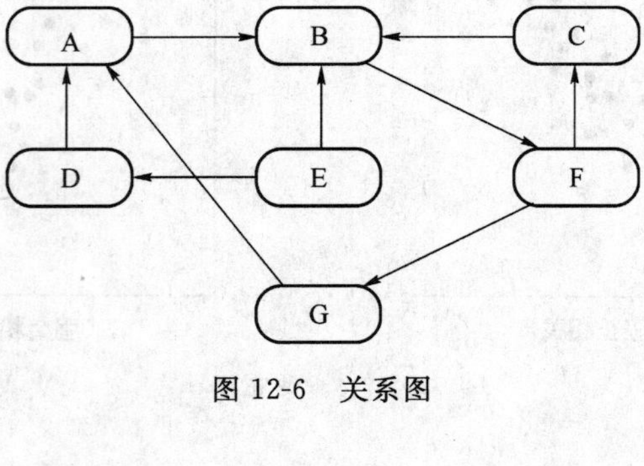

图 12-6 关系图

8. 系统图法

系统图法是依据系统的目标和实现此目标的手段、方法，逐层依次进行系统展开，并绘制成图的方法。采用系统图，有利于纵观全局，明确目标，围绕重点，寻求最佳措施和手段，从而解决问题，如图 12-7 所示。

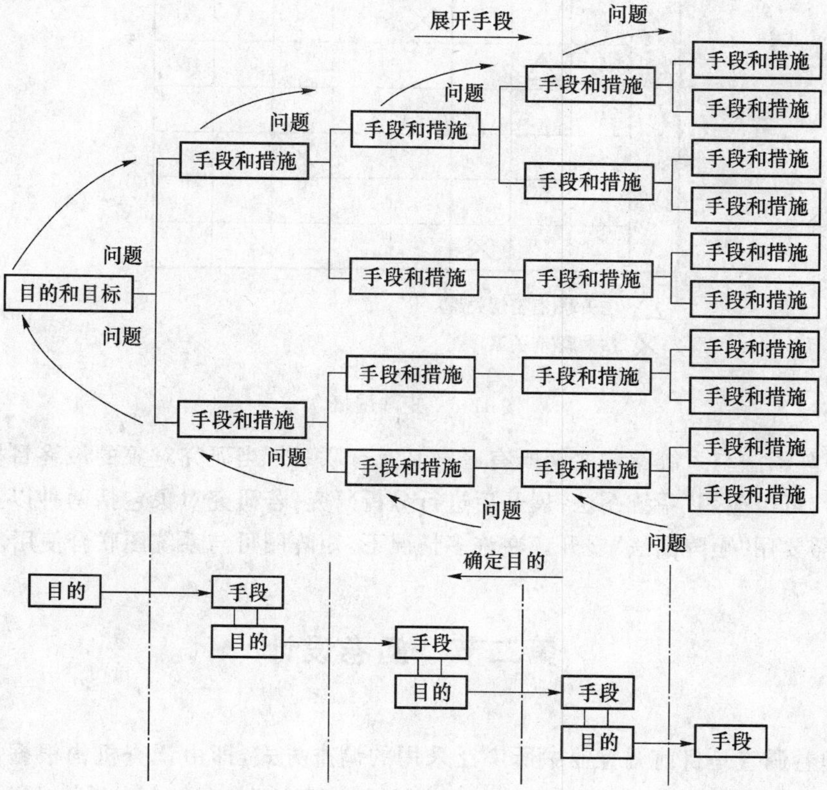

图 12-7　系统图概念

绘制系统图通常首先要明确地提出目标。目标的表述要简洁明了，使人易懂。如有约束条件，也应把约束条件明确列出。其次要提出实现目标具体的手段和措施，并加以评价；反过来再确认，采用这些"手段"，是否能够保证上一级的目标的稳妥实现。最后制订具体的实施计划，包括实施的内容、日程安排和承担者及其职责等事项。

通常在对项目进行管理时，采用系统图法。

9. 矩阵图法

所谓矩阵图法，是通过多维的思考来研究和确定问题症结的方法。如图 12-8 所示为一种最基本的矩阵图，由 R 要素（列）和 L 要素（行）相对应组成矩阵图，在行与列的交点处说明了对应要素的关系，由此可以研究问题的原因和得出解决问题的设想。

这个交点被称为"设想点"。利用设想点来有效地解决问题的方法，便是"矩阵图法”。

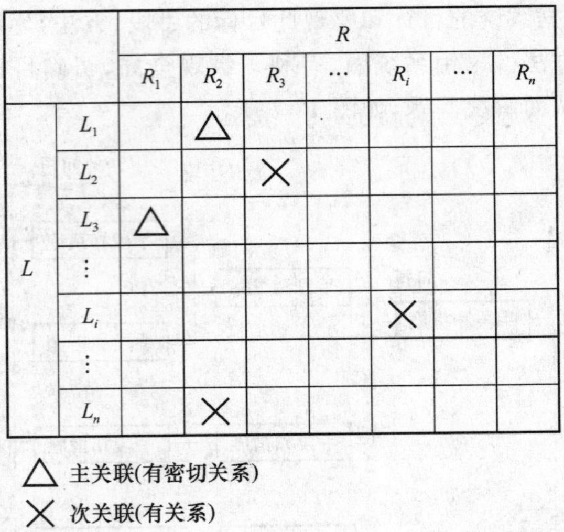

图 12-8　矩阵图概念

矩阵图法与系统图法之间既有区别又互有联系。当研究对象的最终目标只有一个时，可以应用“系统图法”展开后进行分析研究；若研究对象包括两种以上目标时，则需要用“矩阵图法”展开。在许多情况下，矩阵图可与系统图联合使用。

第二节　问卷设计

问卷调查是目前调查业中所广泛采用的调查方式，即由调查机构根据调查目的设计各类调查问卷，然后采取抽样的方式确定调查样本，通过调查员对样本的访问，完成事先设计的调查项目，最后，经过统计分析得出调查结果的一种方式。它严格遵循概率与统计原理，因而，调查方式具有较强的科学性，同时也便于操作。这一方式对调查结果的影响，除了样本选择、调查员素质、统计手段等因素外，问卷设计水平是其中的一个前提性条件。

问卷设计有常用的类型和方式，问卷设计也要遵循一定的步骤、编排顺序和原则，并有相应的设计技巧，下面逐一进行介绍。

一、问卷法的常用类型

1. 封闭式

封闭式是指事先对回答作了限制性规定。例如：

问题：您喜欢呼叫中心的话务员工作吗？

答案：是(　　)　　　　　　　否(　　)

问题：呼叫中心提供的培训适合您的需要吗？

答案：适合（　　）基本适合（　　）基本不适合（　　）不适合（　）

2. 开放式

开放式是指事先未对回答作限制性规定，答卷者可自由回答。例如：

呼叫中心提供的服务中，哪些您喜欢，哪些您不喜欢，还需要增加哪些服务？

您为什么要选择通过呼叫中心来办理业务？

开放式与封闭式两种问卷法的比较如表 12-2 所示。

表 12-2　开放式与封闭式的比较

开放式	封闭式
探索性意外结果（优点）	受限定，无新发现
创造性回答深入（优点）	标准化（优点）
适用于小样本（优点）	样本大（优点）
	容易混答、不答
混入无关信息	回答具体、可信度高（优点）
非标准，难以量化比较	易于统计分析对比（优点）
回答麻烦、易被拒绝	易回答，回收率高（优点）

二、问卷法的常用方式

1. 是否式：是、否、能、不能

这种培训方式是否帮助您解决了工作与学习的矛盾？

是（　）　　　否（　）

2. 选择式：称名（类别）型、条件型、等距（线段）型

(1) 称名（类别）型，例如：

您最喜欢的面对面的教学方式是：

系统讲授（　）　总结归纳（　）　讨论（　）　答疑（　）　辅导（　）　其他（　）

(2) 条件型，例如：

1. 您是否在网上学习？是（　）　　否（　）

如果是，请回答第二题；如果不是请回答第三题。

2. 您在哪里上网学习？

家里（　）　工作单位（　）　电大（　）　朋友处（　）　其他（　）

(3) 等距型，例如：

呼叫中心提供的服务适合您的需要吗？

适合（　）　基本适合（　）　基本不适合（　）　不适合（　）

您利用呼叫中心进行业务咨询和受理吗？

从未利用（　）　很少利用（　）　有时利用（　）　较多利用（　）　一直利用（　）

3. 排序(列)式

请按您喜欢的程度,将以下面对面的教学方式排序:

系统讲授( ) 总结归纳( ) 答疑( ) 辅导( ) 讨论( )

4. 填空式

适用于静态的东西,如基本情况:姓名、年龄、性别、学历、条件、设施、制度、机构等。

三、问卷的设计

1. 设计原则

(1) 合理性

合理性指的是问卷必须紧密与调查主题相关。违背了这一点,再漂亮或精美的问卷都是无益的。而所谓问卷体现调查主题其实质是在问卷设计之初要找出与"调查主题相关的要素"。

案例

调查某化妆品的用户消费感受

这里并没有一个现成的选择要素的法则。但从问题出发,特别是结合一定的行业经验与商业知识,要素是能够被寻找出来的:一是使用者(可认定为购买者)。包括她(他)的基本情况(自然状况,如性别、年龄、皮肤性质等);使用化妆品的情况(是否使用过该化妆品、周期、使用化妆品的日常习惯等);二是购买力和购买欲。包括她(他)的社会状况收入水平、受教育程度、职业等;化妆品消费特点(品牌、包装、价位、产品外观等);使用该化妆品的效果(评价,问题应具有一定的多样性,但又限制在某个范围内,如价格;使用效果;心理满足等);三是产品本身。包括对包装与商标的评价、广告等促销手段的影响力、与市场上同类产品的横向比较等。

应该说,具有了这样几个要素对于调查主题的结果是有直接帮助的,被访问者也相对容易了解调查员的意图,从而予以配合。

(2) 一般性

一般性即问题的设置是否具有普遍意义。应该说,这是问卷设计的一个基本要求,但很多情况下仍然能够在问卷中发现这类带有一定常识性的错误。这一错误不仅不利于调查成果的整理分折,而且会使调查委托方轻视调查者的水平。

案例

调查居民广告接受度

问题：你通常选择哪一种广告媒体？

答案：a. 报纸；b. 电视；c. 杂志；d. 广播；e. 其他。

而如果答案是另一种形式：

a. 报纸；b. 车票；c. 电视；d. 墙幕广告；e. 汽球；f. 大巴士；g. 广告衫；h. ……

如果统计指标没有那么细（或根本没必要），那么此问卷就犯了一个“特殊性”的错误，从而导致某些问题的回答实际上是对调查无助的。

在一般性的问卷技巧中，需要注意的是：不能犯问题内容上的错误。

案例

问题：你拥有哪一种信用卡？

答案：a. 长城卡；b. 牡丹卡；c. 龙卡；d. 购物卡；e. 金穗卡。

其中“d”的设置是错误的，应该避免。

(3)逻辑性

问卷的设计要有整体感，这种整体感即是问题与问题之间要具有逻辑性，独立的问题本身也不能出现逻辑上的谬误，从而使问卷成为一个相对完善的小系统。

案例

1. 你通常每日读几份报纸？

a. 不读报；b. 1份；c. 2份；d. 3份以上。

2. 你通常用多长时间读报？

a. 10分钟以内；b. 半小时左右；c. 1小时；d. 1小时以上。

3. 你经常读的是下面哪类（或几类）报纸？

a. ×市晚报；b. ×省日报；c. 人民日报；d. 参考消息；e. 广播电视报；f. 足球。

在以上的几个问题中，由于问题设置紧密相关，因而能够获得比较完整的信息。调查对象也会感到问题集中、提问有章法。相反，假如问题是发散的、带有意识流痕迹的，问卷就会给人以随意性而不是严谨性的感觉。那么，将市场调查作为经营决策的一个科学过程的企业就会对调查失去信心。

因此，逻辑性的要求即是与问卷的条理性、程序性分不开的。可以看到，在一个综合性的问卷中，调查者将差异较大的问卷分块设置，从而保证了每个“分块”的问题都密切相关。

(4) 明确性

所谓明确性，事实上是指问题设置的规范性。这一原则具体是指：命题是否准确；提问是否清晰明确、便于回答；被访问者是否能够对问题作出明确的回答；等等。

以上案例中“10 分钟”、“半小时”、“1 小时”等设计是十分明确的。统计后可以得出：用时极短（测览）的概率为多少；用时一般（粗阅）的概率为多少；用时较长（详阅）的概率为多少。反之，答案若设置为“10～60 分钟”，或“1 小时以内”等，则不仅不明确、难以说明问题，而且令被访问者也很难作答。

再则，问卷中常有“是”或“否”一类的是非式命题。

案例

问题：您的婚姻状况？

答案：Ⅰ. 已婚；　Ⅱ. 未婚。

显而易见，此题还有第三种答案（离婚/丧偶/分居）。如按照以上方式设置则不可避免地会发生选择上的困难和有效信息的流失。其症结即在于问卷违背了“明确性”的原则。

(5) 非诱导性

不成功的记者经常会在采访中使用诱导性的问题。这种提问方式如果不是刻意地要得出某种结论而甘愿放弃客观性的原则，就是彻头彻尾的职业素质的缺乏。在问卷调查中，因为有充分的时间作提前准备，这种错误大大地减少了。但这一原则之所以成为必要，是在于高度竞争的市场对调查业的发展提出了更高的要求。

非诱导性指的是问题要设置在中性位置、不参与提示或主观臆断，完全将被访问者的独立性与客观性摆在问卷操作的限制条件的位置上。

案例

问题：你认为这种化妆品对你的吸引力在哪里？

答案：a. 色泽；b. 气味；c. 使用效果；d. 包装；e. 价格；f. ……

这种设置是客观的。若换一种答案设置：

a. 迷人的色泽；b. 芳香的气味；c. 满意的效果；d. 精美的包装……

这样一种设置则具有了诱导和提示性，从而在不自觉中掩盖了事物的真实性。

(6) 便于整理、分析

成功的问卷设计除了考虑到紧密结合调查主题与方便信息收集外，还要考虑到调查结果的容易得出和调查结果的说服力。这就需要考虑到问卷在调查后的整理与分析工作。

首先，这要求调查指标是能够累加和便于累加的；其次，指标的累计与相对数的计算是有意义的；再次，能够通过数据清楚明了地说明所要调查的问题。

只有这样，调查工作才能收到预期的效果。

2. 设计步骤

(1) 根据研究目的和假设，列举所要收集的资料，并考虑如何统计分析；

(2) 明确问卷形式(考虑调查的方式、课题性质、被试的特点、分析)；

(3) 撰拟标题和对被试的指导语；

(4) 撰拟问题：有关静态的信息、有关行为方面的信息、有关态度方面的信息。意见是对事物和行为的评判，而态度是比较深层次并持久的认识，需用一组题目的调查才能确定；

(5) 征求意见、试测、修改问题，试测 30～50 人的标本，求信度和效度；

(6) 编辑、试验；

(7) 设计中要注意克服和排除影响问卷效果的因素。如问题过多；涉及个人情感、隐私；语言含糊、生硬、费解、歧义；选项内容层次不清；没有“其他”等都会对问卷产生影响。

3. 编排顺序

问卷题目作为整个问卷的主体部分，应该以适当的顺序编排，常用的编排顺序有以下 4 种。

- 时间顺序；
- 内容顺序，先易后难；
- 类别顺序：静态、行为、态度；
- 先封闭后开放。

4. 设计技巧

问卷的总体构思至关重要，设计时必须事先考虑好统计方法。因此，问卷题目的设计是有一定技巧的。

(1) 不含两个以上的概念和事件，例如：

你是否喜欢用计算机和用学习机学习？是( )否( )

(2) 不用双重否定，例如：

您是否认为没有客户不喜欢通过呼叫中心受理业务？是( )否( )

(3) 避免空泛,例如:

你认为满意的服务会对客户产生影响吗?

(4) 不适当的假设,例如:

你认为××呼叫中心网页的更新是否及时?及时( )不及时( )。

这里假设所调查客户都浏览过××呼叫中心的网页,实际上所调查客户也可能根本就没有看过。

(5) 避免使用容易引起误解的词句,例如:

你在哪里读的大专?(填地名、省份还是校名?)

(6) 类别项目必须列举完整,例如:

你通常在哪里上网学习?

家里( )学校( )单位( )(此外可能还有朋友处、网吧……等选项)

(7) 类别项目无包容、重叠,例如:

你喜欢下列哪种媒体?

书本( ) 录像带( ) VCD( ) 课件( ) 光盘( ) 指导书( ) 其他( )

(8) 特别重要和要强调的概念可作特殊标示,例如:

你赞成把员工平时工作业绩计入年底绩效考核总成绩吗?

(9) 在回答者能懂的范围内提问,例如:

你认为呼叫中心应加强CRM(客户关系管理)系统建设吗?(回答者不一定知道"客户关系管理系统"的概念)

(10) 避免大题,越具体、单纯,越好,例如:

你认为呼叫中心应如何提高客户服务质量水平?(题目太大,但可分解成许多细的问题进行调查)

(11) 不超过能清楚记忆的范围,例如:

你刚参加工作时平均每月工资有多少元?

(12) 避免设计引起启发和暗示的问题,例如:

××公司赞成大幅度提高员工福利,你的意见如何?

(13) 避免设计引起情绪(困扰、波动、反感)的问题,例如:

你工作后违反过公司纪律吗?

案例

某移动通信公司潜在用户调查问卷

注:该调查问卷分卷首(一些基本信息)、甄选题(用于甄选合格的被访用户)和主体问卷三大部分。其中主体问卷按访问目的分5部分:第一部分"网络认知与品牌形象";第二部分"入网动机和网络选择";第三部分"资费与业务使用意愿";第四部分"信息渠道与关注话题";第五部分"生

活形态和个人资料”。该案例只选取部分信息作为参考。话务员在设计调查问卷时，应结合调研目的和实际情况灵活进行设计，如表 12-3 所示。

表 12-3 潜在用户

卷首

开始时间：___月___日___时___分	结束时间：___月___日___时___分	注 24 小时制
访问地区：1)乌鲁木齐；2)石河子；3)克拉玛依；4)伊宁；5)库尔勒；6)喀什		
访问地点：_____区/县_____街道/镇_____居委会_____楼/街_____号		
访问地点类型：1)城区；2)县城；3)乡镇		

访问检查	我郑重声明，并以人格担保，本问卷的访问完全按照培训的要求进行，访问的结果客观、真实	访问员签名：
一审		督导签名：
二审		督导签名：
复核		复核员签名：

步骤	编码	编码检查	录入	录入检验
签名				

操作说明：

① 选项中“不知道、说不清、不适用”等用斜体及用【】括起来的部分，是给访问员的提示，不能念读出示给被访人；

② 本问卷由访问员念读问题，被访者回答，访问员记录，禁止将问卷交由被访者填写；

③ 记录方法：把被访者选中的选项圈起来，或在横线上填写数字和文字。

甄选题

【访问员读出：在正式访问之前，我可以先请教您几个小问题吗？谢谢！】

S01： 请问，目前您有手机吗？【单选】

1□有手机已入网　　【中止访问】
2□有手机但未入网　　【继续访问】
3□没有手机　　【继续访问】

S02： 请问，您是否打算在一年内购买和使用手机？【单选】

1□是　　【继续访问】
2□否
3□说不清　　【终止访问】

S03： 请问，您是否在本地居住了半年以上？【单选】

1□是　　【继续访问】
2□不是　　【终止访问】

【出示甄选卡片 1】

S04：　请问，您或您的家人中，目前是否有人在下列单位工作？【多选】

1□在通信/邮电部门工作

2□在手机生产或经销单位工作　　　　【终止访问】

3□在新闻单位工作

4□在市场研究、广告公司工作

5□都没有　　　　【继续访问】

S05：　请问，您在半年内是否接受过市场调查？【单选】

1□是　　　　【终止访问】

2□否　　　　【继续访问】

S06：　请问，您的年龄是：【单选】

1□15 岁以下　　　　【终止访问】

2□15～65 岁　　　　【继续访问】

3□65 岁以上　　　　【终止访问】

9□拒答　　　　【终止访问】

【访问员注意】

符合以上 S01～S06 者为合格的被访者。合格访问者进行如表 12-4 所示的几项访问。

表 12-4　访问记录表

被访人姓名：	调查地点：
被访人手机号码：	其他联络方式：

第一部分　网络认知与品牌形象

Q1.　请问，您知道本地目前有哪些手机网络？还有呢？

Q2.　【出示卡片 Q2】请问您知道卡片上手机网络？还有呢？

其调查表如表 12-5 所示。

表 12-5　网络认知与品牌形象调查表

网络品牌	Q1 认知（不提示）		Q2 认知（提示）
	第一提及	其他提及	
	【单选】	【多选】	【多选】
1 全球通	1	1	1
2 神州行	2	2	2
3 天山通	3	3	3

续表

网络品牌	Q1 认知(不提示)		Q2 认知（提示）
	第一提及	其他提及	
	【单选】	【多选】	【多选】
4 动感地带	4	4	4
5 联通 130	5	5	5
6 新疆通	6	6	6
7 联通 CDMA	7	7	7
8 如意通	8	8	8
9 小灵通	9	9	9
10 其他【请注明】____	10	10	10
11 不知道/不确定	99	99	99

【访问员注意:请从打勾处循环发问】

Q3. **【出示卡片 Q3】下面我将给您读出一些描述性的句子,请您选择出哪个网络/服务品牌具有这方面优势。您可以选择一个,也可以选择多个,或者一个都不选择。【每行多选】**

网络/服务品牌调查内容如表 12-6 所示。

表 12-6　网络/服务品牌调查表

项目＼网络品牌	全球通	神州行	天山通	动感地带	联通130	新疆通	CDMA	如意通	小灵通	都不是
1 物有所值的	1	2	3	4	5	6	7	8	9	0
2 网络覆盖范围广	1	2	3	4	5	6	7	8	9	0
3 通话质量好	1	2	3	4	5	6	7	8	9	0
4 产品类型/增值服务多	1	2	3	4	5	6	7	8	9	0
5 客户服务好	1	2	3	4	5	6	7	8	9	0
6 促销多	1	2	3	4	5	6	7	8	9	0
7 分销网点多/缴费方便	1	2	3	4	5	6	7	8	9	0
8 广告吸引人	1	2	3	4	5	6	7	8	9	0
9 口碑好的	1	2	3	4	5	6	7	8	9	0
10 环保的	1	2	3	4	5	6	7	8	9	0

第二部分　入网动机和网络选择

Q4.　【出示卡片 Q4】请问，您打算使用手机的原因是什么？其中最重要的原因是什么？

	使用的原因【选项不限】	最重要的原因【单选】
1. 为了工作、业务联络方便	1	1
2. 为了和朋友家人联络方便	2	2
3. 手机很流行了，我也应该有一部	3	3
4. 有了手机可以体现我事业有成	4	4
5. 我喜欢使用手机这样的高科技产品	5	5
6. 手机的通话费比以前低了	6	6
7. 我喜欢使用手机这样时尚新颖的产品	7	7
8. 手机比以前更便宜了	8	8
9. 出现了吸引我的新功能/新服务	9	9
10. 其他(请填写)__________	10	10

Q5.　【出示卡片 Q5】您过去一直没有使用手机，为什么决定在最近一年内使用？【限选 3 项】

1□收入增加了　　2□工作性质改变了
3□手机价格降低了　　4□手机通话费降低了
5□使用手机已经流行了　　6□有单位或亲朋提供资助
7□对手机的了解增多了　　8□服务质量提高了
9□手机质量、外观改善了　　10□周围的朋友都有了
11□网络覆盖范围增加了　　12□手机功能、服务增加了
13□有各种促销活动(优惠、送礼品等)　　14□网络通话质量提高了
15□其他【请填写】__________　　16□不好说

Q6.　【出示卡片 Q6】请问，您打算使用哪个手机网络/品牌？【单选】

1□全球通　　2□神州行　　3□天山通
4□动感地带　　5□联通 130　　6□新疆通
7□联通 CDMA　　8□如意通　　9□小灵通
10□其他【请填写】__________

Q7.　【出示卡片 Q8】您选择这个网络/品牌的原因是什么？其中最重要的原因是什么？

	选择原因【选项不限】	最重要的原因【单选】
1 网络通话质量好	1	1

2 网络覆盖范围全面	2	2
3 网络提供服务项目多样	3	3
4 月租费便宜或者没有月租费	4	4
5 每分钟通话费用低	5	5
6 有适合我的资费套餐	6	6
7 有免费的服务项目	7	7
8 不断推出新服务	8	8
9 时尚流行	9	9
10 档次高贵	10	10
11 网络技术先进可靠/计费准确	11	11
12 客户服务好(营业厅、1860 热线等)	12	12
13 促销活动做得好	13	13
14 缴费方便	14	14
15 品牌形象好	15	15
16 有更多的朋友介绍与推荐使用	16	16
17 企业实力雄厚	17	17
18 其他(请注明)________	18	18

Q8. 【出示卡片 Q8】您打算在什么时候购买手机入网?【单选】

1□今年“十一”　　2□明年“元旦”

3□明年“春节”　　4□明年“五一”

5□明年“5·17 电信日”　　6□三个月以内,不一定在节庆日

7□半年以内,不一定在节庆日　　8□一年以内,不一定在节庆日

9□还没有想好

Q9. 【出示卡片 Q9】为了选择手机网络,您是否会采用以下的办法?【多选】

1□找移动/联通/电信营业厅咨询　　2□找有关宣传资料

3□征求亲戚或者朋友的意见　　4□拨打相关的服务热线咨询

5□买手机时向售机人员咨询　　6□关注各种媒介上有关的信息

7□委托他人办理　　8□其他办法(请注明)________

9□都不会采用　　10□不好说

Q10. 【出示卡片 Q10】您会考虑在哪里办理以下手续?【每列限选 3 项】

	A 购机	B 入网	C 交费/买充值卡
1. 移动/联通/电信营业厅	1	1	1
2. 移动/联通/电信的社会代办点	2	2	2
3. 销售/客户人员上门代理	3	3	3
4. 手机专卖店	4	4	4
5. 大中型商场	5	5	5
6. 通讯产品大卖场	6	6	6

7. 二手手机市场	7	7	7
8. 银行/邮政局	8	8	8
9. 街头摊点	9	9	9
10. 自动售卡机	10	10	10
11. 互联网	11	11	11
12. 1860/1001/189 服务热线	12	12	12
13. 委托亲朋好友代办	13	13	13
14. 其他(请注明)__________	14	14	14

第三节　SPSS 分析

一、SPSS 的概念

SPSS 的全称是 Statistics Product and Service Solution(统计产品及客户解决方案)。作为统计分析工具,SPSS 理论严谨、内容丰富,具有数据管理、统计分析、趋势研究、制表绘图、文字处理等模块。SPSS 中功能最强大的是统计和图表功能,更详细和更多的图表和统计方法可参阅 SPSS 书籍。下面分别进行介绍。

二、统计和图形功能

1. Statistics(统计)功能

SPSS 提供了强大、完备的统计方法。

(1) Summaries 基本统计分析

其功能包括:

- Frequencies　一维频数分布表;
- Descriptives　求描述统计量的过程;
- Case Report　个案报告;
- Report Summaries in Rows　行形式输出报告;
- Report Summaries in Columns　列形式输出报告。

这一部分主要是对原始数据作整理和初步分析。

(2) Custom Tables 定义表

包括:

- Base Tables　基本表;
- General Tables　总表;
- Tables of Frequencies　频数表。

它们以表的形式将功能反映出来。

(3) Compare Means 比较平均数

包括:

- Means 分组计算指定变量的描述统计量；
- One-Sample T Test 单样本 T 检验；
- Independent-Samples T Test 独立样本 T 检验；
- Paired-Samples T Test 配对样本 T 检验；
- One-Way ANOVA 一元方差分析。

这是数据比较、求平均数、标准差、做 T 检验和简单方差分析等。

(4) General Linear Model 一般线性模式

包括单因素、多因素、重复测量的 Glm 和 Manova，分类非常细，也可以作协方差分析，这些统计方法是做实验经常用到的，如通过合理的数据，可以用来证明降低资费比提高网络质量对某些人群更具有吸引力。

(5) Correlate 相关分析

包括：

- Bivariate 项计算两个变量间的相关系数并进行检验；
- Partial 项计算两个变量在控制了其他变量的影响下的相关系数；
- Distance 项对变量或观测量进行相似性或不相似性测量。

(6) Regression 回归分析

包括：

- Linear 线性回归；
- Curve Estimation 曲线回归；
- Logistic 逻辑分析；
- Probit 概率分析；
- Weight Estimation 权重分析；
- Stage Least Square 最小二乘法；
- Nonlinear 非线性回归。

可以通过你的年龄、受教育程度、工作年限及能力专长来推测你在事业上可能达到的成就水平。

(7) Loglinear 逻辑线性分析

包括：

- General 项；
- Logist 项；
- Model Selection 项。

(8) Clasify 聚类和判别分析

包括：

- K-Means Cluster 项执行快速聚类过程；
- Hierarchical Cluster 执行分层聚类过程；
- Discriminent 执行判别分析过程。

此外，统计菜单中还包括：Factor 因子分析、Nonparametric Test 非参数检验、Time Series 时间序列、Scale 比例、Multiple Response 多元反应项等，可谓应有尽有。

2. Graphs(图形)功能

SPSS 与 Excel 的制图功能相比，无论是功能还是在效果上都要强得多。用 SPSS 图形菜单制作图形可分为 3 步：建立数据文件，在数据窗口中录入数据，或是从其他数据文件中调用数据，生成图形，修饰生成的图形。

- Bar 选项可以生成简单条形图、分组条形图和分段条形图；
- Line 选项可以生成单线图、多线图和垂线图；
- Area 选项可以生成简单面积图和堆栈面积图；
- Pie 选项可以生成单圆图；
- High-Low 选项可以生成收盘图、极差图和距限图；
- Pareto 选项可以生成排列图或 Pareto(帕雷托)图；
- Control 选项可以生成最常见的工序控制图；
- Boxplot 选项可以生成探查数据的箱线图；
- Error Bar 选项可以生成探查数据的误差条图；
- Scatter 选项可以生成简单散点图、重叠散点图、矩阵散点图和三维散点图；
- Histogram 选项可以生成直方图；
- Normal P-P 选项可以生成变量分布的分位数对正态分布的分位数的图形；
- Normal Q-Q 选项可以生成变量分布的分位数对正态分布的分位数的图形；
- Sequence 选项可以生成变量分布分位数对正态分布分位数的图形；
- Time Series 选项可以生成自相关图、偏相关图和互相关图。

第十三章 项目管理

本章要点：

- 客户服务项目管理
- 项目计划
- 项目实施
- 项目收尾

随着客服中心从成本中心向利润中心转变，客服中心承担了市场活动邀请、客户满意度调查、消费者行为调查、产品咨询受理、投诉建议受理、销售机会挖掘等项目，如何卓有成效地进行客服中心的项目管理对客服中心也越来越重要。话务技师要求对项目准备、项目实施和项目收尾等项目管理知识有科学的了解。

第一节 概 述

一、客户服务项目概述

1. 客户服务项目的定义和特征

客户服务项目就是企业在为客户提供服务的过程中，通过有效地配备、组织、运用和管理资源，为实现一个特定的服务目标所执行的一套独特而相互联系的一次性工作任务。

客户服务项目具有以下特征。

(1) 目标明确

无论客户服务项目大小难易，都会存在一个预期的结果，即项目目标。项目的目标包括项目的时间目标和成果目标。目标为项目的执行指明了方向。在生命周期较长的项目执行过程中，通常会将项目目标进行分解，形成阶段性的目标。

(2) 内在关联

项目目标是在具有一定先后顺序的独特任务完成的基础上实现的，一个任务的开始必须以前一个任务目标的实现为前提，同时一个任务的完成也为随后发生的诸多任务提供必要的保障，任务与任务之间具有相互关联的特点，一个任务的失败将会对其他任务造成一定的影响。

(3) 资源保障

资源是项目执行不可缺少的条件，它包括：人力资源、财务资源、系统和工具资源、信息资源、技术资源等，丰富的资源对于项目执行会起到良好的推进作用。

(4) 生命周期

项目的成功通常是以目标的达成作为考察的标准，项目的目标性决定项目需要具有时间计划或生命周期，既要有开始启动的时间，又要设定目标实现的到期日，从起到止的中间部分就构成了项目的生命周期。

(5) 客户导向

无论服务项目是针对企业内部还是外部，个人还是组织，每个项目都有客户。客户是项目的最终受益者，客户是项目发展方向的最终决定者，满足客户的需要是项目执行的首要原则。

(6) 多风险性

任何项目执行中都可能在资源保障、成本控制、时间管理、客户配合等方面出现问题，因此，项目存在着风险性。为了控制和降低风险，项目执行前，需要请有经验的人士对项目进行细致的评估和预测，在此基础上制订执行计划，安排预算。在项目执行中，还需要对各任务的执行情况随时进行监控，制订持续改进的方案，以确保按计划进行。如果项目执行阶段性结果与计划存在偏差，需要及时分析原因。如果是由于项目计划疏漏造成，则应制订改进措施，修正原计划。对于企业的客户服务机构或外包型呼叫中心而言，项目是构成服务体系的基本单元，企业可以根据服务性质和服务对象对项目进行定义。下面是一些以利润为导向的客户服务机构，客服中心配合企业其他部门实施的项目例子。

- 市场活动邀请项目；
- 客户满意度调查项目；
- 消费者行为调查项目；
- 产品咨询受理项目；
- 投诉建议受理项目；
- 销售机会挖掘项目；
- 电话营销项目。

2. 客户服务项目成功的关键因素

一般而言，项目成功的标志是在规定的时间和成本范围内，达到了预期的目标。客户服务项目的成功通常会受到 4 个方面因素的影响：即项目范围、项目成本、项目计划和客户满意。

(1) 项目范围

项目范围指在客户服务项目中，为使客户满意所进行的所有工作。在此提到的客户，既指企业内部委派该项目的部门或人，也包括服务本身所对应的外部客户。例如，在投诉受理类的项目中，项目范围可能包括：对客户服务人员技能技巧的有效培养、与相关部门建立顺畅的沟通和支持渠道、制订快捷高效的客户投诉受理流程、保障服务软硬件系统的正常工作、企业管理层的高度重视和配合等。

(2) 项目成本

在客户服务项目中，项目成本就是客户同意为一个可接受的项目交付物所支付的款额，或企业内部为了实现项目目标所投入的资金。在客户服务项目中，项目成本一般包括向项目组雇用成员支付的薪酬奖金、项目执行所需要的原材料（如数据资源、耗材等）、设备、工具租金，以及项目中可能涉及的分包商或咨询商的费用等。例如，在通过电话进行客户满意度调查项目中，项目成本可能会包括参与项目管理的人员、质量专员、服务人员的薪酬奖金，电话调查产生的电信费用，系统软硬件的使用摊销、办公耗材、场地租金、水电费、管理费用、技术支持费用，以及如需要研究机构进行报告分析的外包服务费用等。

(3) 项目计划

项目计划是确保项目中具有一定先后顺序的独特任务（也称为子项目）完成的开始及结束时间具体化的进度安排。为了确保客户满意，使项目目标在客户规定的期限内完成，在项目开始前必须建立一份详细的项目计划，其中包括所有工作任务、相关成本、及项目中的各项独特任务在时间上的合理限定。考察阶段性任务（子项目）达标状况的前提是看该项任务是否在规定的时间内完成，其次再考察完成的质量和效果。一项阶段性任务（子项目）如能确保在规定的时间范围内完成，将会给后续项目带来积极的影响。从某种程度上讲，争取时间就是在降低项目成本。例如，通过电话进行企业市场活动邀请的项目，可以由提出邀请、状态跟进、信息确认、参会提醒 4 个子项目组成，每个子项目都有各自的目标和时间范围的规定。

(4) 客户满意

这不仅是指项目的最终结果让客户满意，它还包含了项目执行过程中，内部客户和外部客户对于服务内容和项目进展的认同以及对项目最终结果的期望。对于外部客户而言，参与感可以提升其对企业的忠诚度。因此，客户服务项目应加强与外部客户的沟通和意见反馈，让客户在被服务人员关注的同时也能主动关注企业，客户满意就是让客户参与到提升服务质量和推动企业发展的角色中，得到被尊重的体验。对于内部客户而言，项目管理者需要采取主动沟通的策略，让委派任务的内部客户加入到项目中来，在整个项目过程中调动他们积极提出专业化的意见和建议，根据项目进展及时调整目标期望，从而确保内部客户自始至终的整体满意度。

3. 客户服务项目的生命周期

项目的生命周期是指项目从开始到结束经历的渐进的发展过程。客户服务项目以客户需求被确定为诞生的标志，以服务的最终成果被客户成功验收为结束的标志，其间经历3个阶段，即项目前期、中期和后期。在项目生命周期运行过程中的不同阶段里，时间的分配和资源投入的强度有所不同，通常是前期投入低，逐渐增加达到高峰后开始降低，项目的典型资源投入模式如图13-1所示。

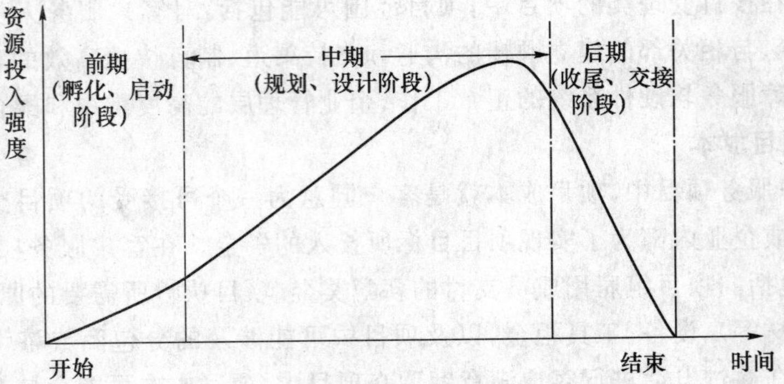

图13-1　项目生命周期内典型的资源投入模式示意图

(1) 项目生命周期的前期

项目生命周期的前期涉及客户需求的识别或确认、机会和风险评估、资源准备等内容，可以说是整个项目的孵化和启动阶段。在此阶段，客户会向客户服务机构，呼叫中心提出要解决的问题和具体的需求，这些内容会以需求建议书(Request For Proposal，RFP)的形式体现。

(2) 项目生命周期的中期

项目生命周期的中期是在得到客户对解决方案的确认，双方签署合作协议后，客户服务机构，呼叫中心对项目进行具体的规划和实施，即执行项目，导致项目目标的最终实现。

(3) 项目生命周期的后期

项目生命周期的后期是将交付物提交给客户，从客户方面获得反馈，确认客户满意度和是否实现了客户期望的阶段。这一阶段的最主要任务就是评估项目绩效，以便从中得知该在哪些方面改善，在未来执行类似项目时有所借鉴。

客户服务项目的生命周期长度从几天、几个星期到几年不等，依项目范围、复杂性而定。并且不是所有项目都经历以上的3个阶段。

二、客户服务项目管理概述

1. 项目管理的定义

项目管理(Project Management)是采用规范化的管理流程，在规定的时间、预算和质量目标范围内完成项目的管理方法。这种项目管理方法在管理客户服务项目时同样适用。

2. 项目管理的内容

项目管理的主要内容包括 9 个方面,具体内容如下所述。

(1) 范围管理(Scope Management)

根据项目的目的,界定项目所必须完成的工作范围并对它进行管理,包括立项、项目范围的计划和定义、范围确认、范围变更控制。它的首要任务是确定并控制哪些工作内容应该包含在项目范畴内,并对其他项目管理工作起指导作用。无论是新技术或新产品的研发项目,或者是与客户签订的服务性项目,必须要有效地定义并控制项目范围。

(2) 时间管理(Time Management)

给出项目活动的定义、安排和时间估计,制订进度计划并行控制。在范围管理的基础上,通过确定、调整合理的工作排序和工作周期,进度管理可以在满足项目时间要求的情况下,使资源配置和费用支出达到最佳状态。

(3) 成本管理(Cost Management)

确保项目在预算范围之内的管理过程,包括资源和成本的规划、成本预算和控制。项目的费用管理需要紧密地与其他项目管理职能相结合。

(4) 人力资源管理(Human Resource Management)

确保项目团队成员发挥最佳效能的管理过程,包括组织规划、人员招聘和项目团队的组建。一份优秀的组织规划应清楚地定义项目团队所包含的人员以及他们所担负的角色和责任,确保项目工作的所有责任已经确定,并已经与相关责任人达成一致,无任何遗漏。

(5) 质量管理(Quality Management)

确保项目满足客户需要的质量,主要包括质量计划、质量保证和质量控制。虽然有关产品的质量控制有大量的标准和技术可供采用,但项目管理对质量的要求还强调另一方面,即管理的质量(包括设定各种程序和过程)。近年来,国内许多企业在努力通过 ISO 9000 系列的标准认证。值得注意的是,获得认证的真正目的在于提高业务程序的质量即管理质量,从而保证产品的质量,而非产品质量的直接体现。

(6) 沟通管理(Communication Management)

确保项目相关信息能及时、准确地得到处理,包括沟通计划的制订、信息传递、过程实施报告和评估报告。在人员、各种思想和信息之间,沟通管理提供了保证项目成功所需的必要联系。

(7) 风险管理(Risk Management)

确保项目能够成功实现,需进行风险的识别、度量、响应和控制。

(8) 采购管理(Procurement Management)

确保项目所需的外界资源得到满足,包括采购计划、询价、资源选择、合同的管理和终结。

(9) 综合管理(Integration Management)

确保项目各要素的协调工作,包括项目计划的制订和执行、项目整体变化控制。

研究表明,多达50%企业的工作以项目的形式进行,企业采用专业化的项目管理,在新产品研究开发、市场营销、技术创新和客户服务等方面的卓越表现超越了对项目进行管理的本身,而上升为一种企业管理思想和操作化模式,这种企业管理思想模式在实际工作中被称为"企业全面项目管理"或"企业项目化管理"。

3. 项目管理的要素

成功的项目管理通常包含以下几方面的要素。

(1) 资源

资源是指对于一个特定的项目而言,一切具有现实和潜在价值的东西,包括自然资源和人造资源、内部资源和外部资源、有形资源和无形资源。诸如人力和人才、原料和材料、资金和市场、信息和科技等。此外,诸如品牌、企业信誉和形象、某种社会关系等也都是必不可少的软性资源。例如,在客户咨询受理项目中,人力资源要根据日话务量的时间分布状况进行合理安排,科学的现场管理和排班计划就显得尤为重要。

(2) 目标

在客户服务项目中,目标主要分为两类。一是项目生命周期内必须达到的最终要求,包括项目实施范围、品质要求、利润或成本目标、时间目标以及必须满足的法规要求等,例如,"客户投诉率小于2%"等;二是项目过程中客户期望获取的附加要求,它对增加潜在机会、争取客户支持和减少客户阻力产生重要的影响。例如,在解决客户投诉和咨询问题时,客户需要首先得到服务人员的理解、尊重和礼貌的态度,满足他们的基本需要。

(3) 需求

客户需求是确立项目目标和实施项目计划的前提,项目组内部资源需求的满足是实现客户需求的必要保障。在客户服务项目中,成败很大程度上取决于人力资源的开发和运用,如果服务人员的需求(精神或物质上的)得不到满足,他们就很难将工作目标与项目目标达成一致。这就更要求项目管理者最大限度地调动服务人员的积极性。

(4) 流程

实施流程化管理,是有效优化和利用项目资源、管理进度和降低风险的最好手段。在项目目标和项目范围被确定后,项目会被有目的地分解为若干子项目,在子项目中又包含一系列有序的"工作包"。"工作包"是构成项目的最小任务单元,它的内容包括工作范围、责任、责任人、资源、时间范围和任务完成的交接对象。由于"工作包"具有方向性和依赖性,将具有前后关系的"工作包"有序地连接在一起就构成了工作流程。通过工作流程的建立,项目责任、成本和风险都被进一步细化,并被分配到具体的责任人进行管理和控制。一旦项目过程发生问题,项目管理者通过监控工作流程的完成情况，可以容易地将问题具体化，通过对流程的持续改进策略，调整和调动资源，保证项目可以继续向前发展。

4. 项目管理的过程

结合项目管理生命周期图，项目管理的过程包括项目计划、项目实施和项目收尾，如图 13-2 所示。其具体内容将在本章后面几节详细介绍。

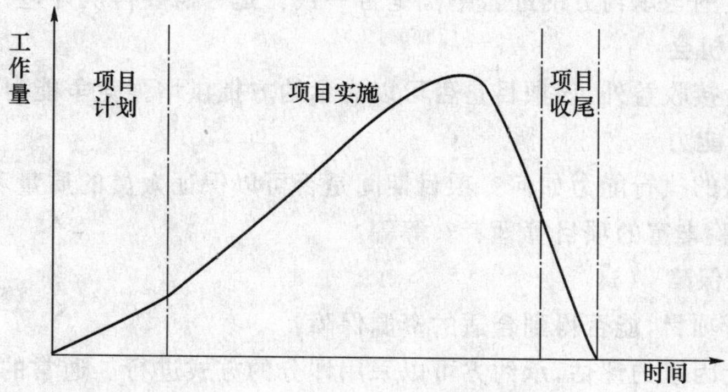

图 13-2 项目管理的过程示意图

第二节 项目计划

在项目的生命周期中，计划工作非常重要，好的实施结果来自于充分的准备。在客户服务项目中，项目计划主要包括：识别客户需求、项目分析、制订项目解决方案、签署协议和资源准备 5 个阶段。

一、识别客户需求

识别客户需求是项目生命周期的开始，是项目承约方认识客户需要解决的问题和商业机会的过程。一个问题或需求提出后，需求的提出者会建立一份需求建议书，清晰地定义问题和需求。对于没有提供需求建议书的客户，承约方可以参考以上需求建议书的内容向客户主动征询需求，并以书面形式确定下来，争得客户的认可，以使供需双方在同一标准下进行交流。需求建议书是承约方对项目进行评估的依据，是着手准备项目解决方案的前提条件。

二、项目分析

项目分析是在清晰掌握客户的需求后，承约方将组织有经验的专家或执行人员对项目的可行性进行分析，必要时也需要对项目目标市场进行研究。在此过程中，承约方需要考虑的常用因素有下列几种。

(1) 竞争关系

即有哪些承约方参与项目的投标？在此项目中他们的竞争优势是什么？如何

超越或回避他们的优势？等等。

(2) 项目风险

该项目是否存在着失败的风险？失败风险的程度有多大？在资金和资源方面的投入有多大？客户的信誉度如何？供需双方的合作关系是否稳固？等等。

(3) 项目范围

该项目范围与承约方的经营范围是否一致？是否需要再次外包？

(4) 商业机会

除创造直接收益外，该项目是否可以为承约方提供增强竞争能力的机会？

(5) 执行能力

目前团队的执行能力如何？项目期间是否可以保证人员的质量和数量？是否有合适的、经验丰富的项目管理者？等等。

(6) 资源保障

一旦执行项目，能否得到合适的资源保障？

对于以上因素的评估，承约方可以采用评分的方式进行。通常的做法是：负责人根据需求建议书确定需要考虑的因素，制作成《项目实施评估表》，分发给参与项目评估的人员，制订评分标准和填写要求，请他们先分别对各因素进行评分和原因分析，然后再进行汇总讨论，如图 13-3 所示。

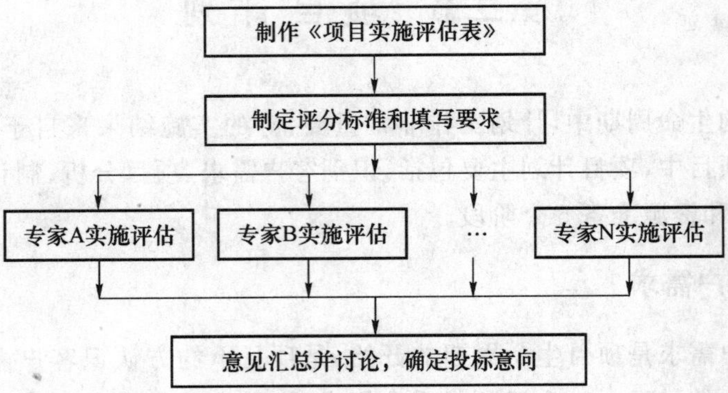

图 13-3 ××公司市场部活动邀请

三、制订项目解决方案

制订项目解决方案是项目分析结束后，承约方如决定进行项目投标，为满足客户需要，准备和起草项目解决方案的过程。通常情况下，项目解决方案是承约方向客户清晰表明自己如何配备和利用资源，在有限的预算和周期内完成项目的方法，但如果存在多家竞争者同时投标，为了获胜，承约方还应在项目解决方案中说明其不同于竞争对手的实施策略，以及项目在此策略下实施，客户获得的收益等。准备项目解决方案的工作可能由一个人独立完成，也可能需要组成一个包含有各种专长和技术人员的小组共同合作完成。无论项目难易，项目解决方案经常由技术、管理和成本 3 个部分构成。

1. 技术部分

目的是使客户认识到承约方理解客户需求或问题，并且能够提供风险最低且收益最大的解决方案。技术部分应当包含以下内容。

- 完全理解客户需求和问题，并用自己的表达方式（陈述、表格或流程图等方式）描述对客户期望的理解。
- 提出满足客户需求建议书中所陈述的需求的几种实施方法和原则，包括如何使用工具或技术，信息收集和管理的手段，与客户方如何建立沟通渠道，如何将项目划分为各子项目，如何控制项目风险等。
- 承约方对如何使客户获得收益所进行的相关描述。客户收益可能体现在数量上或质量上。

2. 管理部分

目的是使客户确信，承约方能够实现项目目标和客户期望。管理部分包括以下内容。

(1) 任务描述

承约方应当界定在完成项目中将要执行的主要任务，并且提供每个主要任务所包括内容的简要描述。

(2) 交付物

即对项目执行前、执行过程中、执行后提交给客户以证明项目实施效果和结果的文件、报告、图表、信息等的相关说明。

(3) 项目进度计划

即提出完成项目所必须执行的主要任务的进度计划。为了表明承约方能在需求建议书所要求的期限内完成项目，项目进度计划除用文字表述外，还需要配合一些图表，例如，用以表现各项任务的分配情况和完成每项任务的时间框架的“甘特图”，如图 13-4 所示。

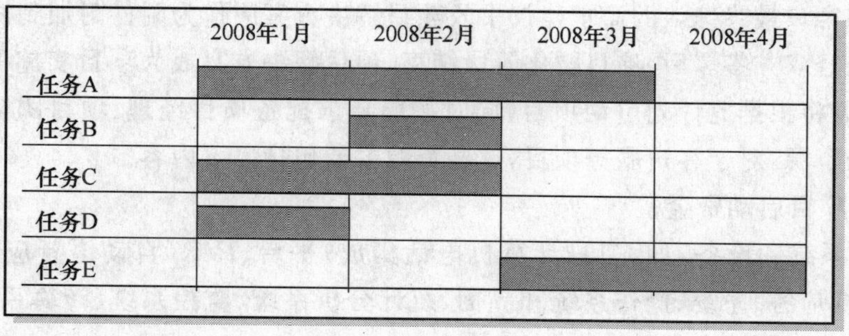

图 13-4　××公司产品发布会邀请项目甘特图

(4) 项目组织

指承约方描述如何组织工作和资源，以便执行该项目。对于为项目投入的人力资源方面，最好设计一个组织图，并提供主要责任人的姓名和简历，以便客户了解他们的相关经历和能力。

(5) 相关经验

为了说明执行项目的能力，承约方应在项目解决方案中提供以前执行的类似项目的成果和经验，以及如何将先前经验应用于该项目中。

3. 成本部分

目的是使客户确信，承约方实施项目所提出的价格是现实的、合理的。对于客户服务项目，成本部分需要考虑的主要因素有以下几方面。

(1) 人力资源成本

即预计在项目中工作的各级人员发生的工资、福利、培训费用、管理费用、技术支持费用和后勤保障等。

(2) 设备和设施租金

即在执行项目过程中，承约方使用自己的设备或租用其他方设备所产生的成本。

(3) 电信或通信资源成本

在执行项目中租用电信线路、电话号码或网络资源所发生的成本。

(4) 分包商或顾问

当承约方没有专长或资源去完成某些任务时，需要将一部分工作外包给第三方或聘请顾问来执行这些任务所产生的成本。

(5) 奖金或利润

在以上的成本部分基础上，承约方应当增加一部分作为奖金或利润的数额。

四、签署协议及资源准备

项目解决方案被提交后，承约方应主动与客户进行联系和沟通，与承约方达成合作意向，就进入了合作协议签署阶段。协议中应该清晰表述客户期望承约方在某个期限内提供的交付物，同时也必须陈述客户对承约方的付款保障和结算方式。承约方与客户最终确认的需求建议书及项目解决方案应作为附件附加到协议中。

协议经双方签署后，项目孵化阶段结束，项目解决方案成为项目实施的基准计划，承约方将根据此计划启动项目，同时按照要求配备项目经理、项目团队和与项目相关的资源，对于客户服务项目，这些资源主要包括以下内容。

(1) **项目启动资金**；

(2) **系统和设备**，如 CTI(计算机电话集成)平台、IVR(自动语音应答)/IFR(自动传真应答)系统、操作系统和界面、统计分析系统、监控系统、计算系统、多媒体设备、电话设备等；

(3) **办公场地和配套设施**；

(4) **电信和通信资源**，如中继线路、号码资源、网络资源等；

(5) **信息和数据**，客户数据、产品信息、企业介绍、市场信息等；

(6) **媒体资源**，如进行产品推广、活动邀请、电话营销时经常需要媒体协助进行前期的市场宣传；

(7) **流程和规范**，如业务流程、岗位责任、服务标准、项目脚本、管理制度、操作规范等；

(8) **培训和指导**，包括客户对产品、企业、项目要求进行的培训，以及承约方对服务技能技巧、流程和规范进行的培训等；

(9) **沟通渠道**，包括项目团队之间、项目团队与客户之间、客户与承约方管理者之间、团队与管理者之间的物理沟通渠道(如电话、互联网、项目报告、会议场所等)，以及保障沟通顺畅及时的相关制度(如例会制度、反馈制度、报告制度等)。

第三节 项目实施

一、项目计划的执行

项目解决方案为项目的实施提供了质量、进度和预算方面的基准信息，项目计划执行就是项目经理根据基准计划，有效调配和管理资源，有序地执行项目任务或工作包，并按时向下一环节提供交付物，以保证下一程序的执行和最终目标实现的过程。例如在××公司产品发布会邀请项目中，其主要的工作包和交付物如表13-1所示。

表 13-1 ××公司市场部活动邀请项目工作包和交付物表

工作包名称	工期/天	负责人	交付物	关键质量标准
(1) 整理数据	1	E. Mily	可供邀请的数据	重复、符合规范的数据≤1‰
(2) 设计界面	2	E. Mily	用于邀请的界面	可靠性和逻辑准确率100%
(3) 系统准备	1	Peter	各系统资源就绪	资源可靠性100%，稳定性99.99%
(4) 人员培训	1	Nancy	所有人员通过考核	考核达标率100%
(5) 发送直邮	3	Nancy	确认客户收到邮件	邮件成功率≥60%
(6) 项目模拟	1	Nancy	人员通过模拟测验	模拟测验达标率100%
(7) 发送电子邮件	1	Nancy	邮件群发报告	邮件发送成功率≥60%
(8) 开通热线	1	Nancy	热线接通提供使用	测试接通成功率100%
(9) 电话邀请	3	Nancy	邀请阶段报告	数据处理率100%，接触率70%
(10) 参会跟进	3	Nancy	跟进阶段报告	数据处理率100%，接触率90%
(11) 电话提醒	2	Nancy	提醒阶段报告	数据处理率100%，接触率90%

项目执行的最主要原则就是保证在项目范围内，满足对质量、进度和成本等方面的要求。其中，满足质量方面的要求，是项目计划执行中最关键的因素。客户服务项目中质量通常体现在以下方面。

(1) 可靠性

指规定时间段内的安全性，可用于衡量系统、平台、设备、通信电信线路或设施，以及服务行为等方面，如在“服务品质保障协议”中，通常对于“服务可靠性”的解释为，甲方委托乙方为其提供基于 Call Center(呼叫中心)的任何服务时，乙方必须按照指定的时间进行，同时保存服务过程中甲方要求的准确记录，在服务期间乙方的服务行为必须真实可靠。

(2) **稳定性**

指规定时间段内的故障概率，可用于衡量系统、平台、设备、通信电信线路或设施以及团队人员等方面。

(3) **准确率**

指规定时间段内错误的信息传递和记录概率，可用于衡量服务人员服务水平和信息记录的准确程度等方面。

(4) **成功率**

指规定时间段内符合要求结果的比率，可用于衡量服务效果。

(5) **处理率**

指规定时间段内已经完成工作的比率，可用于衡量服务效率。

(6) **接触率**

指规定时间段内已经取得联络的数据比率，可用于考察当前的数据状况。

(7) **达标率**

指规定时间段内通过检验标准的人员或工作结果的比率。

项目执行过程中，以下要素对项目质量会起到积极的影响。

- 使客户满意的团队服务意识；
- 团队成员的工作主动性和责任心；
- 良好的管理系统；
- 项目团队的协作精神和能力。

在项目计划执行过程中，资源投入的强度会随着活动节奏的加快而增加，项目也会随时产生新的情况，为了确保项目能够实现最终目标，项目经理需要对项目执行过程进行必要的控制。项目的计划、执行、控制是一个动态循环的过程，直至项目执行结束，计划、执行、控制之间的关系如图 13-5 所示。

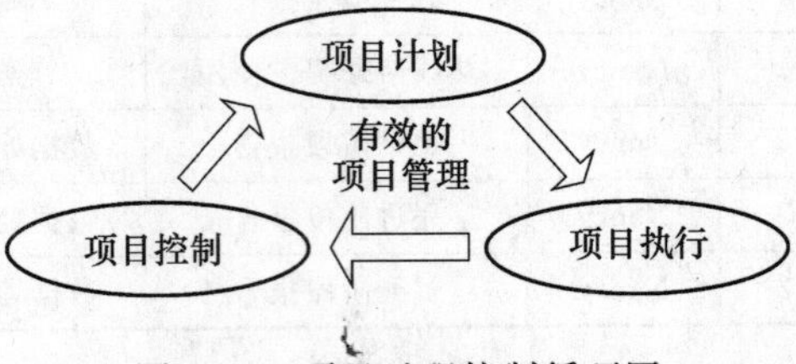

图 13-5　项目过程控制循环图

二、项目实施的控制

项目控制就是监视和测量项目实际进展。若发现实施过程偏离了计划，就要找出原因，采取行动，使项目回到计划的轨道上来。在项目控制过程中，最重要的工作就是确定固定的报告期，以便比较实际进程与计划进程的差距。报告期可以根据项目周期的长度以及项目的复杂程度确定，可以以天、周、半个月、月制作报告，也可以在工作包完成后，立即制作阶段性报告。在客户服务类的项目中，对于执行周期较长、稳定性强的受理类项目可以以周或月作为报告期，对于周期短、变化较大的电话营销或市场推广类项目建议以天作为报告期。

在每个固定的报告期内，需要收集的资料主要有以下两种：

- 表明实际进程的资料。如任务的开始时间和完成时间，实际发生的费用等。
- 有关项目范围、进度计划和预算的变更方面的资料。如果已经对基准计划进行了变更或修订，并得到了客户的批准同意，项目经理应该及时建立一个新的项目计划，相应的项目范围、进度计划和预算也应该酌情作出调整。

项目控制过程将贯穿项目实施始终，如图 13-6 所示。总之，报告期限越短越容易及早发现问题，并采取有效的纠正措施。

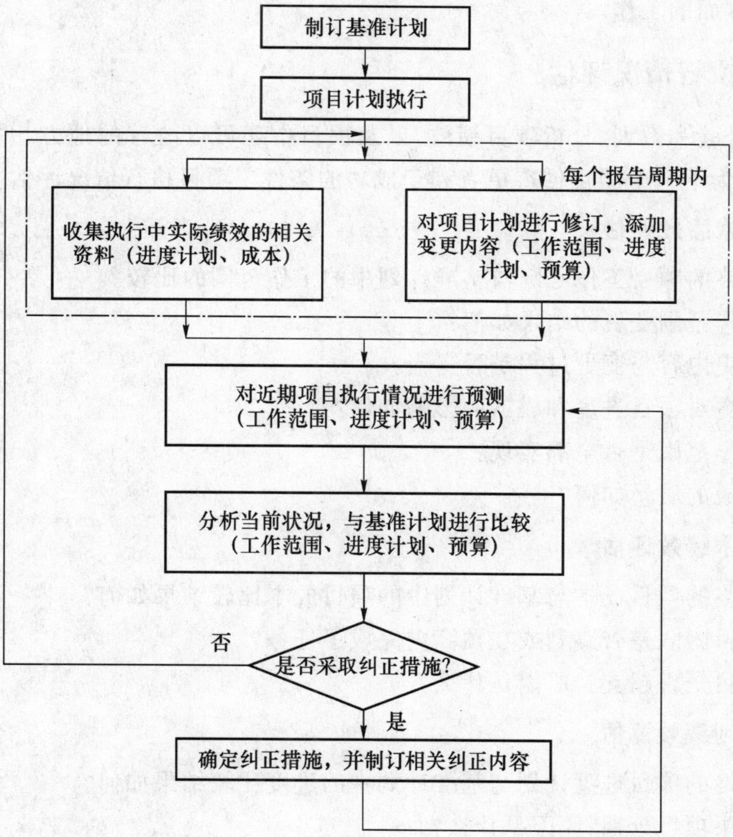

图 13-6　项目控制过程图

第四节　项目收尾

当项目准备提交最终成果的时候，项目团队应当做好项目的收尾工作。不做必要的收尾工作，项目各当事人就不能终止他们为完成本项目所承担的义务和责任，也不能及时从本项目获取应得的权益。项目收尾工作主要包括：

项目验收——核查项目计划规定范围内的各项任务是否已经全部完成，可交付物是否达到了客户的期望，并将核查结果记录在验收文件中。

合同收尾——终结合同，进行结算，包括解决所有未尽事宜。

行政收尾——编造、收集和分发信息，正式宣布项目的结束。

在向客户提供交付物后，项目经理应该及时召开项目评估会，组织团队成员完成以下两方面的工作。

一、项目执行情况评估

总结经验和教训，分析项目绩效，以及项目中还可以改善的地方，并进行信息归档，以便为下一个项目创造更有利于成功的条件。项目执行情况评估主要包括：

1. 技术绩效评估

- 最终的项目工作范围与基准计划中的工作范围的比较。
- 工作范围变更的结果如何？
- 变更内容与变更过程是否得当？
- 变更对项目进度和成本的影响如何？
- 工作范围是否全部实现？
- 完成的质量如何？

2. 成本绩效评估

- 最终的项目成本与基准计划中的项目成本比较结果如何？
- 项目团队是否赢利或在预算内完成了任务？
- 项目是否超支？原因是什么？

3. 计划绩效评估

- 最终的项目进度计划与基准计划中的进度比较结果如何？
- 如果项目延期，原因是什么？
- 每个工作包完成的绩效如何？
- 项目信息搜集是否及时有效？
- 客户对项目实现结果的满意度如何？

4. 客户联系评估

- 是否进行过让客户参与项目执行的工作？

- 是否要求客户定期对项目进程反馈意见？
- 与客户约定的项目例会是否按计划召开？效果如何？
- 是否及时通知客户潜在的问题，并邀请客户一同解决？效果如何？

5. 团队协作评估

- 团队成员是否发挥了协作精神？
- 团队成员间是否发生过冲突？解决效果如何？给项目带来的影响是消极的，还是积极的？
- 团队成员是否可以进行公开沟通？
- 团队成员间相互学习和信息共享的效果如何？
- 团队成员对项目经理的管理是否满意？
- 项目执行期间，是否出现了人员流失？原因和影响如何？

二、项目成员绩效评估

帮助团队成员回顾项目执行中，个人任务的完成情况，每个成员技能和潜能发挥的情况，项目中所获得的培训和被应用于项目中的知识，团队成员在项目中所表现出的不足，以及如何进行改进的策略和行动计划等。这些内容一方面可以帮助团队成员及时总结经验教训，获得提高。另一方面也加深了他们对团队价值的体验，在今后的团队合作中，能够起到关键的作用。

第十四章 绩效与团队管理

本章要点：

- 员工激励
- 绩效管理
- 绩效考核的方法
- 团队建设

呼叫中心是一个非常需要具有技巧的工作环境，对提高员工绩效的期望应该非常明显，关键挑战是在管理者中建立持续发展员工的观念。企业和员工个人的学习和发展是一个持续性的过程，每个人都可以从日常工作的成功和挑战中吸取经验教训。

第一节 员工激励

客服中心的客服代表所从事的工作和其他部门员工的工作有许多性质上的不同，突出表现为：客服代表的日常工作压力大；客服代表面对的是公司最宝贵的财富——用户；客服中心能够进行高度量化的管理。由此决定客服中心必须要建立科学有效的激励机制。

一、激励目的

1. 提高员工自信,激发工作热情

激励员工可以提高员工的自信心,唤起员工乐于工作的激情。在员工每天的工作、生活中,一个温暖的言行,一束期待的目光,一句激励的评语不但可激发员工的上进心,还可能会改变一个员工对工作的态度,对人生的态度。在激励的作用下,员工可以认识到自己的潜力,不断发展各种能力,成为生活中的成功者。

2. 提高工作效率,保证工作质量

管理者从正面激励员工,可使员工保持心情舒畅,从而提高工作效率,保证工作质量,使工作得以顺利完成;如果管理者用尖刻的语言奚落、讽刺、挖苦员工,员工就很难体会到工作的乐趣,进而降低工作质量,这对员工、对管理者、对企业都不利。

3. 增强管理者个人的凝聚力

管理的艺术不在于作指示、下命令,而在于激励、唤醒、鼓舞员工为工作目标去奋斗;激励员工可以树立管理者在员工心目中可亲、可敬的形象,让员工觉得管理者是值得信赖的人,员工也愿意为这样的管理者努力工作;管理者激励员工,可以在公司形成很好的互助互励的氛围,促进企业创造良好的文化。

二、激励原则

激励员工,应该遵照以下 8 个原则。

1. 明确激励理念的原则

客户服务人员要有为他人服务的思想,需要一定的奉献精神。但员工也有自己的需求。因此,对于员工追求个人利益的要求,只要在不侵犯别人利益的前提下,应该给予充分的尊重。也就是说,在尊重和保证员工个人利益的前提下再强调奉献,才是合情合理的;而完全抛弃个人利益,一味地强调奉献显然是不现实的。激励的基本理念一定要很清晰。

2. 物质与精神激励相结合的原则

激励并不等于奖励。对员工进行激励形式可以多种多样,包括物质激励和精神激励。物质激励就是用物质刺激的方式激励员工,如长期收入、短期收入、稳定收入、风险收入、现金收入等;精神激励是一种非物质性的奖励,它包括口头表扬、书面表扬、竞赛评优、职位升迁等。

3. 激励力度适中的原则

在激励员工的过程中,力度要适中,太小起不到激励员工的作用,达不到目的;太大则过犹不及。正如设立一个目标,如果目标太容易达到,员工工作热情不饱满,员工的潜力得不到发挥;而目标太高,员工怎么努力也达不到,就会产生厌烦情绪,长此以往,士气就十分低下,也达不到企业的目的。

4. 因人而异的原则

要针对员工个人情况给予激励。要想达到激励的最佳效果，应对员工的需求认真具体地分析，不能采用“一刀切”的方法对所有人采用同样的激励手段，否则就起不到效果。

美国著名心理学家马斯洛博士通过大量的科学研究，将人的需求从低级到高级划分为不同的层次。这些需要从最基本的生理需求到自我实现的需要构成了一个需要等级，在不同的情景下激励和引导人们的行为。马斯洛的需要层次从低到高依次为：生理需求、安全需求、社会需求、尊重需求和自我实现5个主要层次。当低层次需求未得到满足时，这些需求便成为支配个体的主导性动机，但如果较低的需求得到满足后，较高一层的需求就会占据主导地位，支配个体行为。因此，员工在不同的发展阶段会产生不一样的需求，从而导致不同的动机，这就要求管理者采取的激励方法也应该因人因时而异。如对管理人员和普通员工就不能采用同样的激励方法。同样，客服代表的需求也是不一样的。因此，对于不同的人应具体情况具体分析，采取不同的激励方法。

5. 公平原则

公平原则就是对于取得相同业绩的员工应给予相同的奖励，对于取得不同业绩者也应区别对待。为了体现公平性，管理者应该按照特定的工作目标结合工作成果的数量和质量，用明确、客观、易于核实的标准来衡量员工的绩效。

6. 刚性原则

激励只能上，不能下，即物质上的激励只能是物质利益的不断提高和增加，精神激励的方式也只能是档次的上升、水准的提高，一旦下降或减少，则员工就会产生不满足的感受。但企业的资源又不可能无限地增加，所以，激励的力度一定要先弱后强，先小后大，不能将激励资源一次用完。

7. 时机原则

时机原则就是要选择恰当的时机和场合对员工实施适当的激励，目的是使激励的作用可以发挥至最大，激励的效果最佳。例如，在员工灰心丧气时，给予激励。或是在开工作总结会时，对业绩最佳的员工给予当众表扬。

8. 清晰原则

清晰原则是指激励的标准、激励的对象、激励的理由应当准确明了。激励的标准清晰是指员工应当在工作前确切地被告知他们做什么会得到赞扬和奖励，做什么会得到批评和惩罚。激励的对象清晰是指激励那些最需要得到激励的人，而不要将时间和精力花费在不是最需要激励的员工身上。激励的理由清晰是指为了体现公正的原则，管理者必须可以提出具有说服力的激励理由和可以反映被激励人表现的依据，以免其他员工产生误解和不满。

三、激励措施

1. 建立健全科学的激励机制

激励方法有很多种，经常用于实际操作的方法主要有目标激励、薪酬激励、奖惩激励、事业激励 4 种。

(1) 目标激励

目标激励是设定目标以达到吸引人目的的一种激励方式。目标激励要与团队的长远计划相结合，长远计划一定要有阶段性目标和保障措施，各阶段性目标要切合实际，切忌空、大、高不可攀。因此，要采取“大目标，小步子”的方法，把总目标分成若干个阶段性目标，通过实现几个阶段性目标来实现总目标。

(2) 薪酬激励

薪酬激励的关键是薪酬标准及其评定办法。制订薪酬标准时必须充分考虑同行业特别是竞争对手同等岗位的薪酬标准：当本公司制订的同等岗位的薪酬标准在行业内具有吸引力时，职业价值得以充分而直观的体现，可使该岗位人员得到长久有效的激励。制订薪酬标准还要结合岗位性质和对人员素质的要求：同等岗位的薪酬标准可根据该岗位对人员素质的要求、工作的难度和重要程度以及绩效考核方案设立多个级别，级别间要适当拉开距离，以体现按劳取酬、按质论价、相对公平的原则。薪酬标准的评定办法要结合人才的综合素质和绩效管理工作进行，操作细则要明确，忌讳使用模糊或笼统语言。

(3) 奖惩激励

奖励为中短期激励法，能在一段时间内产生驱动力。一张小纸片、一个电话留言、一封 E-mail 都能达到激励的目的；举办评优、竞赛等活动，让优秀人才脱颖而出，给予其适当的物质和精神激励，可以达到激励先进的目的。

惩罚采取如扣罚奖金、善意提醒、公开批评、待岗培训等手段。惩罚激励可结合绩效管理进行，如依据绩效考核结果，对不达标者视具体情况适时予以提醒、适当批评、待岗培训、扣罚奖金，或列入重点关注对象等，可以达到鞭策落后的目的。

(4) 事业激励

事业激励法对能力强、服务意识高、有远见卓识、职业素养好的卓越人才最为有效，是一种长久有效的激励方法。事业激励要做的是：为卓越人才搭好展示才能的舞台，营造宽松有序的环境，给予足够的空间，让他们全身心地投入工作。

此外，员工职业生涯设计也是一种有效的事业激励方法。良好的职业生涯对于员工，对于企业都是至关重要的。客服中心要关注员工的职业生涯发展，帮助员工设定自己的职业发展目标，制订具体的行动计划与措施，营造客服中心与员工共同成长的组织氛围。

2. 培养员工的职业自豪感

员工满意是客户满意的基石。培养满意的员工，培养客服代表的职业自豪感是非常重要的，我们应该明确地告诉自己的员工，他们选择客服这个职业是明智的，原因有以下几个方面：

- 客服中心是个朝阳行业，发展前景十分广阔。
- 工作环境较好。窗明几净，计算机操作，吸音安全，交通便利，而且薪酬较高。
- 社会地位较高。虽然客服代表同样是从事服务行业，但它不同于一般商场或酒店的服务员，不同于一般的电话接线员。客服代表是一个随着客服中心而出现的新职业。
- 专业用途广泛。客户服务中心的客服代表经过几年的培训和工作，基本上都具备了良好的语言表达能力，较快的汉字输入能力以及较好的沟通技巧，这些素质对于许多行业都是有实用价值的。

3. 培训技能，提供升迁，培养员工的成就感

优秀的员工一般都希望自己的能力能够得到充分发挥，自己的工作能够得到领导的及时认可。因此客服中心要重视员工的价值，为其提供施展才能的“舞台”。要注重员工的个人发展，提供相应的培训计划；要不断更新员工的知识技能，提高员工的工作能力；要满足员工的职业兴趣，提供充分发展的空间和机会；要让员工能够清楚看到自己在客服中心的发展前途，使优秀员工与客服中心结成长期合作的伙伴关系。

4. 充分实现员工的自我价值

许多优秀员工并不只是为生存而工作的，他们更渴望自我价值的实现。要让员工有机会从事管理工作，客服中心的管理者必须经常与客服代表谈职业生涯规划，掌握他们的思想动向，帮助其实现个人的成长目标及人生价值。

案例

四川移动通过在客户服务中心实施“素质提升工程”、“民主沟通工程”和“和谐关爱工程”三大工程，打造出一支团结向上、务实高效的服务队伍。

“素质提升工程”就是针对客服员工素质不齐、稳定性差、流失率高的情况，建立起员工岗位素质提升体系和员工职业生涯规划，有针对性地提升员工的综合素质，培育人才。

“民主沟通工程”就是明确内部沟通制度，包括定期召开员工代表座谈会、设置总经理信箱和建立《客户服务中心员工合理化建议奖励流程》等措施。

“和谐关爱工程”就是整合企业文化建设和员工管理制度，针对员工关心的薪酬福利、文化生活、学习激励、沟通渠道、职业发展、管理制度等内容，推出《员工关爱计划》，计划共分为“幸福人生”、“开心生活”、“快乐工作”和“激励优秀”4 个板块，充分体现出员工管理的科学化、显性化和人性化。

第二节 绩效管理

一、绩效管理的概念和意义

1. 概念

绩效管理是一个持续的沟通过程，管理者和员工聚在一起共同理解要完成什么工作，如何完成，工作如何朝期望的结果进行，以及工作最终完成后，是否实现了约定的绩效计划。绩效管理包括了绩效计划、绩效考核和绩效评估。

2. 意义

绩效管理是提高效益、激励团队和培养绩优员工的关键手段。但它更重要的意义在于为公司提供了一个促进工作改进和业绩提高的信号，通过对员工工作绩效的综合考评，可制订相应的人事决策与措施，调整和改进其效能。一方面指导和监督员工的行为以确保既定目标的实现，另一方面做正确的决策以提高员工的满意率，降低工作不满意度和流失率。

二、绩效考核的内容

绩效考核首先要确定考核的内容，通常从以下5方面进行测评：业绩考核、能力考核、态度考核、潜力考核、适应性考核。

1. 业绩考核

业绩考核是对一个人所担当的工作而言的。也就是对员工担当工作的结果或履行职务工作的结果进行考核评价。

2. 能力考核

能力考核主要是考核员工在职务工作中发挥出来的能力。比如，某客户信息服务人员在工作中判断是否正确、迅速，协调能力如何等。

3. 态度考核

态度考核是考核员工在工作中是否做出了努力，是否有干劲、有热情，是否忠于职守等。

4. 潜力测评

主要是要评估员工在工作中没有发挥出来的能力，即员工的潜力。在了解、测评和把握员工潜力的基础上对员工的潜力进行开发是有实际意义的。

5. 适应性评测

主要涉及两个层次的内容，一是人与工作之间，即人的能力与工作要求是否对称。二是人与人之间，即一名员工与合作共事者之间的关系及合作关系如何。

三、绩效考核的标准

绩效考核的标准是对员工绩效的数量和质量进行监测的准则。绩效标准与绩效目标不同，绩效目标是为个人制订的而不是为工作制订的，绩效标准是为某项工作而制订的指标。客服中心对客户服务人员应该根据服务的类型制订相应的统一标准，但对于每个客服人员根据能力的不同，可以制订不同的绩效目标和阶段目标。例如，对于普通热线受理的客户服务人员，可以制订一项有关转接率的绩效标准——转接率＜95％；但对于班长坐席的个人目标，转接率可以制定为＜97％。一般而言，有效的绩效标准具有下列几个特征：

- 绩效标准应是具体的、可衡量的、基于工作而非个人的；
- 绩效标准是为员工所知的；
- 绩效标准是合乎公司发展目标的；
- 绩效标准是经过公司批准而制订的。

四、绩效考核的实施

对客服中心人员进行绩效考核的目的在于保证所有员工，包括一线的客服代表和后台的质检、培训、现场管理、信息采编分析等人员都能够按照既定的工作流程来进行操作，从而达到客服中心整体运营管理的 KPI（关键绩效指标）的要求，实现效率和效益的最佳平衡。

员工绩效考核建立在客服中心整体考核基准和量化管理的基础上，具有明确的考核目标、尽可能量化的考核项目和切合实际的评测标准。考核体系包括对客服代表的考核和对管理人员的考核。同客服中心整体运营 KPI 指标一样，员工考核也有 KPI 指标，如表 14-1 所示。

表 14-1　客服中心××年××月综合绩效考评表

项目		服务质量	业务技能 15分		操作流程 10分		KPI 指标 20分				工作量	违纪	提交工作建议	奖励		扣减、备注		总分
			业务考核	文字录入	工单	咨询分类	整理	置忙	签入签出保持	出勤率				原因	分值	分值	原因	
序号	姓名	30 分	10 分	5 分	5 分	5 分	5 分	5 分	5 分	5 分	10 分	10 分	5 分					
1																		
2																		
3																		

五、绩效改进辅导

1. 绩效观察

(1) 绩效观察

进行绩效观察的目的主要是为绩效评估提供一份连续的、清楚的、建立在事实基础上的、有关下属正反两个方面工作绩效的完整记录。绩效观察可以帮助经理尽早发现潜在的问题,以便及时帮助下属改进绩效;可以收集解决问题所需要的充足准确的信息;记载绩效改进的措施及效果,以便对下属以及绩效改进方法进行评估。呼叫中心绩效观察的手段主要有以下几种:

- 监听,每人每周不少于5次被实时监听及指导;
- 录音,100%的服务录音记录;
- 查看工作报告或记录;
- 从系统记录中发现问题;
- 向组内成员征询意见;
- 个人自评。

实施绩效观察主要涉及到以下几个问题:

- 收集信息。收集工作实际效果的相关信息,如电话受理量、转接率、投诉等。发现导致绩效不良的原因,究竟是个人的还是工作配合的原因,是工作态度的原因还是工作能力的原因。发现绩效突出的原因,工作成绩好的主要原因是什么?采用了什么样的工作方法?
- 从哪里收集信息?一般采用360度的方法收集绩效信息,从外部客户、内部员工、主管上级、下级、个人和其他接触部门的员工等多方面收集信息。
- 记录的内容。例如,工作目标或工作标准达成的情况;下属因工作或其他行为所得到的批评或表扬;下属绩效不高的原因;当时为了改进下属绩效而做的努力记录;关键的事件、数据和录音文件。

(2) 实施等级评定

在实施等级评定前需要设计一份符合职位需要的《绩效评估表》,设计评估表的原则是专门为员工进行绩效评估而统一制订的,评估表应该内容明确,易于使用。评估表的主要组成要素是考核项目、权重、评分等级、绩效改进计划和签名。

2. 绩效面谈

绩效面谈是绩效考核中的一个重要的环节,对绩效考核的成败起着重要的影响。

(1) 绩效面谈的计划与准备

绩效面谈对主管而言是一项有效而重要的人力管理对策,应该做好充分的计划与准备。在准备绩效面谈时,需要做3件事情:

- 对工作绩效评价的资料进行整理和分析。
- 给员工较充分的准备时间。

- 面谈时间和地点的选择。应当找一个对双方来说都比较方便的时间来进行面谈，面谈的地点应当相对安静，避免受到电话或来访者的打扰。

下属在接到面谈的通知后也应适当作一些准备：

- 填写《自我评估表》和《个人总结》，回顾绩效标准、逐一对照绩效标准对自己进行量化评估，分析成功和失败的原因，提出改进要点和制订具体的措施和办法。
- 注意避免随意性倾向和优缺点倾向。
- 对工作结果与事先设定的绩效标准进行尽可能的量化评估和分析，发现问题，总结经验和方法，达到提高绩效的目的。

(2) 如何进行工作绩效面谈

在进行工作绩效面谈时，应当牢记以下 4 个要点：

- 谈话要直接而具体。交谈要根据客观的、能够反映出员工工作情况的资料来进行。包括出勤情况、服务品质、监听记录、电话录音、通话时长、转接率等各项记录。
- 不要直接指责员工，应当试图用事实讲话，将员工的实际工作绩效与绩效标准进行对比，指出你期望员工的工作达到什么样的标准。比如："这种极性咨询电话平均的通话时长为 3 分钟。"
- 鼓励员工多说话。应当注意停下来多听员工讲话，多提一些开放型的问题，比如，"你认为采取何种行动才能在保证服务品质的基础上缩短通话时长呢?"
- 不要绕弯子。尽管不能直接针对个人，但必须要确保员工明白他的优点和不足。

3. 反馈辅导

向员工反馈他们呈现的信息和业绩，能帮助他们了解自己做得如何以及工作效率如何。以下是一些用来提供反馈的普遍方法：

- 年度绩效评估。它表扬全年度的最佳个人绩效，为双方对完成的事项进行评价提供了一个很好的机会。
- 每月一对一面谈。为确保坐席代表遵循协定履行职责，并且使他们也对自己的成绩感到放心，一对一面谈是交换意见和想法，以及确定潜在培训需要的最佳机会。

绩效反馈后的在职辅导是时时刻刻地帮助员工找出存在问题，指导员工达到期望成果的方式。辅导使辅导人员与被辅导者间建立伙伴合作关系，通过沟通、挖掘、澄清，分享知识，分享资源、工具及经验以创造正面的改变，提高成功概率及挖掘潜能。积极的在职辅导强调因材施教，而非标准统一的教授。辅导方式可进行分组辅导和一对一辅导，涉及确定环境(包括谈话的主题和目标)；探求对方的观点(包括目标、价值观和能力)；解释自己的观点；制订下一步的计划。

4. 绩效改进

所谓绩效改进计划就是采取一系列具体行动来改进员工的绩效。它包括做什么？由谁来做？以及何时和如何去做？这个计划应符合下列4个要求。

- 计划要实际；
- 计划要有时间性；
- 计划要具体；
- 计划要得到认同。

主管在绩效改进计划实施时，应与员工一起努力，负起最后完成改进计划的责任，这个责任可分为5个步骤。

① 确定下属了解并认同这个改进计划，主管和下属应各持一份计划书。

② 如果环境变动，计划需改变，应与员工协商，并将改变部分写在原计划上。

③ 在到期前应定期提醒员工，以使其能按照计划进行并避免因其遗忘而使计划失败。

④ 继续不断地协助使员工完成计划，在进行过程中，主管可以这样提醒员工："在原定期限内完成有没有问题？有需要我帮忙的吗？"

⑤ 如果有部分计划未能按进度达成，应予以纠正。当有问题发生时，主管要注意纠正势态，从而使员工能继续其进度。

呼叫中心过去一直是一个高绩效和高压力的环境，必须不断地满足客户和公司两方面的需求。为了实现持续的高绩效，管理者的注意力必须主要集中于两方面：一方面，对员工保持一定的业务压力和让员工有高绩效的产出；另一方面，还要保持两者之间的平衡。

第三节　绩效考核的方法

绩效考核有以下3种主要的考核方法。

一、关键绩效指标

1. 概念

关键绩效指标即KPI(Key Performance Indication)，是通过对企业组织内部流程的输入端、输出端的关键参数进行设置、取样、计算、分析、衡量流程绩效的一种目标式量化管理指标；是把企业的战略目标分解为可操作的工作目标的工具。它被公认为是企业绩效管理的基础。

2. KPI考核要点

SMART原则是确定KPI的一个重要的原则。SMART是5个英文单词首字母的缩写：

(1) S即Specific，代表具体，表示绩效考核要切中特定的工作指标，不能笼统。

(2) M即Measurable，代表可度量，表示绩效指标是数量化或者行为化的，验证这些绩效指标的数据或者信息是可以获得的。

(3) A 即 Attainable,代表可实现,表示绩效指标在付出努力的情况下可以实现,避免设立过高或过低的目标。

(4) R 即 Realistic,代表现实性,表示绩效指标是实实在在的,可以证明和观察。

(5) T 即 Timebound,代表有时限,注重完成绩效指标的特定期限。

3. KPI 考核的目的

(1) 绩效改进

它向管理者提供了评价的方向、数据及事实依据,用来评价员工的绩效改进情况及绩效结果。

(2) 价值评价

绩效考核和员工的利益直接挂钩,所以需要强调公正与公平,由人力资源部门制订全企业统一的评价标准尺度。这样,一方面评价的结果会比较公平,另一方面员工的绩效改进也达到了较高的水平,员工可以凭借自己出色的工作表现获得较高的报酬与认可。

4. KPI 实施的基本步骤

(1) 确定业务重点

在明确了企业的战略目标后,通过在企业会议上利用头脑风暴法或鱼骨分析法找出企业的业务重点,也是企业价值评估的重点。

(2) 确定 KPI

在关键业务领域确定后,用头脑风暴法找出这些关键业务领域的 KPI,即企业级 KPI。

(3) 确定相关要素目标

各部门的主管根据企业级 KPI 建立部门级 KPI,并对相应部门的 KPI 进行分解,来确定相关的要素目标,并同时分析绩效驱动因素(技术、组织、人),确定实现目标的工作流程,分解出各部门级的 KPI。以便确定评价指标体系。

(4) 细分绩效衡量指标

各部门主管和部门的 KPI 人员一起再将 KPI 进一步细分为更细的 KPI 以及各职位的业绩衡量指标。这些业绩衡量指标就是员工考核的要素和依据。指标体系确立之后,解决了从哪些方面衡量或评价工作的问题,即"评价什么"的问题。在此基础上还要设定评价标准,解决各个指标分别应该达到什么水平,即"被评价者怎样做,做多少"的问题。

(5) 审核 KPI

必须对 KPI 进行审核。此审核主要是为了确保这些 KPI 能够全面、客观地反映被评价对象的绩效,而且易于操作。同时应充分考虑职位的任职者是否能控制该指标的结果,如果任职者不能控制,则该项指标就不能作为任职者的业绩衡量指标。

二、平衡记分卡

1. 概念

平衡计分卡 BSC(Balanced Score Card)是一个战略管理业绩评价工具。核心思想就是通过财务、客户、内部经营过程、学习与成长 4 个方面指标之间相互驱动的因果关系来展现组织的战略轨迹,实现从绩效考核到绩效改进,从战略实施到战略修正的目标。

2. 平衡计分卡的应用

平衡计分卡的应用应该从企业高层领导团队开始,逐级向下宣传贯彻。

(1) 高层领导团队在平衡计分卡应用中的主要作用是从总体上把握企业计划,与其他成员沟通公司的计划,对其他团队成员提供政策和资源配置方面的支持。

(2) 中层管理团队是应用平衡计分卡的核心团队。中层管理团队对公司的业务能够有全面的理解,能够抓住公司成功的关键因素。他们能把平衡计分卡贯彻到企业的各个职能领域中,并对计划执行结果作出正式总结和报告。

(3) 基层团队对企业的职能领域具有深入细致的理解。企业计划最终要落实到基层人员的工作中。他们能够把计划与自己的工作联系起来,收集到详细的企业运行数据.并加以分析,与公司其他成员沟通。

3. 平衡计分卡的实施步骤

(1) 制定目标与战略

不同生命周期阶段制定不同的企业战略。平衡计分卡要求管理层对计划进行重新审视和修改,这样就为管理层提供了经营计划的具体交流的机会,在运用平衡计分卡评价组织经营业绩之后,对计划进行检验和调整。

(2) 将战略转化为指标

通过平衡记分卡可以把组织计划转化为财务、客户、内部业务流程、学习与成长 4 个方面的衡量指标。

① **财务指标**:企业财务性业绩指标,它一直被广泛地应用于对公司的业绩进行控制和评价。常用的财务性业绩指标主要有:利润率、现金流量、毛利率、回款率、税后净利润、净现值等。

② **客户指标**:管理者需要设计一些衡量指标来测量目标市场上客户对企业对产品的满意度和忠诚度。包括客户满意度、对产品或企业的印象、客户的需求、客户的赢利能力和产品在目标市场上的份额等。

③ **业务流程指标**:每家企业都有一套独特的客户创造价值和产生超额财务回报的流程。内部价值链模型提供了一个便利的衡量手段,帮助企业制定其目标与内部业务流程。一般的价值链包含 3 个主要的业务流程:创新流程、运营流程、售后服务流程。

④ **学习与成长的衡量指标**:企业的学习和成长过程包括 3 部分:人员、信息系统和企业程序。

4. 长期目标与短期目标挂钩

平衡计分卡中的目标和衡量指标是相互联系的。为了有效避免出现企业目标、部门目标、个人绩效考核目标的矛盾，要把目标进行分解，使每一指标都能对应具体的目标。为了使绩效考核指标的目标能够取得成功，企业管理层应把制订目标的权力下放给员工，给员工一定决断的权力。

5. 实施、反馈和调整、修正

在实施过程中，管理层要及时有效地检查监督，并根据内外情况的变化，做出合理的调整。企业应建立畅通的反馈渠道，使员工在实施过程中所遇到的问题能够及时得到解决。

6. 健全考核体系

将员工的奖金、晋升、教育培训等与员工所完成平衡计分卡的情况直接挂钩，形成有效的管理回路，它所形成的系统就是考核体系。在薪酬结构方面，应根据平衡记分卡的完成情况进行奖惩；在教育培训方面，应对员工分别进行培训；在职位晋升方面，建立优胜劣汰的机制。

三、360 度考核法

1. 概念

360 度考核法，也称全方位考核法。传统的绩效考核主要由被评价者的上级对其进行评价，而 360 度考核法则由与被评价者有密切关系的人，包括被评价者的上级、同事、下属和客户等，分别匿名对被评价者提供反馈信息，以帮助被评价者提高其水平和业绩。另外，自我评价也成为其中一项重要内容。

2. 360 度考核法的主要内容

360 度考核法的主要内容包括：上级评估、同事评估、下级评估、客户评估、自我评估。

3. 360 度考核法的实施步骤

(1) 考核设计

要在做好需求调查的基础上，首先编制基于职位胜任特征模型的调查问卷，这些问卷可以针对本企业的特殊要求来编制，也可以向咨询公司购买成型的问卷。

(2) 考核实施

实施 360 度考核法主要包括组建考核队伍、对评价者进行考核的培训和指导、要对整个实测过程加强监控和质量管理、统计评分并报告结果、通过培训使被评价人能够正确接受他人的反馈意见、管理部门针对考核问题制订行动计划 6 个环节。

(3) 结果反馈

主要包括两个步骤：

① **确认执行过程的安全性**：由于 360 度考核法中包括了下属、同事及其他人员的结果反馈，所以要检查收集的数据是否符合测试要求。同时在数据处理时，还

应当考虑从不同角度评价测试的准确性。

② **客观评价这种方法的效果**：要总结评价中的经验和不足，找出问题所在。不断完善考核系统。

4. 实施360度考核法的关键

(1) 通过培训，提升技能

考评是一门技能，只有全员掌握了考评技能，才有可能使考评做到公开、公平、公正。很多员工通过培训并掌握了考评技能后，才感到考评的要领并意识到自己以前考评的缺陷，并因此提高了考评的效果。

(2) 先易后难，逐步推广

要根据先易后难的原则逐步推广，每阶段的考评工作要及时沟通、评估，使大家觉得该阶段成果巩固后再递进深入。

(3) 借助网络，信息共享

可以在内部网里随时提供考评流程、考评要点、考评表格等，让每位员工对工作计划、成果记录、人事记录、工作进度表等资料有所了解。同时在互动沟通中也可以在对称信息中讨论，达成一致意见。

(4) 结合规划，注重绩效考评

在对该员工考评时，不仅要了解该员工的岗位说明书、工作内容等固化信息，更要了解员工的职业发展轨迹、生涯规划等定向信息。只有这样，才能使考评者从更深层次考评并判断员工的业绩，才能使员工从多方面了解自己的不足并及时改进自己的绩效管理达到绩效提升。

(5) 建立企业内部业绩考评的价值观

让每一位员工了解企业对自己的短期、中期、长期业绩期盼以及企业的考评价值观。业绩考评价值观的统一，使考评者根据组织发展需要，尽可能减少主观判断。以企业共性价值判断员工业绩，不但有利于彼此之间的可比性，更能提升组织的整体绩效。

(6) 根据考评者的角色定位

由于各考评者与被考评者的隶属关系、关联性、接触频率等是不同的，同一要素让不同考评者考评本身就欠缺科学性。根据被考评者产生业绩的各要素让最有发言权的考评者考评，然后再根据其自评以及主管的双向确认、印证，再对其进行全方位的评估。

第四节 团队建设

所有成功的团队都具有相同的基本特性：强而有力的领导层、有着共同的远景和目标、决策透明化、交流自由、有清晰的评估指标、团队成员配备均衡，并同为团队利益合作。呼叫中心团队始终处于动态的变化之中，管理人的职责应该是促进这种变化，需要强大的人格特质对团队施加影响和发挥作用。

一、团队的定义

所谓团队即包括两个或以上的组员，拥有共同目标，能够分担责任，彼此相互信任，分享劳动成果。一个成功团队的领导者一定能使组员和谐工作及提高生产力，能成功激励组员增加他们的忠诚度并且自觉地献身于这个共同目标。

1. 成功团队应树立的意识

(1) 目标意识

目标到人，同时个人与项目目标紧密结合，保持一致。

(2) 合作意识

团队协作是成功的必要条件，团队中所有成员应该及时沟通，相互理解，团结一心。在现代的呼叫中心，由于分工的不同，往往形成许多小组，它们的出现使各种管理工作变得多元而复杂。如果一位客服代表把一个不能解决的投诉转给一个升级投诉处理小组，而这个小组迟迟不解决。将会怎么样呢？这就涉及到所谓“团体合作”的概念。团队的合作意识有赖于企业的培养，但作为客服中心的一分子更应该从企业的角度和团队的角度思考问题。

如杭州联通客服中心就有这样的共识：工作是什么？是一种可以让人付出激情、付出青春的战斗！团队是什么？是一群相亲相爱的兄弟姐妹团结在一起相互学习、相互激励、亲如一家的集体！

(3) 服务意识

服务体现在两个方面：一方面团队内部成员彼此之间的相互服务意识；另一方面对客户的服务意识，让客户满意要落实在行动上，团队每一位成员要站在客户体验角度去服务客户。

(4) 竞争意识

团队要引入竞争机制，制订有效的激励措施，优胜劣汰，让人才流动起来，使团队充满积极向上的工作激情。

(5) 危机意识

电信市场的竞争已成为了服务的竞争，危机随处存在，团队成员树立危机意识，要变危机为动力，真诚服务挽留住每一位客户。

2. 团队精神

所谓“团队精神”，是指团队成员为了团队的利益与目标而相互协作的作风。团队精神的核心是奉献，奉献成为激发团队成员的工作动力，并为工作注入能量。呼叫中心的员工相互沟通、交流和合作已成为一种必然。团队精神包含 3 方面内容：

(1) 团队与成员之间的关系

团队精神表现为团队成员对团队的强烈归属感，团队成员把自己的前途与团队的命运系在一起，愿意为团队的利益与目标奋斗。

(2) 团队成员之间的关系

团队精神表现为成员之间的相互协作。团队成员彼此间利益共享，相互宽容，彼此信任。在工作上互相协作，在生活上彼此关怀。团队成员和谐相处，凝聚力强，追求团队的整体绩效。

(3) 团队成员对团队事务的态度

团队精神表现为团队成员对团队事务的全心投人。团队充分调动成员的积极性、主动性、创造性，让成员参与管理、决策。团队成员在处理团队事务时尽职尽责，充满活力，洋溢热情。

二、团队绩效的提升

成功的团队领导者可以通过合理的授权，激励团队成员共同努力去实现项目目标。一旦亲自参与了项目执行和问题的解决，他们就会产生一种主人翁的责任感，团队目标就能够得到有效实现。提高团队绩效，营造健康、积极向上的工作氛围，团队领导者应做到以下几点。

1. 树立良好榜样

作为项目团队的领导者，其态度、知识和所采取的方式方法将会对团队成员产生很重要的影响。因此，团队领导者首先应该成为一名卓有成效的培训者，通过多种方式将自己的知识和经验传递给团队成员，为团队树立良好的榜样。

2. 检查团队业绩

为了提高项目团队在培训方面的投资回报率，团队领导者应该根据期望值定期检查团队成员的工作业绩，与他们共同找到那种能够提高效果的培训方式。

3. 倾听队员心声

倾听团队成员谈论自己在项目中的价值和期望发展目标，如果他们的目标是合理的，团队领导者就应该支持他们，鼓励他们朝着目标奋斗。

4. 加强培训沟通

在正式和非正式培训开始前，团队领导者应预先同将要参加培训的成员谈话，目的是让他们更充分地意识到培训对他们完成工作的重要性。

5. 帮助制订计划

帮助团队成员制订工作行动计划，以便他们有目的地参加培训，与其他成员分享知识，并将培训中学到的知识应用于工作中。

6. 鼓励团队发展

如果发现团队成员将培训中学到的知识或技能应用于工作中，团队领导者应及时向他们表示赞许。为团队成员创造参与的机会，使他们可以全身心地进行工作。

三、团队绩效考核

团队是一种特殊形式的群体。团队的目标是追求集体的绩效。任务是所有个体的共同任务，并且个体间的协作配合是积极的。因此，在工作团队中，个体间的互动作用就显得比在工作群体中更为重要。团队的这种整体协作的特点，也往往成为团队绩效实现的具有决定性意义的因素。

1. 团队绩效考核的流程

步骤1，确定对团队层面的绩效测评维度和对个体层面的绩效测评维度。

步骤2，划分团队和个体绩效所占的权重比例。

步骤3，在测评维度的基础上，分解测评的关键要素。

步骤4，考虑如何用具体的测评指标来衡量这些要素。

2. 实行团队绩效考核的关键

(1) 处理好团队与个人的关系

在对团队绩效与个人绩效结合进行测评时，不仅要对整个团队进行评估，还要对每个成员对团队所作的贡献进行评估。如果绩效测评与管理中只关心个人绩效，而不关心团队绩效，将导致团队成员间激烈的竞争，有时甚至以牺牲团队利益为代价，如表14-2所示。

表14-2　员工绩效考核表

测评层面		过程测评	测评结果	结果测评	测评结果
个体层面：	成员对团队的贡献	团队成员是否合作		某一成果是否与其他团队成员合作	
		在会上是否交流看法		完成任务的质量以及完成个人业绩所需要的时间	
		是否参与团队决策过程		向团队所提建议的准确性	
		在活动中如何表现		团队成员完成工作情况	
团队层面：	团队的总体绩效	团队成员是否合作		团队成员是否合作	
		团队在召开会议时是否讲求效率		外界对团队工作的满意度	
		团队全体交流看法时是否听取各方面意见		团队整体工作过程的运转周期	
		团队决策是否意见一致			

(2) 对不同类型的团队采用不同的绩效评估手段

常见的团队通常有项目团队，固定工作团队（包括管理团队、生产团队、服务团队、研发团队），功能团队（包括质量团队、临时解决问题团队、网络化团队）等。

因此，对不同类型的团队通常既要考虑团队层面的评估，也要考虑个体层面的评估；既要考虑对工作过程的评估，也要考虑对工作结果的评估。

(3) 注重情感对团队绩效的影响

团队中的情感，是用来指一个团队里所有个体情感所形成的互动关系，它是团队工作中特定氛围的形成基础，并以某种积极的或者消极的方式作用于策略、执行、控制，并最终影响团队任务目标的实现程度，影响团队绩效的水平。但情感是不能影响团队的组织任务目标本身的，它只能通过影响策略、执行、控制等团队的活动过程，并通过这些活动与任务目标的契合比较，来影响团队的绩效评价。

四、团队危机处理

团体需要多个人在一起协同工作，人格的差异性会导致冲突的发生。项目执行过程中，冲突可能来源于各个方面，如工作内容、资源分配、进度计划、项目成本、工作安排、个人的习惯性差异和沟通障碍等，这些冲突可能涉及到项目团队的成员、团队领导者、客户、最终客户甚至公司上级领导。冲突一旦发生，其结果可能是积极的，也可能是消极的，其后果取决于当事人如何解决冲突。冲突的产生可分为以下 4 种类型：

- 团队成员在需要、目标和价值观方面的差别导致的冲突。
- 团队成员对结果的不同预测导致的冲突。
- 团队成员在理解目的、语言、行为和形势方面的差别导致的冲突。
- 不愿意一起解决问题、拒绝协作和协调导致的冲突。

当团队成员对冲突采用回避或追求胜负的方法时，冲突就会加剧，并且带来伤害，双方的交流和信任会中断，最后造成敌对的局面，使得团体的整体工作效率降低。当团队成员开始探索新思路，验证各自的立场和信念，展开他们的想象力，并以一种建设性的方式解决问题时，冲突就变得有益，因为它可以激发团队成员更大的创造力，这将导致更大范围的行动选择，最终为项目的发展带来推动作用。

第十五章 培训与指导

本章要点：

- 培训与指导方法
- 培训活动实施
- 培训沟通技能
- 培训反馈与评估

《话务员国家职业标准》中要求话务技师能够对中高级人员实施业务培训和进行专业指导。话务技师往往实战经验丰富，但缺乏培训与指导技能。本章将帮助话务技师掌握设计课程、开展培训、提升效果及处理疑难问题的方法和技巧，以塑造专业形象，切实提升培训效果。

第一节 概 述

一、仪表要求

作为培训师首先要懂得言传身教、为人师表，形象对培训师来说非常重要。培训师仪容仪表要整洁、得体、大方、协调，符合公司的理念要求，具体做法如下：

- 着装：穿公司统一制服、正装皮鞋。
- 梳妆：女士要着淡妆，男士要整洁干净。

在步入培训教室前要进行自检七问:头发梳理好了吗?脸上干净吗?牙刷了吗?衣服整洁吗?扣子、拉链没问题吗?面带微笑吗?情绪饱满吗?当以上答案都是肯定时,培训师就可以昂首挺胸地步入培训教室了。

二、教态要求

总的原则是自然、端庄、大方、沉着、稳重,切忌呆板枯燥、严峻清冷、活泼过分。

1. 上场与下场

上场原则:空台登场、静场起音、启动注意。

空台登场:当培训师在讲台上一出现,这个讲台就只属于培训师自己一个人,要在开课前进一步确认整个课堂已经成为培训师一个人的"特殊领地",一般需要提前到教室"热场",将与课堂无关的并可能对培训师造成干扰的物品清理出教室。

静场起音:培训师站在讲台前不要急着讲话,用眼睛环视所有的学员,当全场安静下来时,开始讲话:"各位学员,早上(下午)好,我是××,来自××部门,很高兴与大家分享××",然后鞠躬。

启动注意:为了创造更好的听课氛围,可用一些特别的方式吸引学员,如用激昂的声音问好,并邀请所有的学员给予回答,当听到所有学员的回答,看到所有学员的注意力都集中到培训师这里的时候,就可以开始授课了。

下场原则:专注全场、享受掌声、再次致礼。

2. 基本姿势

(1) 站姿

男式站姿体现"劲"的壮美:两脚分开,小八字,或两脚平行与肩同宽,上身挺直;

女士站姿体现"静"的柔美:两脚呈"V"字型或丁字步或并拢。

忌:斜靠讲台、以手托脸、手把桌子、长时间站在同一地方等。

(2) 坐姿

头正身直,稍向前倾,下巴微收,双脚平行着地,略分开,手放在桌面,端正、稳重,"坐如钟"。

(3) 走姿

踱步徐行,动作舒缓,中心均衡,体现动态美。忌:不要挡住教具;不要突然走进学员(保持1.2~4米)。

3. 声音

声音要清晰悦耳、自然、音量适中、讲普通话。作为话务员,发音技巧都已掌握,这里不再赘述。需要强调的是音量控制和语速控制,以"耳感"为调节依据,适当变换,可短暂沉默引起学员的注意;正常语速每分钟应在150字左右,根据内容、目的、方法等调节语速,讲得快起刺激和激励作用;讲得慢起强调、威慑、渲染和控制作用。

三、非言语行为的运用

非言语行为是指人与人交流时通过表情、动作传递的信息。由美国行为学家阿尔勃特提出了"7%语言 ＋ 38%语调、音量 ＋ 55%面部表情、身体语言"的行为公式,可见非言语行为的重要性。

1. 类型

动态的无声交流,通过面部表情表达的语言(包括挥手、点头、摆头等)能达到此时无声胜有声的效果。

静态的无声交流:人与人之间物理上的距离。

2. 应用原则

- 善意地尊重——尊重是人际交往中很重要的原则;
- 师生共议——师生理解一致,老师对学生必须给予赞扬;
- 协调一致——与课堂气氛、讲课内容、民族习惯等协调一致;
- 程度控制——不要过于频繁使用身体语言、幅度不要过大;
- 最优搭配——自己的身体、语言要有助于语言的表达。

作为一名培训师,不仅应具有良好的语言表达能力,而且还要懂得如何正确运用肢体语言,以达到最佳的培训效果。具体应用的主要类型有视线和手势:

视线,就生物学而言,眼睛可以视为是大脑露在外面的部分。眼睛与其周围的脸部是身体最具有沟通能力的部分。作为一种沟通渠道,眼睛接触的功效绝不亚于声音。良好的延伸接触可以使培训师的意思传达渠道顺畅,使培训师和学员双方圆满的完成沟通。研究表明,44%前方、37%左前方、19%右前方的目光分配比例最为合适,能够注视每个角落,不留死角。

手势,是手、手臂和手指头的移动,用来描述和加强语气。在各种手势中,培训师最常用的是手掌姿势。例如,掌心向上表示顺从、开放和信任对方,可能会令人联想到祈求或请求的意思,不会产生压力,没有威胁;如果手掌收缩呈拳头状或伸出食指,则象征威力棍棒,这是人与人交流时的大忌,培训师应尤为注意。

第二节　培训与指导方法

培训与指导方法有很多种,在实施过程中应该根据具体情况选用适当的方法,下面介绍几种常用的方法。

一、行为示范法

行为示范法是指给受训者提供一个演示关键行为的模型,然后为他们提供实践这些关键行为的机会,适于学习某一种技能或行为,是传授人际关系和计算机技能的有效方法。

1. 行为示范法的形式

(1) 提供实践机会

包括：

- 让受训者演练并思考关键行为，关键行为是指完成一项任务所必需的一组行为。
- 将受训者置于必须使用关键行为的情景中(如角色扮演)。

(2) 应用规划

应用规划包括让每一个参与者准备一份书面材料，找出他可以应用关键行为的情景，以及让受训者做好克服可能阻止他们应用关键行为的环境因素的准备。受训者要与另一个参与者组成搭档，事先约定定期沟通的时间以讨论应用关键行为的成功经验与失败教训。

2. 行为示范法的步骤

(1) 介绍

- 通过录像演示关键行为；
- 给出技能模型的理论基础；
- 受训者讨论应用这些技能的经历。

(2) 技能准备与开发

- 观看示范演习，参与角色扮演和实践活动；
- 接受有关关键行为的执行情况的口头或者录像反馈。

(3) 应用规划

- 设定改进目标；
- 明确可应用关键行为的情形；
- 承诺关键行为在实践应用中的作用。

3. 行为示范法的实施要点

(1) 提供一些对关键行为的解释与说明。

(2) 演示能清楚地展示关键行为，演示过程中的音乐和场景不会干扰受训者观看和理解关键行为。

(3) 示范者对受训者来说是可信的。

(4) 每种关键行为都放两遍，向受训者说明示范者采用的行为与关键行为之间的关系。

(5) 重新总结回顾一下所包括的关键行为。

(6) 提供正确使用关键行为和错误使用关键行为的两种模式。

二、行为矫正法

行为矫正训练法是针对企业的一些员工的某些不合理、不现实、自我破坏的观念与想法而产生的训练方法。行为矫正训练法以学习、应用心理学的原理，特别是条件反射的规律，帮助心理与行为异常者改变异常的行为，形成新的适应性的行为。

1. 行为矫正训练法的操作步骤

(1) 准备阶段

对心理学原理的学习,发现心理与行为异常者,确定训练方式。

(2) 实施阶段

集中训练员工,说明角色分配,治疗者演示在某种场合的适当行为、语言与动作,受治疗者对相同场合的演练,两者交替互换角色,行为达标准后给予奖励。

2. 行为矫正训练法的操作内容

(1) 可参看心理学类书籍,以达到学习心理学原理的目的。

(2) 发现员工存在的问题,如缺乏自我表达的能力、存在认知上的障碍等。

(3) 操纵环境,改变产生不良行为的条件与因素。

(4) 对受治疗者提出标准,要求其作出某种动作、行为,用某些语言进行表达。

(5) 对正确动作的强化,并给予适当的奖励,以激起其参加活动的兴趣。

(6) 改变心理与行为异常者的思维过程,有效否定其错误观念与想法,使异常行为不再发生。

(7) 指导心理与行为异常者进行自我监视,自定活动计划,自觉遵守规则和禁令,实行自我节制,控制引起不良行为的刺激与习惯动作。

(8) 对受训人员的近期行为进行评估,比较取得的进展与要达到的目的之间的差距,帮助他们缩小这个差距。

3. 行为矫正训练法的操作要点

(1) 要求不能过高

在要求员工进行强化训练时,开始时要求不能过高,以免由于目标难以达到而产生焦躁心理。

(2) 多鼓励员工

鼓励员工多进行自我强化、自我评估,以便及时发现进步的迹象,增强异常行为得到矫正的信心。

(3) 内隐或想象模仿

在模拟场合训练时,既可以是内隐或想象模仿,也可以是实效或参与模仿。前者是让心理与行为异常者想象情景,以及如何应付这种情景;后者则是除了活生生的示范以外,还提供实践的机会与条件,使员工懂得什么是正常行为模式、什么是异常行模式。

(4) 用理智来进行说服教育

由于心理与行为异常者难以进行正常的思维,不愿也不能作出适当的行为,所以行为矫正训练法最根本的观念就是要用理智来进行说服教育,改变员工的思维过程。

(5) 可用于管理观念变革的困难

训练法不仅适用于对心理与行为不正常的员工进行矫正治疗,也同样可用于解决管理中所遇到的观念变革的困难。有助于人们改变旧的思维方式,形成新的观念与想法,从而更容易接受变革。

三、角色扮演法

角色扮演法是团体心理辅导的一种很重要和常用的技术。在实施角色扮演法时，受训者扮演分配给他们的角色，并获取有关背景信息(如工作或人际关系的问题)。

1. 角色扮演法的类型

(1) 结构性角色扮演

这一类型的培训方法常运用特定的问题与场合中，按照事先设计好的步骤进行，以达到提高学员某些特定技能的目的。其要点是：

- 通过模仿学习，在活动过程中有机会观察到其他学员的表现。可以向他们学习，模仿他们的行为、举止、处理问题的方式，等等。
- 通过分析和总结经验，在模仿、观察、反馈的基础上，学员可以在小组的讨论中提高自己分析问题的能力，并及时地总结经验。
- 通过操作达到学习目的，角色扮演活动向学员提供各种机会，让他们充分地实践、试验，通过尝试错误的方法学习。
- 通过观察与反馈学习，学员在讨论彼此的表现时交流自己的观察和反馈的信息，通过反馈也了解到别人是如何看待自己的。

(2) 自发性角色扮演

自发性角色扮演是让学员在学习过程中学会发现新的行为模式，减少在人际交往中的拘束和过强的自我意识。主持培训的教员要起积极的指导作用，帮助学员学习模仿、观察和反馈。学员在学习中要提高的是分析、评价能力，并能改进行为和技能。

2. 角色扮演法的实施步骤

(1) 确定培训所要达到的目标

在确立角色扮演活动的目标时必须考虑到要配合整体的教学目标，然后依据主要的内容确定出比较合理的题目。

(2) 构想问题情景或环境

情景的描述可以较短，但必须可信和能引起兴趣，要相信它是真实的。最好是选择一些常见的问题，比如人际关系中通常存在的一些推销的艺术问题等。

(3) 确定所要扮演的角色

角色的决定应以可明显地充实学员的各种学习经验为原则。角色不宜过多，否则会增加表演的难度，同时也不能集中反映想要说明的问题。

(4) 确定扮演者

这一步就是让学员选择自己感兴趣或是对个人发展有帮助的角色，教员可从旁提供辅导。若学员数量较多，可分成两个组。

(5) 准备扮演

扮演者应在数天前开始揣摩自己的角色，教员可提供必要的辅导。

(6) 布置表演场所

表演场所不一定非常讲究，关键在于让扮演者和观察者都感到自在。

(7) 安排观察者

教员对观察者也要事先辅导，要提醒其注意整体的扮演活动，而不必挑剔别人的表演，换言之，演出的品质不是评估的目标。评估的标准应是扮演过程表达出了什么思想和感受。

(8) 正式扮演

角色扮演活动应尽可能做到真实和自然，并使剧情顺利地发展。在角色扮演时，教员可采用一系列方法，如用幽默来化解人际冲突，为学员设计不同的角色，介入表演以激发人际互动。教员还应该记录扮演者的行为。

(9) 表演结束后的讨论

表演结束后，教员要引导学员总结。谈谈自己对所扮演的角色的认识，自己表演时的感受和体验，以及对其他角色的看法。教员要善于启发学员将表演与现实联系起来，鼓励学员将所学的东西应用到实践中去。

(10) 评估角色扮演活动的成效

活动结束后要评估效果是否达到了原定的目标。假如学员对某项主题表现出高度的兴趣，并且不断从各种角度提出建议，那就有必要重演一次。

3. 角色扮演法的实施要点

(1) 做好角色扮演前后的思想工作

在角色扮演之前，向受训者说明活动目的是非常关键的，使他们感到活动更有意义、更愿意去学习。

(2) 正确说明角色扮演的方法，各种角色的情况及活动的时间安排

在活动期间培训者要监管活动时间，受训者的感情投入程度，及各小组的关注焦点。练习对受训者越有意义，培训者越不会遇到注意力分散和集中程度降低的麻烦。

(3) 做好结束后的提问工作

提问可以帮助受训者理解这次活动经历，并互相探讨一下各自的认识。受训者还可以讨论一下他们的感受，在练习中发生的事情，他们学到的东西，所积累的经验，他们采取的行动，最终结果与工作中发生的事情之间的联系。

四、解决问题讨论法

解决问题讨论法是一种让面临问题的团队成员通过问题的讨论过程，互相刺激和影响，使员工顺着所属团队的思考方式思考，以提高团队思考能力和解决问题能力的方法。具体而言，它以一般员工或管理阶层为培训员工，培训目的是培养学员的团队意识，提高学员解决问题的能力，培训方式是以会议式的讨论方式，培训时间一般为 15 个小时左右。

1. 解决问题讨论法的实施步骤

(1) 准备阶段

这一阶段的工作要点：

- 确定会议室、会议时间和培训员工；
- 列出培训计划表，如表 15-1 所示。

表 15-1 “解决问题讨论法”培训计划表范例

步骤	内容	所需时间/小时
介绍	指导员向受训人员简介培训目标、培训方法、应注意的问题；提出议题、发表个案并接受相关内容的咨询	2
休息		0.5
集中学员	让学员各自了解和分析问题，并订立解决策略	4
休息		1
寻找对策	分组发表学员意见，并相互讨论，寻找本组共同提出的对策	3
休息	结束第一会议	
制订计划	全体讨论问题对策，制订实施计划	3
休息		1
交流	讲评培训报告，交流培训后感想。此时指导员同样要点评各组的对策，并督促大家深入思考，找出最理想对策	1

（2）实施阶段

- 向学员简介培训目标和方法，发表个案，提出应解决问题并接受相关内容的咨询。
- 学员个人作业，了解问题点并说明自己准备采取何种对策。
- 学员各自发表准备好的对策，并分组讨论。
- 指导员听取讨论意见，点评各组提出的对策。指导员应从可行性、经济性各方面考虑各组提出的对策是否适当，并督促其进一步深入探讨或修改。
- 全体商讨解决问题的策略。
- 讲评会议结果，并回顾整个研究过程发表自己的感想。

2. 实施解决问题讨论法的注意问题

（1）讨论执行前

- 为了避免同事间因业务上的竞争、级别关系、业绩差别等因素影响发言的真实性，培训员工最好都是同一部门的，这样对提出的个案才会使全体成员产生“共同感”。
- 培训员工如果是管理阶层人员，确定议题时要选择现在所面临或不久可能发生的人际关系或领导能力等问题，作为个案予以研究分析；尤其注意事先对问题的有关材料的收集。

（2）讨论执行时

- 应按步骤进行，当讨论过程混乱无序时，指导员应及时引导其走上有效讨论轨道，以免讨论无法产生具体结论。

- 制订对策时应着重把握问题的背景、经过、原因等重点，注意通过咨询方式确认学员对问题是否正确地理解。

(3) 讨论执行后

- 注意交流各自的心得感想。
- 对得出的具体结论，必须制订一个执行计划，以保证问题得到及时解决、处理。

五、沟通能力分析训练法

沟通能力分析训练法就是在确立个人的自主性和自律性的基础上，将之运用于他人交往、接触过程中的一种方法。实质是以体验学习为基础，通过体验来达到自我认识及他人认知。适用范围广泛：包括服务业的待客教育、保险业的保险业务人员推销训练、制药公司的管理人员教育等。

1. 沟通能力分析训练法的实施步骤

(1) 准备阶段

- 将受训人员分成小组，每组以10～15人为佳。
- 选择指导人员、确定训练时间、地点。

(2) 实施阶段

小组成员间相互认识、了解，以两人为一个小组进行活动，或以3～5人为一个小组进行区别交谈。指导人员进行沟通分析。

2. 指导人员应注意的问题

- 除原有训练内容外，还应再进一步接受心理学的专业知识学习和技能训练。
- 帮助学员学习的同时，应辅以理论和体验性方式，以帮助研习人员掌握自我了解的模型和沟通人际关系的基本模型。
- 不应过度介入或干预，否则将会使具有实质效应的分组演习，变成一种虚伪的表演，妨碍个人自主性和自律性的确立。
- 每组人数不应超过5人，以利于领导者的随时监督观察，避免各小组间的相互影响。

六、案例教学法

案例教学根据不同学员的不同理解，补充新的教学内容，鼓励学员独立思考，引导学员变注重知识为注重能力，重视培训者与学员间的双向交流。

1. 案例教学法的实施步骤

(1) 学员自行准备

在开始集中讨论前一到两周，把案例材料发给学员，让学员阅读材料，查阅指定的资料，搜集必要的信息，并积极地思索，初步形成关于案例中的问题的原因分析和解决方案。培训者可以在这个阶段给学员列出一些思考题，让学员有针对性地开展准备工作。

(2) 小组讨论准备

培训者根据学员的年龄、学历、职位因素、工作经历等,将学员划分为由 3～7 人组成的几个小组。小组成员要多样化,有助于表达不同的意见,加深对案例的理解。各小组的讨论地点应该彼此分开。

(3) 小组集中讨论

各个小组派出自己的代表,发表本小组对于案例的分析和处理意见。发言时间一般控制在 30 分钟以内,发言完毕后发言人要接受其他小组成员的询问并解释,本小组的其他成员可以代替发言人回答问题。此时培训者充当的是组织者和主持人的角色,可以提出几个意见比较集中的问题和处理方式,组织各小组对这些问题进行重点讨论。

(4) 总结阶段

在集中讨论完成后,培训者应该留出一定的时间让学员自己进行思考和总结。这种总结可以是总结规律和经验,也可以是获取这种知识和经验的方式。

2. 案例教学的要求

(1) 讲究真实可信

案例是为教学目标服务的,因此它应该具有典型性,且应该与所对应的理论知识有直接的联系。但它一定是经过深入调查研究,来源于实践,绝不可由教师主观臆测,虚构而作。

(2) 讲究客观生动

教师要摆脱乏味教科书的编写方式,尽其可能调动些文学手法。如采用场景描写、心理刻画、人物对白等,甚至可以加些议论,但议论不可暴露案例编写者的意图,更不能产生导引结论的效果。案例可随带附件,诸如该企业的有关规章制度、文件决议、合同摘要等。

(3) 讲究案例的多样化

案例应该只有情况没有结果,有激烈的矛盾冲突没有处理办法和结论。后面未完成的部分,应该由学员去决策和处理,而且不同的办法会产生不同的结果。从这个意义上讲,案例越复杂,越有价值。

七、课堂培训法

课堂训练法是员工培训的最基本方法,主要有课堂讲授和课堂讨论两部分。特点是:内容丰富,进度较快;讲授内容广泛而灵活;讲授内容有探索性深度;讲授与自学并重。

1. 课堂培训法的实施步骤

(1) 提供讨论提纲

• 题目有代表性和启发性,难度适中,数量不宜多,最好只有一个。

• 题目要事先布置给学员做好充分的准备。讲授者也要认真研究课堂讨论的内容，明确要解决的问题，设计课堂讨论进程，确定讨论的中心发言人选，准备课堂讨论的总结发言。

(2) 在课堂上组织讨论

课堂讨论主要凭讲授者的经验和能力来把握。所以，讲授者应重点做好以下工作：

- 公布讨论要求，安排讨论程序，确定讨论形式。
- 引导讨论进程。当讨论不起来时，应提出一些小问题，引导学员思考、辩论；当讨论双方争执不下时，要及时指明论点上有什么实质性的区别，把讨论引向深入。
- 营造讨论气氛。对有胆怯心理的学员，要及时鼓励，打消其不必要的顾虑；对理解程度比较好的学员，可指定其作比较完整的发言。
- 总结正确结论。应采取全面总结和重点阐述相结合的方法，既要纠正讨论中出现的错误观点，又要充分肯定正确意见。
- 评价讨论效果。一方面要根据教学目标检查是否达到预期的要求；另一方面要关心学员的进步，对每个学员发言的情况作出分析，为评定成绩提供依据。

2. 课堂讲授存在的问题

- 课堂讲授法本质上是一种单向性的思想传递方式，学员对这种“单放机”式的讲课，唯一可行的选择要么是仔细倾听，要么是置之不理或逃避。如果在教学过程中过量地使用课堂讲授，就会助长学习的被动性。
- 课堂讲授法不能使学员直接体验知识和技能。讲授仅仅是一种语言媒介，只能促使学员想象和思考无法给学员提供最直接的感性认识，这样有时会给学员理解知识、应用知识造成困难。
- 课堂讲授的记忆效果相对不佳。由于讲授缺乏感性直观，没有学员的直接参与，很容易忘记讲授内容。而且，随着讲课时间的延长，记忆效果呈下降趋势。
- 课堂讲授难于贯彻因材施教原则。采用统一资料、统一要求、统一方法来授课，不能充分照顾学员的个别差异。

八、职业锚

职业锚就是指当一个人必须作出选择的时候，无论如何都不会放弃的职业中的那种至关重要的东西或价值观。正如“职业锚”这一名词中“锚”的含义一样，职业锚实际上就是选择和发展自己的职业时所围绕的中心。

1. 职业锚的类型

(1) 技术/职能型

以技术职能能力为锚位的员工，其成长主要是在技术职能能力区的技能不断提高，他们的成功更多取决于该区域专家的肯定和认可，以及承担该能力区日益增多的富有挑战性的作业。同时，他们力求发展，但只坚持在能力区内的提升，并不要求在区域外谋求发展。

(2) 管理型

管理型职业锚员工追逐的目标是愿意担负单纯管理责任。他们倾向于全面管理；具有强有力的升迁动机和价值观；具有将分析能力、人际关系能力和感情能力特别合成的技能；具有对组织的依赖性，要依赖组织展示他们高水平的管理能力，他们所具有的认同感和成功感来自其所在组织。

(3) 自主/独立型

具有这类锚位的员工在选择职业时是以自主为第一需要。他们希望能够最大限度地摆脱组织约束，随心所欲安排自己的工作方式、工作习惯和生活方式，追求能施展个人职业能力的工作环境。

(4) 安全/稳定型

这类员工追求职业的稳定和安全。这种安全取向主要为两种：一种是追求职业安全，另一种注重情感的安全稳定。

(5) 创业型

这个类型的员工要求有自主权、管理能力，并能施展自己的才干。但他们的主要动机和价值观是创造，而不是他们的自主权、主价值观。他们工作的强大驱动力是发明创造、奠基立业，建立或创造完全属于他们自己的杰作。

(6) 服务型

服务型的人一直追寻机会帮助他人，改善人们的安全，通过新的产品消除疾病，这些就是他们一直追求的核心价值，他们即使变换公司，也不会接受不允许他们实现这种价值的工作变换或工作提升。

(7) 纯挑战型

纯挑战型的人参加工作或职业的原因是工作允许他们去战胜各种不可能，新奇、变化和困难是他们的终极目标。他们喜欢解决看上去无法解决的问题，战胜强硬的对手，克服无法克服的困难障碍等。

(8) 生活型

这个类型的员工喜欢允许他们平衡并结合个人的需要、家庭的需要和职业的需要的工作环境。他们将成功定义得比职业成功更广泛，需要一个能够提供足够的弹性让他们实现这一目标的职业环境。

2. 职业锚的功能

- 使组织获得正确的反馈；
- 为员工设置可行有效的职业渠道；
- 增长员工工作经验；
- 为员工奠定中后期工作的基础。

3. 职业锚的开发步骤

(1) 提供建立职业锚的机会

对于刚进入企业的新员工来说，组织需对其表现出充满的信任，并能大胆使用。挑战性的工作提供了员工展现自我的机会，同时，还提供了员工真正了解和评价自我的机会，以及组织较为全面真实地考察和评定员工的机会。

(2) 为员工寻觅适合的职位

由于员工的职业发展和职业锚选定最终还是取决于员工本人，而组织的任务就是能否适时为员工提供帮助和指导。首先帮助员工从实际工作经验中正确了解、认识和评价自我，其次将员工自我评价结果用于员工职业指导。

(3) 为员工提供建立职业锚的渠道

组织必须做好相关工作，才能为员工建立职业锚设置渠道，这些工作有如下5项：

- 切实对每个员工个人职业综合把握；
- 组织职业岗位的梳理和广泛的工作分析研究，确定职业需求；
- 员工个人目标与组织需求相匹配；
- 为每个员工设置职业锚渠道，并制订实施计划；
- 实施计划方案，以使员工顺畅地建立起自己职业工作的长期贡献渠道。

第三节　培训活动实施

培训活动的成功实施有赖于培训计划的精心设计。

一、培训计划

在员工培训的准备阶段，必须做好两方面的工作：一是培训需求分析；二是培训目标确定。

1. 培训需求分析

在培训之前，需求分析是对客服中心进行综合分析，包括中心需求分析、员工需求分析、工作需求分析。因为不同的岗位、不同的人员有不同的情况和需要，不进行调查分析，培训就可能脱离实际问题，无法达到预期的效果，而且在很大程度上既浪费受训人员的时间，又浪费公司为培训投入的资源。

培训需求调查的方法主要包括：

- 员工申报：让员工自己申报需要参加培训的理由与依据；
- 个人档案：根据个人的人事档案，对人员情况及历史状况做出分析；
- 问卷调查：发放培训需求调查问卷，搜集培训需求；
- 员工访谈：与员工进行面对面交谈，从中发现分析需求；
- 绩效考核：根据工作成绩、业务能力和服务态度等的考核来分析确定培训的对象和内容；

- 业务发展:针对公司推出的专项业务。

2. 培训目标确定

以需求分析为基础确定培训目标。要确定通过培训,希望客服人员获取哪方面的知识,在行为、工作、能力等方面达到什么程度。

二、培训的实施

培训方案的设计是培训目标的具体操作化,主要包括确定培训对象、培训项目负责人、培训的方式与方法、培训的地点、学时数、课程大纲、教科书与参考教材、培训教师、考核方法、辅助器材设施等内容。

1. 培训方式

在培训课程设计的过程中,有 9 种常用的方法。可根据不同的课程内容使用不同的方法,以保证课程效果的最大化。

- 在职现场培训。指的是员工通过观察并效仿同事及管理人员执行工作时的行为而进行学习的方法。其优点是投入的时间和资金较少,而且能够针对具体情况灵活对待。缺点是不够系统。
- 导师制。指的是由资深员工按照一带一的方式培训需要成长的员工的一种方法。其优点是能使员工尽快适应工作岗位以及有利于隐性技能的传授。缺点是对传授者的要求较高,且容易形成小团体。
- 讲授法。指的是以讲解、论述等口头语言方式表达培训内容的方法。其优点是传递的信息量非常丰富,而且很有系统性。缺点是内容多的情况下,不利于学员吸收;互动的机会不多,不利于技能类知识的传授;对培训师的演绎能力要求高。
- 案例教学法。指的是由培训师提供案例背景,让学员讨论解决方案的方法。其优点是针对性很强,能够提高学员解决问题的能力。缺点是对培训师的课堂控制能力要求很高,而且有一定的失真性;且占用时间较长。培训师在选择案例时选取的案例要典型,保持中立立场,点评具有一定高度以及鼓励不同结论。
- 体验式培训法。指的是利用人物或工具,制造某种模拟场景,通过学员在情境中的感受和练习,得出某种结论。其优点是给学员留下的印象非常深刻。缺点是对设施、人员的要求很多,提前准备的时间很长,且适用性并不高。
- 小组讨论法。指的是在培训师的主导下,学员分成小组的形式就某些问题或观点进行讨论并寻找解决方案的办法。其优点是学员的参与性很强,并且能够加深学员的认识和理解以及能够提出解决问题的方案。缺点是培训师容易丧失主导权，发表自己观点的机会变少。

- 演示法。指的是利用实物或图像、录像、表格等工具，演绎、解释教学内容的方法。其优点是具有很强的吸引力，给人直观、形象的印象，提高学员的理解力和记忆力。其缺点是耗时间，适用的范围有限，且重复使用会丧失吸引力。
- 角色扮演法。指的是学员依照某种情境的要求去扮演相应的角色，从而领会课程内容的方法。其优点是能够加强培训师和学员、学员和学员之间的交流，提高学员的反应能力和心理素质。缺点是容易偏离培训师的控制。
- 游戏。指的是学员按照一定规则开展的活动，活动本身具有一定的趣味性和启发性，以此引发学员思考的方法。其优点是学员的参与性很高，具有很强的互动感。缺点是开发准备时间可能较长，且实际的游戏时间可能也较长。

2. 培训时间的分配和掌控

培训时间的分配和掌控直接影响培训的实际效果，在培训时应注意 3 个问题。

(1) 准时开始，准时结束

这一点无论对培训师还是学员都十分重要，它是考验一个培训师是否严谨的标志。

(2) 合理分配时间

学员的注意力集中的时间范围是比较规律的，可以根据学员的这个特点，在培训过程中，适当安排时间。间隔时间比集中时间更有效果：

- 课程开始之初，学员的投入最初呈现上升趋势。
- 课程逐渐深入，由于对内容产生厌倦，兴趣以及注意力逐渐下降，并导致学员疲劳。
- 课程临近结束，由于对下课的盼望会抵消一部分疲劳，课堂气氛有所活跃。

(3) 灵活判断情绪

对一个高强度的教学过程，可以通过学员的一些动作来判断他是否疲劳。参训人消极的肢体动作有：摇头、短暂闭眼、揉鼻子或鼻梁、挠头、摘下眼镜、频繁喝水、腿抖动、打小哈欠、伸小懒腰、局部小按摩、手下垂并晃动、与同桌小聊两句、凝视一关注点不动、无目的地翻阅资料、频繁看钟表等。如果有这些动作出现，说明学员需要休息了。

3. 现代培训设备使用技巧

每个阶段的培训都需要各种培训设施、设备和道具。表 15-2 总结了不同培训设施的优缺点，以便根据实际情况灵活选用。

表 15-2 培训设备、道具的优缺点

培训道具	优点	缺点
录像带	多样式化 剧情化 激发性强 专业化，租用费低 可供大群人士观看	费用高 不实际 室内灯光调暗（失去某些注意力） 需要放映机熟练操作者 没有伸缩性（不能剪接）
摄像带	多样式化 易于操作 灵活性强（可随时开始、暂停以及易于保存） 携带方便与体形细小 专业化	观者人数有限 费用略高 需要略高 需要正确的设备
幻灯片	可预先准备 多样式化 携带方便与体形细小	费用高 搬运麻烦
活动纸板	可预先准备 可携带 灵活性强（可持久使用，如撕下后贴于墙上或储置后用）	版位有限（来回翻看比较麻烦） 搬运麻烦 不够专业（错字、漏字等）
投影胶片	可预先准备 易于携带及体形细小 易于书写、涂改及重用 胶带白卡可预抄资料 可用来复印 可专业化地编印 可供大群体观众观看	有资料编排紧凑的感觉 可能不够专业 投影机可能成为一个阻碍 机声嘈杂及灯泡中途烧毁
黑、白板	可以预先准备 可以重新使用 经济	可能被涂掉 字体一定要端正易读 讲演者背部向着观众 文具齐备

4. PowerPoint 使用技巧

在培训过程中，可能需要介绍新业务、解答业务流程和业务使用方法等。使用 PowerPoint，可以直观、简洁的表达这方面的内容。

PowerPoint 中提供了很多模板，利用它可以提高 PPT 文件的演示效果。具体做法是：单击“格式”菜单，选择“幻灯片设计”命令。这时，在窗口的右边出现了“幻灯片设计”窗格。在该窗格中的“应用设计模板”部分，包含了许多预置的模板，用鼠标拖动滚动条，当出现预期的模板后，移动鼠标到该模板，模板上会出现一个箭头，点击箭头，可选择该模板是针对一个幻灯片，还是对文档的所有幻灯片应用。直接点击该模板，应用到文档中所有的幻灯片。这里，可以点击不同的模板，在幻灯片操作区简单查看不同的效果。

与调整模板可以同时进行的是调整幻灯片的配色方案功能。在“幻灯片设计”窗格中，点击窗格上部蓝色字体的“配色方案”超链接，从出现的配色方案中选择满意的颜色搭配即可。

除掌握以上这些常用功能外，还需要了解 PowerPoint 的其他应用技巧，才能制作出比较满意的演示文件。

(1) 修改母版

在使用 PowerPoint 编辑幻灯片时，还可以根据需要，修改幻灯片的母版，这样就可以统一幻灯片的样式。具体做法是：

打开要修改的 PPT 文档，点击“视图”菜单，选择“母版”子菜单，再选择“幻灯片母版”命令。这时进入“幻灯片母版修改”状态，会出现“幻灯片母版视图”工具栏。

单击“单击此处编辑母版标题样式”可修改标题样式。单击其他区域，可修改副标题、日期区等内容。可直接用鼠标拖动，移动各个文字区域的位置和大小等。修改完成后，单击“幻灯片母版视图”工具栏上的“关闭母版视图”按钮，关闭幻灯片母版的修改。

在修改幻灯片母版时，尽管母版底端样式中有日期、页脚和数字等区域，但在正常的幻灯片视图中，没有这些内容的显示，这属于幻灯片“页眉和页脚”设置，操作步骤如下：

单击“视图”菜单，选择“页眉和页脚”命令，出现“页眉和页脚”设置窗口。在“时间和日期”选项区，点击“自动更新”可在幻灯片日期区，自动显示当前日期；点击“固定”，可在其文本框中输入固定的日期。点击“幻灯片编号”会显示某个幻灯片的序号；在“页脚”文本框中输入内容，将显示在幻灯片的页脚区。最后，点击“全部应用”按钮，刚才的选择将应用于所有的幻灯片。

如果对“页眉和页脚”的字体、颜色大小等不满意，需修改母版来改变。

(2) 动画设计

制作 PowerPoint 的文件，最吸引人的应该是它的动画功能，下面介绍谈它的动画制作过程。

首先把动画过程中的所有图片，放置在一个幻灯片中，并调整好位置、颜色大小、形状等。

接下来设置每个元素的动画效果。

点击“幻灯片放映”菜单，选择“自定义动画”命令。这时出现“自定义动画”窗格。

单击幻灯片中需要设置动画的对象，单击“自定义动画”窗格中的“添加效果”按钮，选择相应的动画方式。

选择完成后，可从“方向”下拉菜单中选择方向，从“速度”下拉菜单中选择速度。

单击“播放”按钮，查看动画效果。

最后修改动作之间的关系。

定义完成后，在“自定义动画”窗格中会出现整个动画的动作列表。鼠标移动到某个动作描述，右击鼠标，可出现该动作的下拉列表选项。如果希望每个动作能自动播放，可选择“从上一项之后开始”。

点击“效果选项”，可出现该动作的效果对话窗口，选择“效果”选项卡，点击“声音”下拉菜单，选择“其他声音”，可为该动作配音。

(3) **设置超链接**

选定需要设置超链接的内容(如文字、图片等)。

点击“幻灯片放映”，选择“动作设置”命令。

从出现的“动作设置”窗口中选择“超链接到”文本框。

点击下拉菜单，可选择超链接到文件中的某个幻灯片、URL资源(Web服务器等)、其他PPT文件等。不同的选择就是不同的超链接形式。

案例

文件之间的超链接

假定有两个PPT文件，PPT1和PPT2，在第一个文件，如PPT1的最后一幅幻灯片上，可以选中一段文字，也可以选中一幅卡通画，在“幻灯片放映”中点击“动作设置”。也可以首先在“幻灯片放映”中点击“动作按钮”，在幻灯片合适的位置设置一个按钮，设置完成后自动进入“动作设置”。根据个人的习惯，选取“单击鼠标”或“鼠标移过”，动作则选中“超级链接到”，再选取“其他PowerPoint演示文稿”。在“超级链接到其他PowerPoint演示文稿”弹出选单中，输入第二个幻灯片文件名如PPT2。

为了在第二个幻灯片文件放映完毕后能顺利返回到调用它的幻灯片或再转到其他的幻灯片，同样方法在该幻灯片的最后一幅适当位置选中文字或设置按钮，超级链接到其他PowerPoint演示文稿或返回。

最后需要强调的是，PPT设计时，每一张文稿的背景色过渡要柔和，除了有特殊需要时(强调、震撼、升华、吸引)可采用背景色明显变化的效果(如黑与白、极冷色与极暖色)。

第四节 培训沟通技能

良好的沟通能力也是一个优秀培训师的基本素质要求。优秀培训师除了在培训前期要与客户人力资源部门、学员甚至其领导进行很好的沟通外，还需在培训开始前友善地与每个学员进行沟通，充分了解学员在培训现场的动机和心态，在培训过程中的休息期间和学员进行交流，从而在课程中和学员进行与培训主题紧密结合的充分互动。

专业培训师在语言表达方面的要求是：

- 讲述的时候，要条理清晰。
- 讲故事的时候，要用轻柔、自然的声音娓娓道来，内容充分、深入浅出，并善于添枝加叶，打动人心。
- 进行案例分析的时候，要有理有据，具有宏辩的说服力。
- 和学员进行互动游戏的过程中，要放下培训师的威严，用风趣幽默的语言和生动的示范动作，打破课堂的沉闷，消除学员间的隔膜。

此外，作为培训师在与学员的互动中，还应具备以下几种能力。

一、应变力

在培训中，人员、任务或环境发生变化是常有的事情。比如，投影仪突然失灵、电脑软件发生故障，这都会影响到培训的进行，这时要不露痕迹地拖延时间，并取得学员的谅解，等待机械师的迅速修复或通过幽默来化解尴尬的气氛。

二、观察力

观察力简单来说就是指培训师在培训课堂上要善于“察言观色”：学员的眼神有没有游离；动作是否长时间保持不变；对培训师的提问有没有反应；这些反应可以看出学员对培训内容的理解和掌握的程度。培训师应该时刻注意的，并随时调整自己的授课进度或方法以配合学员的心理状态。

三、控场力

培训师调动气氛和实现互动主要是通过提问这种看似简单的技巧来实现的。通过引导提问并提供很有说服力的回答来博得学员的好感与尊重，从而使学员的参与积极性和热情得到大大的提高，以至于在培训过程中争相提问。而在这样的互动过程中，培训师确实又扮演着咨询师的角色。

第五节　培训反馈与评估

培训结束后，需要对培训效果进行评估。培训效果应从两方面衡量：一是培训的有效性，即指培训目标的实现程度；二是培训的效益性，即指培训给客服中心和公司带来的经济效益、社会效益等，后者更为重要。

一、培训评估的层级

培训项目评估应按照柯氏四级培训评估模式进行。

一级评估是培训反应层面的评估，旨在考察受训人员对培训项目的满意度。

二级评估是培训学习层面的评估，旨在了解受训人员通过培训，在知识以及技能的掌握方面有多大提高。

三级评估是培训行为层面的评估，旨在了解受训人员行为的改变。

四级评估是培训结果层面的评估，旨在判断培训后员工工作业绩和单位效益提高的程度。

二、培训评估的实施

1. 确定评估层级

在培训项目设计的同时，就应根据培训目标、培训项目的重要性、培训经费的投入情况以及领导的重视程度等因素，考虑到应该实施什么层级的评估。一般来讲，所有面授培训均应实施一级评估，网络教学也应尽量对课程内容、课件呈现方式等作类似调查；所有培训项目，原则上都应实施二级评估；对部分重点培训项目，如与工作密切相关的培训项目，应考虑进行三级评估；对个别非常重大的培训项目应实现四级评估。

2. 实施评估

(1) 一级评估的实施以问卷调查法为主

培训项目结束时，请学员填写"培训项目评估表(学员用表)"，对培训情况进行量化打分，鼓励学员多写意见和建议。培训管理人员应立即进行汇总，填写"培训项目评估表(汇总表)"，经学员代表、业务部项目责任人和项目责任人三方签字确认后，将汇总表(原件)交相关培训管理部门保存。

(2) 二级评估是通过测试了解学员参训前后知识技能的改进情况

培训组织者要合理安排好培训的时间、课程、培训师等各个环节，要求学员认真学习，培训师精心准备课程及试题等。对于需要进行现场技能操作的项目，则应提前准备好设备。二级评估的结果应反馈给学员本人及其直接上级，以便于他们了解培训效果，在工作中进一步学习和改进。

(3) 三级、四级评估实施是判断员工绩效提高的程度

应注意 3 个方面的问题：

- 一是谨慎选择适合进行三级、四级评估的培训课程。
- 二是原则上应在培训开始前进行训前测试以掌握培训前受训者的相关情况，便于培训结束后一定时间内进行比较分析。
- 三是注意选择合适的评估时间。三级、四级评估是在学员回到工作中后才能实施，但需把握合适的时间进行评估。三级评估一般在培训结束 3 个月以后进行，四级评估一般在培训结束半年以后进行。

三、培训评估结果的应用

各级培训管理部门应对相应培训项目的评估信息进行整理、分析，改进培训工作，完善培训项目，形成培训项目的闭环管理。

1. 培训课程

对于员工反映好、收效好的项目可以保留；对于没有效果的项目可以取消；对于某些不够有效的项目可以进行重新设计和调整；对于某些领域欠缺的项目可以新增。

案例

某电信公司业务发展非常迅猛，新业务、新套餐常有推出，呼叫中心客服代表每天完成正常工作外，下班还要经常进行新业务的培训，但在一次客服代表满意度调查中，其中一项“你认为公司对你的培训时长”，75％的人员选择了较少，请分析这是什么原因？

分析：

培训对于呼叫中心是一项非常重要的工作，然而，培训不仅局限在业务培训上，员工成长需要一些能力提升方面的培训，员工的在岗培训仅局限在新业务上，长此以往，客服代表就会感到公司对他们没有培训，只有业务通知。

2. 培训师

对于学员反映好、授课水平高的培训师，可以继续聘用；对于学员基本满意、授课水平一般的培训师，须将学员的意见和建议反馈给培训师，让其对授课方式、授课内容等环节进行适当地调整；对于不能满足教学要求的培训师，则可以考虑安排其他合适的人选。

3. 培训课程安排

根据培训效果评估情况总结经验，合理安排培训时间，提前与所在部门进行沟通，尽量避免与学员的工作冲突；妥善选择培训场所，以免对学员的学习造成干扰等。

4. 培训项目评估数据库

对于有条件的单位，鼓励通过各种信息技术手段，对评估数据进行汇总、分析，形成培训项目评估数据库。

参考文献

[1] 唐守廉.电信服务质量与服务营销.北京:北京邮电大学出版社,2000.

[2] 沈阿强,等.电信营销制胜.北京:人民邮电出版社,2005.

[3] 菲利普·科特勒.专业服务营销.北京:中信出版社,2003.

[4] 陈巍.金牌服务技巧. 北京:中国社会科学出版社,2003.

[5] 周三多.管理学.北京:高等教育出版社,2000.

[6] 赵溪.客户服务导论与呼叫中心实务.北京:清华大学出版社,2004.

[7] 赵申.如何处理客户的投诉.北京:中国经济出版社,2006.

[8] 中国联合通信有限公司联通学院.电信业务营销知识.2006.

[9] 中国联合通信有限公司联通学院.话务员知识.2006.

[10] 中国电信集团.10000 号客服代表营销服务专业知识及技能. 2007.

[11] 黄艾舟,梅绍祖.超越 BPR——流程管理的管理思想研究.科学学与科学技术管理,2002.

[12] 雷扬.客户服务管理.北京:电子工业出版社,2004.

[13] 邹文旭.投诉是金.北京:机械工业出版社,2004.

[14] 沈晓晖.客户关系管理系统与呼叫中心.电信科学,2001(10):38—40.

[15] 胡赓.客户关系管理与呼叫中心的结合.企业技术开发,2005(2).

[16] 李欣.服务补救.北京:人民邮电出版社,2008.

[17] 重庆市电力公司.电力客服中心呼叫中心运营管理手册.北京:中国电力出版社,2007.

[18] 厉鑫,蔡少恒,等.营销文案写作范本.北京:经济管理出版社,2006.

[19] 李本辉,邓德胜.营销策划学.北京:中国经济出版社,2008.

[20] 经理人培训项目组.营销工具箱.北京:企业管理出版社,2006.